"八八战略"
百法百例

中共浙江省委宣传部　中共浙江省委党校◎编

浙江人民出版社

图书在版编目（CIP）数据

"八八战略"百法百例 / 中共浙江省委宣传部，中
共浙江省委党校编. — 杭州 ：浙江人民出版社，2023.6
ISBN 978-7-213-11073-3

Ⅰ. ①八… Ⅱ. ①中… ②中… Ⅲ. ①区域经济发展
-经济发展战略-案例-浙江　Ⅳ. ①F127.55

中国国家版本馆CIP数据核字（2023）第080569号

"八八战略"百法百例

中共浙江省委宣传部　中共浙江省委党校　编

出版发行	浙江人民出版社（杭州市体育场路347号　邮编　310006）
	市场部电话:(0571)85061682　85176516
责任编辑	陶辰悦
责任校对	马　玉　杨　帆
责任印务	程　琳
封面设计	王　芸
电脑制版	杭州兴邦电子印务有限公司
印　　刷	杭州富春印务有限公司
开　　本	710毫米×1000毫米　1/16
印　　张	24
字　　数	282千字
插　　页	2
版　　次	2023年6月第1版
印　　次	2023年6月第1次印刷
书　　号	ISBN 978-7-213-11073-3
定　　价	86.00元

如发现印装质量问题,影响阅读,请与市场部联系调换。

我在浙江工作时，省委就提出了"八八战略"。这不是拍脑瓜的产物，而是经过大量调查研究提出来的发展战略，聚焦如何发挥优势、如何补齐短板这两个关键问题。

——2015年5月习近平总书记在考察浙江时指出

目　录

腾笼换鸟　凤凰涅槃

📍 一个也不能掉队

📍 绿水青山就是金山银山

念好山海经　谱好协作曲

政府要有为有效

📍 文化是根和魂

打铁必须自身硬

发展出题目 改革做文章

平台创新"孵化"高科技

浙江清华长三角研究院

实施背景

2003年全国两会期间，习近平同志带队走访清华大学，提议在浙江建立一所面向长三角地区的研究院。同年12月，浙江清华长三角研究院（以下简称"长三院"）正式签约落户浙江，全面开启省校合作的创新实践。2014年，习近平总书记批示肯定长三院发展成绩，并提出新的期望和要求。

目标成效

建有国家级科研平台4个、省级科研平台5个、研究所（中心）60余家，承担科技项目1500余项；国家级创新创业平台9个、省级创新创业平台26个，孵化培育科技企业2500余家，直接或间接参与投资企业1000余家，其中上市73家、被上市公司并购20家；还在美、英、德等地设立了11家离岸孵化器，建立"全球联动、离岸孵化"的精准引智网络，为浙江引进培养海外高层次人才1200余人，并作为唯一创新平台被写入《长江三角洲区域一体化发展规划纲要》。

主要做法

（一）以科技创新赋能"新型创新载体"大跨越。一是实施关键核心技术攻关。先后承担科技项目1500余项，年科研经费超4亿元，多项技术达到国际先进水平。二是构筑会聚海内外贤才的新高地。现有全职院士2人、国家级省级人才28人、科研人员600余人，连续举办13届的"海外学子浙江行"活动，已成为国内持续时间最长、交流最为活跃的招才引智品牌之一。积极探索国际人才科技合作。三是加快高新技术项目培育。在数字新基建、微电子、新能源汽车等领域培育百亿项目10余家，独角兽、专精特新、省引领性重大产业化项目30余家，国家高新技术企业、省科技型企业115家。

（二）以产学研融通服务"区域创新体系"新建设。一是推动全国首批由中央军委批准的"柔性技术国家JS技术重点实验室"，聚焦生物材料、纳米材料研发的"陶瓷全国重点实验室浙江基地"，致力于DNA存储、高性能稀土生物纤维的"转化医学国家重大科技基础设施分中心"等一批高能级平台落户，有力促进嘉兴获批"科创中国"创新枢纽城市、国家大众创业万众创新示范基地等创新"金名片"。二是形成了以嘉兴总部为主体，杭甬台等院区为分区，绍金衢丽等产学研基地为拓展的服务布局。三是牵头建设长三角国家综合技术创新中心（浙江），推动与长三角国家技术创新中心入轨运行、协同攻关。加大院内各科研团队与长三角企事业单位的科技合作力度。

（三）以市场化机制探索"科研体制改革"新路径。一是深化与华润、华电等大型央企合作，联合海康威视、浙石化、麒盛等行业龙头，通过院企共建研发中心等方式，面向真问题，开展真研究，让科研人员吃上"行业饭"。二是深入实施"深根计划"，充分发挥具

（市、区）的产业优势，以共建重大科创平台为基础，打造"1＋N"的县域科创服务体系。三是发起设立专项基金、母基金，扩大在科技金融领域的资源整合能力，直接参与和管理的基金规模超过29亿元，子基金规模超100亿元。

创新亮点

坚持面向国家重大战略，积聚力量开展关键核心技术攻坚，逐步形成了"政产学研金介用"七位一体的创新发展模式，"始于研终于用"的科创模式、全球联动的精准引智等模式，成功打造了"国内一流的科技创新基地、人才培养基地、高新技术产业化基地"。这些新模式、新路子充分体现了省校共建特色，充分整合优化省校两个主体的两种优势和两个积极性，有效实现了自身发展与服务经济社会发展相统一，对创新驱动省校合作新型创新载体具有典型借鉴意义和推广价值。

启示

作为全省首个省校共建新型创新载体，浙江清华长三角研究院开启了浙江科技创新的全新探索。20年来，浙江清华长三角研究院奋力探索实践"政产学研金介用"紧密结合的新体制新机制，为省校合作共建新型研发机构积累了宝贵的经验：一是要大力引进培养国内外高层次人才；二是要重点引进研发转化重大科技成果；三是要着力培育孵化高科技企业；四是要有效实现自身发展与促进经济社会高质量发展相统一。

"三权分置"盘活农村宅基地

象山县

实施背景

习近平总书记十分重视"三农"工作，在浙江工作期间亲自部署"千村示范、万村整治"工程。2003年9月23日至24日，习近平同志专程到宁波调研"千村示范、万村整治"工程并作出重要指示。象山县沿着总书记指引的路子，积极稳妥推进农村宅基地"三权分置"，形成了宅基地和闲置农房流转开发利用的"象山样本"。

目标成效

象山县大力开展"一户多宅"村庄梳理式改造，率先探索宅基地确权、赋权、活权制度改革，形成了农村宅基地"三权分置"的"象山解法"。自2018年4月颁发全省首本农村宅基地"三权分置"不动产权证以来，累计盘活和利用宅基地2.11万平方米、闲置农房3.12万平方米，引进开发乡村旅游等产业项目42个、总投资超7.6亿元。相关做法获农业农村部和省委主要领导高度肯定，入选中国改革开放40年地方改革创新案例。2020年10月，入列第二批国家农村宅基地制度改革试点。

主要做法

（一）加快"确权"、清晰归属，让宅基地产权"明起来"。一是房地一体登记。2017年率先推进农村房地一体确权登记发证，2019年出台农村宅基地及住房确权登记发证指导意见，有效解决建房面积超标等历史遗留问题。二是创设登记制度。制定农村宅基地"三权分置"实施意见和登记办法，将宅基地资格权人的房屋所有权和已流转使用权分开登记、分开颁证。三是有序确权颁证。开展"三权分置"不动产权证确权颁证试点，挑选一批房地产权清晰、开发利用价值大的闲置宅基地、农房或集体建设用地，通过"先签合同后颁证"的方式进行确权颁证。

（二）充分"赋权"、完整权能，让各方主体权益"实起来"。一是落实所有权。明确集体经济组织是宅基地所有权人，享有处置权、监督权、收益权，明确"一户多宅"清理、宅基地有偿退出所得存量建设用地和历史文化建筑等由村集体规划使用。二是保障资格权。明确集体经济组织成员是宅基地资格权（农民房屋所有权）人，享有获得权、保留权、退出权，探索建立资格权与城镇住房保障体系衔接机制。三是放活使用权。明确社会资本投资者可通过协议获得一定期限使用经营权，农户可将宅基地（农房）使用权作价入股，开发投资者可凭借使用经营权证申请抵押贷款。

（三）创新"活权"、顺畅流转，让农村闲置资源"活起来"。一是拓宽使用途径。利用闲置宅基地（农房）大力发展乡村旅游，设立"正面清单"，加快城乡工商资本和城市资源导入。二是健全交易机制。建立全县农村闲置宅基地（农房）数据库，健全定价议价机制，探索"农村产权交易中心＋经营服务站（村）＋农户"运作模式，推动交易、服务、监管规范化。三是优化服务供给。编制民宿业联合审批标准，建立民宿审批"综合体"，审批效率提高90%以上。

创新亮点

（一）**激发了乡村振兴的新活力。**盘活农村闲置宅基地、农房等资源，吸引一批新乡贤回乡创业。2018年以来，引进各类农创客、新农人600余人，有效破解乡村"建设用地制约、资金投入不足、产业人才缺乏"困境。

（二）**打开了"两山"转化的新通道。**实施"闲置宅基地（农房）＋"行动，打通"两山"转化之路。2018年以来，全县新增中高端民宿60余家，乡村旅游年接待游客近800万人次。

（三）**实现了乡村治理的新提升。**有效解决农村宅基地"一户多宅""少批多建"等大量历史遗留问题，2018年以来，全县乡村涉及宅基地纠纷的信访量下降22.3%。

启示

象山县创造的宅基地和闲置农房流转开发利用新模式，为其他地方探索宅基地"三权分置"改革提供了有益的借鉴：一是要激发乡村振兴的新活力，释放乡村投资空间；二是要提升美丽乡村品质，带动乡村产业升级，形成具有地方特色的共富模式；三是要形成多方共赢的新局面；四是要实现乡村治理的新提升，促进乡村治理体系和治理能力现代化。

民营经济要"健康"

浙江省工商业联合会、温州市

实施背景

习近平总书记高度重视民营经济发展，在浙江工作期间强调浙江最大的优势是民营经济先发优势，亲自谋划和推动各项支持民营经济健康发展的举措。省工商联深入学习贯彻习近平总书记关于民营经济发展和工商联工作的重要论述精神，全面贯彻落实省委、省政府决策部署，持续推进"两个健康"先行示范，助推新时代民营经济新飞跃。

目标成效

省工商联围绕"两个健康"主题履职尽责，为服务浙江省民营经济高质量发展作出积极贡献。浙江省"中国民营企业500强"上榜数量连续24年居全国首位，营商环境满意度在全国工商联"万家民营企业评营商环境"调查中连续3年居全国第一。新时代"两个健康"先行区创建经验全国推广。2021年，浙江省民营经济创造增加值近5万亿元，占GDP的67%左右，浙江省税收收入的73.4%来自民营经济，民营经济就业人员占比为87.5%，民营主体占全部市场主体的96.7%。

主要做法

（一）**持续激发民营经济高质量发展动力活力。**成功举办六届世界浙商大会，牵头成立浙江省大湾区建设知名企业家圆桌会等，搭好服务民营企业高质量共建"一带一路"等综合服务平台。深度参与防范化解金融风险攻坚战，打造"浙商在线"应用。扎实推进所属商会改革发展，牵头制定浙江省《关于促进工商联所属商会改革和发展的实施意见》。

（二）**持续携手广大浙商聚焦共同富裕履行社会责任。**聚焦脱贫攻坚和乡村振兴，深入开展"万企帮万村"等行动，实施帮扶项目6070余个，异地帮扶贫困村数量居全国首位。开展助力共同富裕"五大专项行动"，组织1076家企业和商会帮扶26县885个村，签约项目190个，总投资985.6亿元。20家浙商企业入选"2021中国民营企业社会责任100强榜单"，数量居全国第一。

（三）**持续推动民营经济营商环境走在前列。**参与起草修改全国首部省级层面促进民营企业发展的地方性法规——《浙江省民营企业发展促进条例》。探索企业家参与涉企政策制定机制，举办12期1200余场省市县联动的"亲清直通车·政企恳谈会"。创新开展"万家民企评营商环境"等活动，推动形成以市场主体满意度为导向的营商环境评价机制。做深做实涉案企业合规第三方监督评估工作，推动企业崇法向善、合规经营。

（四）**持续推进"两个健康"先行突破改革。**全力支持温州于2018年获中央统战部、全国工商联批准，率全国之先开展新时代"两个健康"先行区创建试点，四年来温州滚动推出相关意见41条、新政80条，实施改革项目200多项，58项举措在全国全省推广，获评"中国改革十大年度案例""浙江省改革突破奖金奖"。提炼形成先行区创建 5 个方面 21 条典型经验，由全国工商联办公厅发文在全国 12 个市（区）工商联试点推广。

创新亮点

（一）**在顶层设计上先行示范。**协助省委、省政府率先召开全省民营经济统战工作会议等重要会议，率先出台《关于加强新时代浙江民营经济统战工作的实施意见》等，指导民营经济高质量发展。

（二）**在政治引领上先行示范。**在全国率先成立新时代民营企业家宣讲团，创新"企业家讲、讲给企业家听"的宣传教育形式，引导广大民营经济人士争做新时代"四个典范"。

（三）**在构建亲清政商关系上先行示范。**搭建新时代政企沟通协商平台，组织民营企业家代表参加省委经济工作会议等，将"营商环境好不好，企业最有发言权"落到实处。

启示

　　浙江成为全国高质量发展建设共同富裕示范区，民营经济功不可没。浙江的成功经验启发我们，在以中国式现代化全面推进中华民族伟大复兴的新征程上，必须深入学习贯彻习近平总书记重要讲话精神，积极引导民营企业和民营企业家践行新发展理念，自觉践行以人民为中心的发展思想，增强先富带后富、促进共同富裕的责任感和使命感，坚守主业、做强实业，在爱国敬业、守法经营、创业创新、回报社会中实现民营经济健康发展、高质量发展。

引金融活水育小微经济

台州市

实施背景

2002年12月，习近平同志到台州考察调研时提出"大力推进台州民营经济再创新辉煌，再上新台阶"；2007年1月，习近平同志在新华通讯社国内动态清样（第33期）"为创业期的弱势群体提供正规金融服务——台州市商业银行实施微小贷款项目的调查与启示"作出批示："值得关注，继续观察，在实践中探索微小贷款的新路"。台州市深入贯彻习近平总书记重要指示精神，深化创新小微金融"台州模式"，助推民营经济高质量发展。

目标成效

台州市以建设国家级小微金改试验区为抓手，创新"专注实体、深耕小微、精准供给、稳健运行"的小微金融"台州模式"，创造有中国特色、可持续、可复制的"政府有为、竞争有度、信用有价、联动有效"小微普惠金融"四有"经验，实现小微金融服务增量扩面、降本增效，相关做法在全国学习推广。

主要做法

（一）**首创金融服务信用信息共享平台，构建数字化征信体系，破解银企信息不对称问题。**有效汇集30多个部门118大类4000多细项，覆盖79万余家市场主体4.33亿条信用信息，免费提供银行使用。开设"融资通""掌上数字金融平台"等线上融资对接系统。率先在全国推动小微企业信用贷款评级试点和数字金融赋能初创期科技企业试点。2020年9月，台州共享平台作为全国首批地方征信平台，纳入长三角征信链试点。

（二）**首创小微企业信用保证基金，构建地方政府性融资担保体系，破解企业增信难问题。**基金年担保费率不超过0.75%，且不附加收取额外费用或增加第三方担保。与国家融资担保基金、省融资再担保有限公司、合作银行建立"4222"风险分担机制。2022年末，信保基金在保余额174.87亿元，资本金放大14.15倍，累计服务企业4.65万家，放大倍数、覆盖面等指标居全国地级市政府性担保机构前列。

（三）**创新商标专用权质押融资机制，构建无形资产质押体系，破解小微企业抵押物不足问题。**2015年，台州在全国率先开展商标质押融资地方试点。开通全国首条地方商标数据专线，创新推出线上办理服务。2022年末，全市办理商标质押登记3735件，累计实现商标质押融资483.3亿元，办理量占全国30%，连续7年居全国首位。

（四）**构建小法人银行"伙伴式"金融服务机制，破解银企对接不精准问题。**推动辖内法人银行机构将支持小微企业或县域经济发展写入公司章程，形成"小法人银行"服务"小微企业"的"两小"特色金融服务模式。台州银行等地方法人银行在全国率先建立以大数据为支撑的批量授信"信贷工厂"、移动办贷（PAD终端），形成"跑街"

和"跑数"有机结合的审贷授信新机制。

创新亮点

（一）**小微金融实现增量扩面降本增效。**2022年末，全市小微企业贷款（含个人经营性贷款）余额7370.23亿元，占全部贷款比重53.54%，占比全省第一，高于全国近20个百分点；小微企业贷款不良率仅为0.19%，资产质量位列全省前茅。

（二）**民营小微企业群体蓬勃发展。**有力推动小微企业提质升级，小微企业市场主体保持又好又快增长态势。2022年，全市新增小微企业3.01万家，总数达23.06万家，经济结构转型升级进一步加快。

（三）**全民共富步伐不断加快。**全省首创"农户家庭资产负债表"融资模式，大陆首创小微企业信用保证基金等举措，支持后发区域、微弱群体共同富裕。2022年，台州市城乡居民收入倍差从2.04缩小到1.88。

启示

台州遵循习近平总书记"在实践中探索微小贷款的新路"的指示要求，以建设国家级小微金改试验区为抓手，创造性开展实施了"专注实体、深耕小微、精准供给、稳健运行"的小微金融"台州模式"。这既具有理论上的创新意义，也具有实践上的复制推广价值：一是要携手多方构建小微金融服务平台；二是要构建小微金融信用信息共享机制，形成信用信息财富积累的良性循环；三是要推动线上线下一体化深度融合，进一步扩大小微金融服务范围；四是要把"窗口服务"转变为"门口服务""指尖服务"，推动小微金融服务向服务效率更高、运营成本更低转变。

国资国企再改革再出发

浙江省国资委

实施背景

2004年，习近平同志提出"一个要求、三年目标、三宜原则、五个坚持、五个围绕"等国有企业改革发展系列重要论述。近20年来，浙江忠实践行"八八战略"，全面深化国资国企改革，国有资产管理体制不断完善，使国有经济与民营经济共生共荣，有力服务全省经济社会发展大局。

目标成效

一是综合实力跃居全国前列，全省国企资产总额24.1万亿元，全年利润总额1815亿元，在全国各省（区、市）中位居前列。二是战略支撑经济社会发展大局，推动"一带一路"重要枢纽等重大项目建设，宁波舟山港货物吞吐量连续14年蝉联全球第一，被习近平总书记称为"硬核"力量。三是打造转型发展关键力量，在全国率先完成煤炭落后产能淘汰，全省国有控股上市公司上升至70家，省属国企混改面超过75%。四是充分发挥托底支撑功能，承担全省约75%保障房建设及旧区改造、70%以上自来水供应和污水处理，在抗击疫情等关键时刻发挥压舱石作用。

主要做法

（一）**坚持系统谋划，持续深化国资国企改革。**一是先后推动10户省属企业合并重组，在公司制股份制改革等重点领域大胆创新。二是深化以管资本为主的国资监管体制改革，构建浙江特色国资国企"1＋N"政策体系，率先发力供给侧结构性改革。三是全省统一构建发展目标、工作支撑、政策制度、考核评价四个体系，开展六项重大任务攻坚。

（二）**坚持优势发挥，不断优化国有经济布局结构。**一是持续开展省市县国企纵向联合、横向重组，推动国有资本向基础产业集聚，打造全省海、陆、空三个省级交通产业平台。二是聚焦国家和全省重大战略，开展"促转型、调结构、优布局、强发展"大讨论大谋划大行动，推动国有资本向重要行业、关键领域集中。三是持续推进提质增效，在全国率先完成落后产能淘汰、退出非核心产业。

（三）**坚持市场导向，持续推进混合所有制改革。**一是系统推进混合所有制改革，按照"三因三宜三不"要求稳妥推进混改，形成浙江特色混合所有制改革体系化路径。二是持续推动资产证券化，培育物产中大、宁波舟山港等一批具有示范影响力的国有大型上市龙头企业。三是深入推动国有企业经营机制转换，全面实施经理层成员任期制和契约化管理，大力推进三项制度改革，健全激励约束机制。

（四）**坚持两个一以贯之，不断完善中国特色现代企业制度。**一是实施党建引领工程，严格落实"第一议题"和重大决策前专题学习制度，大力推进国企党建与生产经营深度融合。二是理顺全省国企党建工作管理体制，打造国企党建"十大样本"，出台实施国企党建30条。三是国有企业法人治理体系不断建强，全省国资系统全面完成公司制改革，省属企业本级全面建成"外大于内"董事会。

创新亮点

（一）**形成了国有经济与民营经济共生共荣的浙江模式。** 在处理国有与民营两者关系上，坚决落实"两个毫不动摇""两个推动"，通过加快发展混合所有制经济促进国有经济和民营经济互利共赢。

（二）**形成了"三宜"原则推动全面深化国企改革的模式。** 按照习近平同志提出国企改革"宜强则强、宜留则留、宜退则退"原则，大力开展国有资本布局调整和兼并重组，构建符合浙江实际、体现国企责任、适应市场要求的现代产业体系。

（三）**形成了效率第一、效益优先兼顾社会责任的企业发展导向。** 通过向优秀民企学习，与世界一流企业对标，不断完善企业内部运行管理机制，建立并完善"一企一策"分类考核办法，构建起收入能增能减、激励约束有效、关系公平和谐的分配格局。

启示

浙江省国资委按照"八八战略"要求，持续全面深化国资国企改革，为我国优化国有经济布局结构、推进混合所有制改革、完善中国特色现代企业制度等方面积累了宝贵经验：一是要坚持公有制主体地位，发挥国有经济主导作用，积极促进国有资本、集体资本、非公有资本等交叉持股、相互融合，推动各种所有制资本取长补短、相互促进、共同发展；二是要促使国有企业真正成为依法自主经营、自负盈亏、自担风险、自我约束、自我发展的独立市场主体；三是要适应高质量发展阶段的新要求，积极推进国有经济布局的战略性调整。

一企一策　"凤凰"展翅

浙江省地方金融监督管理局

实施背景

2017年10月，浙江推出以企业上市和并购重组为重点的"凤凰行动"计划。2021年3月，浙江持续推出"凤凰行动"计划升级版，通过资金全过程参与、政策全周期支持和服务全链条保障，着力打造上市公司高质量发展的重要试验区、三大科创高地建设的重要发动机、战略性新兴产业和未来产业的重要策源地。

目标成效

浙江以实施"凤凰行动"计划为着力点，通过"雏鹰"企业成长、"雄鹰"企业壮大，推动更多企业成为"金凤凰"。"凤凰行动"计划实施以来，全省累计新增股份公司超10000家。截至2022年末，全省共有825家境内外上市公司。其中，境内上市公司657家，数量居全国第二。2021年1月，中国证监会批复同意浙江省开展全国首个区域性股权市场创新试点。2022年8月，中国证监会在浙江省召开提高上市公司质量经验交流现场会，浙江省介绍推广典型经验做法。

主要做法

（一）**建立市场主体上市培育推进机制**。一是清单式管理。推进"个转企、小升规、规改股、股上市"工作，推动优质企业对接多层次资本市场。建立企业股改上市培育清单，动态保有上市后备企业1000家左右。二是数字化推进。在全国率先打造企业上市集成服务"凤凰丹穴"系统，一体化在线实现上市辅导、中介机构、融资对接、地方政务等服务功能。

（二）**建设普惠性区域资本市场体系**。一方面，率先推进区域性股权市场创新试点，与沪深北交易所联合打造"科创助力板""专精特新板""国际人才板"等特色板块。另一方面，着力推动股权基金支持科技创新。率先打造金融特色小镇，稳妥开展私募基金分类整治，构建具有浙江特色的基金业务体系。

（三）**集聚优质资源赋能上市公司高质量发展**。一是推动上市公司开展主业并购。聚焦产业链、供应链、创新链，市场化并购上下游研发、设计、品牌等资源，提高核心竞争力。二是拓宽多元化融资渠道。推动金融机构提供融资支持，加大对上市公司新增项目、技术改造等支持力度。三是打造高端要素集聚平台。推动区域内优质项目、土地、资金等要素向上市公司集聚，形成现代产业集群。

（四）**"一企一策"化解上市公司突出问题**。一是发挥政府性资金及纾困基金的引导作用，推动上市公司大股东主动"瘦身健体""断臂求生"。二是针对高风险上市公司不同成因，综合运用金融、财税、行政、司法等途径，通过注入流动性、破产重整等方式，帮助企业摆脱困境。三是对接上市公司退市制度改革，指导属地政府制定风险防范处置预案，督促上市公司通过回购注销股票等方式，压降投资者数量，强化中小投资者合法权益保护。

创新亮点

（一）**建立梯次化市场主体培育机制。**前移服务端口，建立企业股改上市培育清单，推动优质企业对接多层次资本市场。在全国创新建立金融顾问制度，择优选聘一批德才兼备的金融专业人员、会计师等，为企业提供上市前辅导等服务。

（二）**推行企业上市"一件事"集成办理。**在全国率先打造企业上市集成服务"凤凰丹穴"系统，一体化在线实现上市辅导、融资对接等服务功能。省级层面建立"凤凰行动"计划工作协调机制，及时协调解决企业上市过程中遇到的困难。

（三）**构建资本市场普惠服务体系。**率先推进全国首个区域性股权市场创新试点，与沪深北交易所联合打造"科创助力板"等特色板块，构建具有浙江特色的政府产业基金、私募股权基金、创业投资基金等。

启示

"八八战略"第一条，就揭示了浙江市场化改革领先、民营经济蓬勃发展的既有优势。浙江人创造性地实施"凤凰行动"计划，推动企业改制培育、上市融资和并购重组，不但有效地带动了全省经济的转型升级，还有力地夯实了"构建高水平社会主义市场经济体制"的地基，具有重要启示价值：一是要坚持"两个毫不动摇"，充分发挥市场在资源配置中的决定性作用，更好发挥政府作用；二是要为企业提供更好的营商环境，让企业成为真正的市场主体；三是要深化金融体制改革，加强和完善现代金融监管，强化金融稳定保障体系，守住不发生系统性风险底线。

"三位一体"以民为本

瑞安市

实施背景

习近平同志在浙江工作期间提出要"积极建立农民专业合作、供销合作、信用合作'三位一体'的农村新型合作体系"。温州瑞安坚持以"三位合作、一体发展"为改革路径，持续提升涉农要素配置和社会化为农服务效率水平，加快推进农业农村现代化，有力促进农民共同富裕。

目标成效

2006年以来，瑞安聚力推动"组建农合联、开展生产供销信用合作"向"涉农资源大整合、为农服务大提升、富农产业大融合"迭代升级，改革经验在2017年、2021年两次写入中央一号文件，获评"全国改革十大探索""中国地方政府创新奖""全国供销社系统金扁担贡献奖""中国改革开放40年40个创新案例"等数十项国家级省级荣誉，成功承办全国发展"三位一体"合作、深化供销社综合改革现场会。2006—2021年，瑞安带动城乡居民人均收入倍差从2.53降至1.87、超过省"十四五"目标值。

主要做法

（一）**迭代完善组织体系，打造社会化服务载体**。一是建构金字塔型农合组织。出台星级农民合作社评定与监测等办法，培育壮大农民合作社。二是推进县级供销社综合改革。构建以农合联为载体，以发展新型为农服务和发展新型合作经济为两翼，为农服务中心、产权服务中心、品牌运营中心、会员服务中心为支柱的"一体两翼四支柱"组织体系。三是打造集成式为农服务中心。将为农服务中心作为社会化服务的重要载体和有效抓手，依托乡镇农合联搭建功能集成，满足小农发展一般共性需求。

（二）**优化合作方式，提升一体化综合服务**。一是以利益联结提升生产合作。以三次产业融合为动力，以利益联结机制为纽带，推动农民合作经济组织融入预制菜、田园综合体等市场化经营。二是以公共品牌赋能供销合作。改变过去农户分散销售的方式，引入专业团队实施渠道化、品牌化电商营销。三是以模式创新助推信用合作。延伸拓展农村资金互助社、保险互助社等社员内部信用合作，积极探索小农户和现代金融有机衔接机制。

（三）**打造场景应用，开发"智农共富"场景应用，探索数字化治理形态**。一是优化再造服务流程。该应用依托一体化智能化公共数据平台，贯通国家自然灾害预警中心、市场价格监测平台，形成"三位一体"智农共富专题数据库。二是精准监测农业风险。该应用实时捕获生产、供销、信用服务核心指标，对组织异常、天气灾害、病虫害、农产品滞销等方面开展动态监测、模型预警、响应处置。

创新亮点

（一）以组织体系重构实现为农服务大提升。构建"一体两翼四支柱"组织体系，整合提升为农服务，带领"千家万户小农户"主动对接"千变万化大市场"，合作社社员收入同比增长超过20%，小农户融入现代农业组织化程度超过90%。

（二）以技术模式重构实现涉农资源大整合。以数字化改革为引领，"智农共富"场景应用打造"种田""销售""贷款""补贴"四大无忧场景，一站式破解信息不对称、信息链不通畅问题。

（三）以合作机制重构实现富农产业大融合。建立专业合作社全程辅导等机制，探路"以奖代补支持低收入农户入社"等共富新模式，引导合作经济向推广新品种、发展深加工等全链条多领域拓展，15年来低收入农户从51418人降至9486人、下降81.6%。

启示

　　瑞安通过迭代创新，始终保持着"先行示范"，具有以下两方面的经验启示：一是要推动"集成化"的组织架构系统创新，促成全要素资源整合、全链服务融合，持续探索农村合作经济的最大边界、最优路径；二是要推动"便捷化"的数字服务体系创新，将复杂的后台流程，转化为"智农共富"场景应用，为农户提供便捷服务，深化了以民为本的发展价值理念。

数字中国　浙江先行

中共浙江省委网信办

实施背景

2003年1月，习近平同志作出"数字浙江"建设决策部署。党的十八大以来，习近平总书记高度重视网络强国数字中国建设，发表了一系列重要论述，成为习近平新时代中国特色社会主义思想的重要组成部分。浙江深入推进"数字浙江"建设，以信息化数字化驱动引领现代化，为加快建设数字中国作出了先行探索。

目标成效

近年来，浙江信息化数字化综合水平各项指标持续走在全国前列。数字经济成为全省高质量发展的关键力量，2021年全省数字经济增加值达3.57万亿元，居全国第四，占GDP比重达到48.6%，位居全国省区第一。数字化改革成为全面推动政府治理效能提升的抓手，数字技术的广泛应用，有效实现了政府决策科学化、社会治理精准化、公共服务高效化。数字赋能成为共同富裕示范区建设的强劲动能，在数字化场景下打造了大量解决社会问题、推动共同富裕的服务载体。

主要做法

（一）**强化顶层设计，与时俱进深化数字浙江战略部署。**2003年9月制订并发布了《数字浙江建设规划纲要（2003—2007年）》，从传统产业信息化改造、电子政务建设等六个方面明确了建设任务。党的十八大以来，中共浙江省委、省政府审时度势、因势利导，率先作出大力发展信息经济的决策部署，浙江成为首个建设的国家"两化"融合示范区和国家信息经济示范区。继而，省委提出实施数字经济"一号工程"，全面推进经济数字化转型，浙江入选首批国家数字经济创新发展试验区。2021年2月18日，省委召开全省数字化改革大会，率先开启数字化改革探索实践。从"152"到"1612"，数字化改革的体系架构持续迭代，深入推进"三融五跨"，为两个"先行"提供强劲动力。

（二）**坚持问题导向，着力为高质量发展和民生改善赋能。**聚焦国家所需、浙江所能、群众所盼、未来所向，以重大需求、多跨场景、重大改革"三张清单"为抓手，落实重大任务重大战略、解决重大问题、提升治理能力和群众满意度。探索构建数字经济新型生产关系，破解技术、人才、资本、数据等资源配置效率不高等制约高质量发展和共同富裕的障碍，释放生产力、解放生产力、激活生产力。以数字化技术和思维打造多领域、多维度、多方面的应用场景，深度开发各类便民应用，不断提升公共服务均等化、普惠化、便捷化水平。

（三）**突出整体协同，积极发挥各地各部门积极性。**数字化改革建立重大应用"一本账"设计跑道，到找准跑道加速跑起来，既发挥省市县及县以下各层级的贯通性，使不同层级的平台、应用、体制融会贯通、整体优化，又注重发挥各层级各领域的自身特色，特别是发挥基层创新功能。聚焦平台贯通，推动省市县三级平台迭代升级，强化数据治理，建立健全问题数据治理闭环管理机制，深化数据资源开放共享。聚焦应用贯通，打通顶层设计、基层创新的双向贯通路径，打通一地创新、全省共享的全域贯通路径。

创新亮点

（一）**科技创新与制度创新深度融合**。浙江把握新一代信息技术进入加速发展和跨界融合的机遇，一方面强化数字科技创新突破，以数字变革催生新的发展动能。另一方面，把制度优势更好地转化为治理效能，激发数字经济活力，增强数字政府效能，优化数字社会环境。

（二）**有为政府与有效市场协同发力**。以数字化改革撬动各领域改革，推动共同富裕先行先试、市场化法治化国际化营商环境等改革取得新突破。有效激发民营经济"创富属性"，发挥民营经济在做大"蛋糕"、促进创新、增加就业、改善民生中的主力军作用。

（三）**系统思维与实战实效有机结合**。运用系统观念和系统集成方法推动重大改革，各地各部门在党建统领整体智治、数字政府、数字经济等"6＋1"系统架构里统一行动，形成体系化规范化推进的新格局。通过"小切口大场景"，将复杂改革变为具体可执行的任务，更好地围绕区域发展、创新能力、营商环境、社会治理水平等方面推进特色改革。

💡 启示

　　浙江创新性地贯彻"八八战略"，全面推进数字化改革，奋力打造数字中国建设示范区、全球数字变革新高地，为加快建设网络强国、数字中国作出了先行探索。这深刻启发我们：一是要发挥制造大国、网络大国的综合优势，发挥数字经济的放大、叠加、倍增作用，在新一轮科技革命和产业变革中赢得先机、赢得主动、赢得未来；二是要推进数字技术与实体经济的融合发展，以更加智能化的产品、人性化的生产、个性化的体验、差异化的服务，更好满足人民群众对更高层次美好生活的向往；三是要以有效市场与有为政府相结合的方式推动数字经济发展，发挥市场在资源配置中的决定性作用，更好发挥政府作用。

一支队伍管执法

中共浙江省委编办、浙江省司法厅

实施背景

习近平同志在浙江工作期间高度重视行政执法工作，将行政执法体制改革作为法治浙江建设重要内容来部署和推进。省委、省政府持续推进行政执法体制变革重塑，加快构建职责清晰、协同高效、行为规范的"大综合一体化"行政执法体系。

目标成效

目前，综合行政执法事项拓展到1355项，覆盖62.5%的执法领域，60%以上的行政执法量由综合执法部门承担；部门专业执法队伍种类精简50%以上；85%以上的执法力量部署在县乡两级，其中乡镇（街道）占60%以上；执法监管"一件事"拓展至66件；"大综合一体化"执法监管数字应用正式上线运行；出台全国首部行政执法领域综合性地方法规《浙江省综合行政执法条例》。

主要做法

（一）**聚焦事项清单化，构建权责统一的行政执法职责体系**。一是科学编制执法目录。建立综合执法清单、专业执法清单和乡镇执法指导清单，构建形成体系化、动态化、标准化的"1＋3"执法事项清单管理体系。二是持续抓好动态管理。建立事项清单运行评估和动态调整机制，做好动态更新和优化。目前已完成2020—2022年度三批次全省统一综合执法事项划转，综合执法事项拓展到25个执法领域1355项，占比27.4%，覆盖62.5%的执法领域。

（二）**聚焦队伍正规化，构建"金字塔型"的行政执法队伍体系**。一是精简执法队伍。省级层面仅保留海洋渔业和药监两支执法队伍，市县层面行政执法队伍种类精简控制在"1＋8"以内，执法队伍精简到799支。二是优化执法层级。实行以区为主的执法体制，形成省级主要负责监管制度设计、统筹协调、监督指导，设区市主要负责组织查处跨区域和具有重大影响的复杂案件。三是整合乡镇执法力量。推进乡镇（街道）"一支队伍管执法"，全省现有赋权乡镇（街道）834个，实行派驻执法的乡镇（街道）335个，采取"1＋X"方式的乡镇（街道）195个。

（三）**聚焦行为规范化，构建科学规范的执法方式方法体系**。一是提升行政执法温度。大力推广轻微违法告知承诺制，探索形成"首违不罚＋公益减罚＋轻微速罚"机制，确保法治效果和社会效果有机统一。二是加大重点领域执法力度。对疫苗、药品等重点领域实行严格监管，严禁一罚了之、以罚代管、罚而不治。三是提升行政执法准度。全面推行"综合查一次"，以执法监管"一件事"为切口，综合运用"双随机、一公开"等方法，实现"进一次门、查多项事、一次到位"。截至目前，全省已推广校外培训、渣土运输、餐饮油烟等执法监管"一件事"66件。

（四）聚焦执法数字化，构建"大综合一体化"执法监管数字应用体系。一是高规格组建专班，推动成立以分管副省长为组长的工作专班。二是高站位谋划架构，按照"三融五跨"实施路径，形成"1＋1＋4＋N＋2"体系架构，打造"大综合一体化"执法监管数字应用。三是高效率推动落实。设立综合组、业务组、技术组、保障组等作战单元，以周为单位明确攻坚任务。目前，数字应用入驻单位4600余家，接入各类应用场景94个，开通用户账号21.7万个，办理各类执法监管业务324余万件（次）。

创新亮点

（一）"大综合一体化"行政执法改革上升为全国唯一试点。2022年1月30日，习近平总书记审定同意浙江省全面推进"大综合一体化"行政执法改革试点，更大力度探索实行跨部门跨层级跨区域综合执法。

（二）始终在法治轨道上推动改革行稳致远。创制性出台全国首部行政执法领域综合性地方法规——《浙江省综合行政执法条例》，明确综合执法定义及集成执法事项、整合执法队伍、完善执法协同、强化数字化支撑、加强执法保障等内容，被评为全省改革"最优规则"。

（三）全省统一的执法监管数字应用上线运行。应用贯穿行政许可、行政检查、行政处罚、复议诉讼、执法监督全流程闭环，覆盖42个执法条线，注册用户21.4万人，入驻单位4600余家，接入各类应用场景94个，办理执法监管业务324余万件（次），归集数据132亿条，行政执法效能显著提升，被评为全省数字化改革"最佳应用"。

💡 启示

　　浙江"大综合一体化"行政执法改革，进行体制重构、流程再造、多跨协同，让老百姓从"到处找部门"变为"找一个政府"，成为全国唯一的"大综合一体化"行政执法改革国家试点。这为全国改革探路带来有益参考：一是要进一步整合行政执法队伍，继续探索实行跨领域跨部门综合执法，推动执法重心下移，提高行政执法能力水平；二是要创新行政管理和服务方式，加快推进全国一体化政务服务平台建设；三是要加大执法力度，规范执法行为，提升执法质效，让执法成为"长牙齿"的社会治理利器。

看病"只查一次"

浙江省卫生健康委员会

实施背景

习近平总书记强调，要进一步规范医疗行为、促进合理医疗检查。浙江省坚决贯彻落实习近平总书记指示精神，在全国率先启动医学检查检验结果互认共享改革，着力破解"不能认""不易认""不愿认""不敢认"等问题，切实解决群众就医"重复检查"烦心事。

目标成效

截至2022年底，检查检验结果互认已覆盖所有二级以上公立医疗机构及社区卫生服务中心（乡镇卫生院），直接节省医疗费用7.55亿元，其中节约医保基金支出约6亿元，有效促进群众看病省时省钱。该工作获得国务院领导的批示肯定，国务院第九次大督查作为典型经验做法在新华社报道推广，中央政策研究室《学习与研究》等3个中央国家部门刊物刊发推介浙江省改革经验做法。

主要做法

（一）**构建统一的互认共享规则和项目标准体系，破解"不能认"难题**。一是统一检查检验项目"目录编码"。构建全省检查检验项目编码规则目录库。二是建立互认共享项目清单管理制度。分类分批遴选全省统一的互认共享项目清单。三是统一互认共享项目标准。做到"一个项目一套标准"。四是落实政策。制定《关于全面推进医疗机构间医学影像检查资料和医学检验结果互认共享工作的实施意见》。

（二）**构建智慧高效的数字支撑和应用体系，破解"不易认"难题**。一是统一数据标准，推进健康档案云共享。建立以身份证为唯一标识的患者 ID，实现患者就医信息"标识统一、数据同池、即时共享"。二是统一技术规范，推进设施设备智慧快连。制定《浙江省检验检查结果互认共享平台总体技术方案》，推进数据采集接口改造。三是开发智控系统，推进互认共享精准高效。推出"浙医互认"数字化应用，实现智慧分析和全面监测。

（三）**构建可持续的激励机制，破解"不愿认"难题**。一是制定医保激励和财政保障政策。健全医保基金"结余留用、超支分担"的激励约束机制。二是优化医院考核制度。研究制定反映互认成效及费用节约相关指标，建立完善考评体系。

（四）**构建质量控制、风险防范机制，破解"不敢认"难题**。一是建立互认项目质量闭环管控机制。各级临床检验、临床放射、医疗设备等质控中心对互认工作开展质控检查。二是建立医疗机构分类分项目管控机制。医学检验项目互认的医疗机构需通过国家、省级室间质评。三是建立职业责任保险制度，推动商业保险公司设立政策性"职业责任险"。四是建立患者公平参与制度，全流程接受群众监督。

创新亮点

（一）**高位推动，高效推进，形成充足的改革力度。**围绕重大需求推进系统重塑。省卫健委、医保局、财政厅等相关部门密切配合，省委改革办多次总结推广经验做法，省发改委将其列入浙里民生"关键小事"应用。

（二）**集成创新，联动改革，有效破解关键问题。**以"三改融合"协同解决系统问题，以数字化改革为牵引，推出"浙医互认"重大应用。以县域医共体建设为依托，促进检查检验标准化、同质化。

（三）**统一标准，同质服务，健全完善标准机制。**构建全省统一使用、编码唯一识别的检查检验项目编码目录并动态调整，实现"应认尽认"。建立数据互通融合的系列技术标准，实现就医信息"标识统一、数据同源、跨院共享"。

启示

浙江省卫健委按照"八八战略"以人为本的理念要求、群众路线的工作要求，探索破解"不能认""不易认""不愿认""不敢认"等问题的医疗试点改革，切实保障和改善了民生，践行了"做人民群众的贴心人"的使命要求。这种成功的探索启示我们，要切实践行"八八战略"的系统思维、统筹兼顾，以数字化改革为牵引，实现集成创新，联动改革，破解关键问题。

安心医保让群众看病有"医"靠

金华市

实施背景

金华市按照习近平同志2004年8月提出的"金华要加快推进浙江中西部医疗中心建设"的要求，从涉及群众看病就医的民生实事、关键小事入手，加快推进全民安心医保集成改革，有效破解保障水平不高、支付不精准、报销不便捷、监管不严密等难题。

目标成效

在全国率先推进全民安心医保集成改革，形成数字化、精细化、一体化的闭环治理体系。目前，金华市承担了9项医保领域国家、省级试点，以医保支付改革为核心的金华市公立医院综合改革获国务院通报激励。金华市职工和城乡居民基本医疗保险政策范围内住院报销比例（含大病保险）分别为91.07%、75.53%，均居全省第一。金华市在全省以经济发展中等偏下的水平，实现了群众医保待遇走在全省前列。

主要做法

（一）做好"加法"改革，增加医疗保障待遇。一是分档统筹、全民医保。创新基本医疗保险制度，设立一档、二档、三档3个缴费档次，所有人均能通过自主选档享受到高质量医保待遇。二是选缴保费、提升待遇。首创"选缴保费法"大病商业补充医疗保险（金惠保），参保群众通过顶格选缴可以享受到报销不封顶待遇。三是医疗救助、兜底保障。构建救助对象精准识别、困难群众顶格资助参保和高额医疗费用化解3项机制，防范群众因病致贫返贫。

（二）做好"减法"改革，减少群众就医支出。一是住院"病组点数法"支付。对住院服务实施按疾病诊断相关分组（DRG）付费，建立总额预算等机制，倒逼医疗机构减少过度医疗。二是门诊"APG点数法"支付。将签约人员医保基金"包干"给医疗机构；未签约人员医保基金按门诊病例分组（APG）点数支付，减少门诊重复检查、滥开药情况。三是康复"PDPM点数法"支付。采取"患者导向模型（PDPM）点数法"按床日精准支付，让患者宽心康复。

（三）做好"乘法"改革，倍增便民服务能力。一是推行"一站式"服务。实行基本医保、大病保险、医疗救助、公务员医疗补助、工会互助、退役军人优抚补助、残联救助、商业健康保险院端"八医"一站式刷卡结算，让"跑腿""垫支"成为历史。二是推行"无接触"服务。完善"浙里医保"应用，新增"亲情代办"服务，推动掌上医保从"能办"向"好办"转变。三是推行"规范化"服务。积极探索"首地办结、全程网办、全市通办"医保服务，实现医保服务数字化、标准化、规范化。

（四）做好"除法"改革，守护医保基金安全。一是探索智能监管。建成 DRG 大数据监管等平台，2021 年被评为首批国家医保智能监控示范点。二是开展重点整治。对意外伤害、血友病、器官移植、康复、基因检测 5 个领域开展整治，对医疗行为"模糊地带"进行规范，减少基金损失 1.16 亿元。三是构建大监管格局。多部门联合印发联动监管实施意见，出台医保领域行刑衔接办法，有力打击欺诈骗保行为。

创新亮点

（一）**率先构建"梯次减负"全民医保体系**。通过建立"分档统筹"等机制，让群众享受到较高的待遇，全市困难群众自负费用超 5 万元人数占比、群众例均住院费用个人负担金额连续 3 年全省最低。

（二）**率先构建医保全周期闭环支付体系**。通过实施医保支付方式改革，在国内率先形成贯穿医保全周期和管理全流程的改革闭环，累计节约医保基金 10.21 亿元，成为浙江唯一入选国家医保 DRG 付费示范点的城市。

（三）**率先构建数字化医保服务体系**。构建医保服务全程智办模式，医保事项"网办率"等居全省前列，多次获评全国医保服务优秀案例。

（四）**率先构建医保基金监管智控体系**。通过创新监管方式，构建"立体式"基金安全智控机制，2019 年医保局建立以来，金华累计追回医保基金 3.56 亿元。

💡 启示

　　金华市推进全民安心医保集成改革，以数字化方式破解体制机制障碍，推动医保负担更合理、管理更精准、服务更便捷、基金更安全，为破解群众"看病难、看病贵"难题提供了有益借鉴。聚焦群众急难愁盼问题，我们必须坚持以人民健康为中心，强化数字赋能、整体智治，着力推动公共服务优质共享。

引进来　走出去

做跨境电商"舞旗者"

杭州市

实施背景

在2004年浙江省对外开放工作会议上，习近平同志提出，要加快涉外经济体制改革，推动开放体制创新。杭州加快发展更高层次的开放型经济，加快培育贸易新业态新模式，经过多年探索，已成为跨境电商的创新高地和发展福地。

目标成效

2015年，杭州设立全国首个跨境电商综合试验区。此后，杭州以"六体系两平台"为核心的跨境电商"杭州经验"多次向全国其他综试区复制推广。2021年"七一"前夕，设立中国（杭州）跨境电子商务综合试验区编入《中国共产党一百年大事记》。在商务部"2021年跨境电子商务综合试验区评估"中，杭州综试区位列全国第一档"成效明显"。

主要做法

（一）**出台政策措施，打造跨境电商创新发展策源地。**首创跨境电商进出口退换货模式、全球中心仓模式、寄递渠道进口个人物品数字清关模式、"保税进口＋零售加工"模式和跨境电商进口商品质量安全公共服务平台，创新跨境电商"线上下单、线下展示、定点配送"模式，构建"数据多跑路、人为少干预、货物快通关、退货更便捷"的新型监管模式。开展贸易外汇收支便利化试点，引导连连支付、乒乓智能、珊瑚支付等跨境支付结算便利化发展。出台便利化措施，累计出台落实跨境电商相关便利化政策236条，促进跨境电商发展政策措施572条，出台落实国家重大战略且与跨境电商相关的政策措施255条，组织、参与编写跨境电商相关国家、行业标准51项。

（二）**大力发展海外仓，打造双循环战略新支点**。出台海外仓扶持政策，对列入省级跨境电子商务公共海外仓建设试点名单的企业，除省级扶持资金外，给予不超过20万元的一次性资金扶持；对列入市级跨境电子商务公共海外仓建设试点名单的企业，给予不超过75万元的一次性资金扶持。构建跨境电商海外合作园区、海外合作站点、海外仓等服务网络，提供仓储物流、终端配送、合规缴税等功能，已覆盖30个国家地区，服务点达127个。

（三）**打造标杆园区，建设最优跨境电商生态圈**。按照"专业运营、强优汰劣、错位发展、协同并进"思路，形成"一核两翼"的杭州跨境电子商务产业总体布局。坚持特色化运营，"一区一品""一地一特色"，做强一批跨境电商通关功能园、特色产业园和服务应用园。

（四）**加快主体培育，打造大众创业万众创新新热土**。实施"E揽全球·杭品出海"跨境电商专项行动，出刊《跨境电商评论》杂志，设立全球跨境电商品牌与设计创新中心和全球跨境电商品牌运营中心。联合跨境电商平台举办品牌出海高峰论坛，推出品牌出海联合扶持计划。获批全国首批跨境电商本科专业，推出全国首套跨境电商教材，组建全国首个跨境电商人才联盟，创新中国（杭州）跨境电商学院培育模式。

创新亮点

（一）**制度创新策源**。全国最早开展跨境电子商务"小包出口"、"直邮进口"、"网购保税进口"、跨境 B2B 出口、保税出口等业务试点，率先探索跨境电商退换货中心、"全球中心仓"、定点配送、"保税进口＋零售加工"等新模式。

（二）**贸易联通世界**。跨境电商平台、独立站渠道多元化发展。跨境电商新技术、新业态应用发达，跨境电商贸易联通欧美和"一带一路"新兴市场等220个国家和地区。

（三）**品牌触达全球**。规模达2000万元以上跨境电商品牌企业达832家，跨境电商企业注册商标数4371个，跨境电商独角兽、准独角兽企业46家，花西子、张小泉剪刀等一批新国货品牌影响力辐射全球。

启示

开放图强是"八八战略"的关键之举。杭州在继承中创新，发挥了开放促改革促发展的强大牵引作用，为新形势下我国主动参与全球化治理，深度对接高标准国际经贸规则作出了引领示范。杭州的探索对推动中国新一轮对外开放取得更大成就有着重要启示：一是必须坚持新发展理念，通过不断完善支持开放的政策体系，将开放发展理念落实到具体的发展实践中；二是要引导物流企业与制造业企业、电商企业加强业务融合，培育具有国际竞争力的物流旗舰企业；三是要形成政府主导、多方参与、标准统一的电子商务信用体系，营造公平竞争的市场环境。

中欧班列"货"力全开

义乌市

实施背景

2002年12月28日，习近平同志到金华调研时强调，"要以扩大开放促发展""要千方百计地走出去发展"。2014年，习近平总书记亲自推动"义新欧"班列开行。近年来，义乌深入贯彻落实习近平总书记关于对外开放的重要论述，积极推动"义新欧"中欧班列高质量发展。

目标成效

坚持政府引导、企业主体、市场驱动，全力推进"义新欧"中欧班列向数字化、特色化、国际化、品牌化、市场化升级，覆盖欧亚大陆运输通道基本完善。截至2022年底，"义新欧"中欧班列义乌平台已开通18个方向的国际铁路货运点对点直达班列线路，辐射欧亚大陆50多个国家和160多个城市。"义新欧"已成为浙江参与"一带一路"国家战略标志性工程，习近平总书记称赞其为"亚欧大陆互联互通的重要桥梁和'一带一路'建设的早期成果""共建'一带一路'的早期收获"。

主要做法

（一）**着力推进班列增点扩线，丰富亚欧陆路运输通道。**自2014年"义乌—马德里"班列首发以来，"义新欧"已经开辟西、中、东、南四条出入境通道，形成了"多向延伸、海陆互联"的空间布局，实现亚欧国际联运通道网络化。"义新欧"瞄准国际沿线重要商业城市，加快拓展境外运营网络。近年来，"义新欧"先后布局波兰华沙海外分市场、"一带一路"捷克站，推动中欧班列从"点对点"向"枢纽对枢纽"转变。

（二）**着力创新班列业务模式，促进"一带一路"沿线国家经贸往来。**深化与邮政公司、菜鸟网络以及省内外各地等合作，并开通"义乌—杜伊斯堡""义乌—塔什干"两条公共班列，满足多元需求。发展"义新欧＋进口""义新欧＋转口"贸易，实现多种贸易方式和业态全覆盖，回程班列占比提升到42.9%。

（三）**着力优化班列服务效能，维护国际供应链安全稳定。**面对新冠肺炎疫情的严重冲击，"义新欧"凭借成本低、效率高、路线广和全天候等优势，有力保障产业链供应链稳定。2020年3月21日，"义乌—马德里"捐赠抗疫物资专列，载着抗疫物资驰援西班牙。2021年初苏伊士运河货轮搁浅导致亚欧海运航线一度陷入停滞，"义新欧"及时发挥应急战略通道作用，当年发运标箱增长31%。

（四）**着力完善班列运行机制，提升国际贸易便利化水平。**启动多式联运"一单制"和物权化改革，实现"一单到底"，快速将货物送至欧洲各国。创新班列金融供应链服务，与银行授信业务达成合作，开发"运费贷"和"货物贷"产品。开展数字班列建设，获批国际贸易单一窗口铁路运行项目国家试点。落地"铁路进出境快速通关"模式改革，实现海关与铁路部门物流数据互联共享。

创新亮点

（一）**创新班列市场化运营体制。**坚持以高质量、可持续、市场化为方向，搭建以民营企业为主体的运营平台，不断优化和创新经营模式、运输模式，统筹全省组货资源，提升对国内外市场的应变能力。

（二）**创新国际贸易"单一窗口"铁路运输改革。**针对系统割裂、数据分散带来的不利影响，厘清"义新欧"货物进出口核心业务，推动"单一窗口"与铁路运输系统的互联互通和信息共享，有力提升货物通关便利性。

（三）**创新"中欧＋海铁＋海运"多式联运转口贸易模式。**立足"一带一路"枢纽中心节点城市，以多通路、多式联运模式衔接中欧、中亚国际物流通道，推动"义新欧"和义甬舟海铁联运双班列双向业务联动，为企业节省约25%的运费。

启示

作为中欧班列重要组成的"义新欧"班列的成功探索，使义乌又一次在践行"八八战略"不断提高对内对外开放水平的道路上迈出了坚实一步。"义新欧"班列如同习近平总书记"地瓜经济"形象化比喻中的藤蔓，用一种新的国际贸易运输方式向"一带一路"沿线国家和地区拓展延伸。这对深入推动"一带一路"高质量发展具有重要启发：一是要创新市场化运营体制；二是要创新国际贸易地方"单一窗口"与现代物流系统信息互通共享机制；三是要创新多式联运转口贸易模式。

买全球卖全球

义乌市

实施背景

习近平同志在浙江工作期间，亲自推动总结推广"义乌发展经验"。2012年，习近平总书记指示要"切实抓好义乌国际贸易综合改革试点"。义乌认真贯彻习近平总书记重要指示精神，创新设立市场采购贸易方式，开辟中小微企业小商品贸易新通道，全力擦亮"义乌发展经验"金名片。

目标成效

义乌顺应国际贸易大众化的发展趋势，全国首创"市场采购贸易方式"，切实降低了中小微企业和广大市场主体参与国际贸易的门槛，解决了单小货杂的小商品便利化通关问题，有力促进了义乌市场的贸易出口。目前，市场采购贸易方式已分6批次在全国39个城市复制推广，两次被写入国务院政府工作报告，并纳入党中央、国务院《关于推进贸易高质量发展的指导意见》，成为全国外贸稳增长的重要举措之一。

主要做法

（一）**推进内外贸一体化改革，促进内贸、外贸两种业态、两个市场融合发展。**市场采购贸易在机制层面对"内外贸一体化"进行了成功探索，通过"采购代理、货运代理、通关代理"机制，采购商与市场经营户以内贸的形式完成交易，出口通关、国际货运、跨境结算等复杂的出口业务交由专业机构办理，实现了"交易环节内贸化、物流环节外贸化"的流程转换。

（二）**实施出口监管政策改革，创设市场交易货物便利化出口通道。**一是增设1039海关监管代码。对市场采购贸易方式采取小商品出口申报简化归类政策、小额小批量法检商品免检等便利的通关措施。二是实行"不征不退"税收政策。对市场采购贸易方式出口的货物免征增值税，不实行免税资料备查管理和备案单证管理；市场采购贸易方式出口的货物免征城建税、教育费附加、地方教育附加等。三是允许市场采购采用人民币结算。批准义乌开展个人跨境人民币结算业务试点，实现代理出口模式下的个人对公收款。四是建立属地综合管理机制。明确"一划定、三备案、一联网"机制，将贸易信息纳入市场采购贸易联网信息平台。

（三）**迭代市场采购数字化改革，维护监管链贸易链服务链稳定。**一是升级监管链，完善市场采购贸易治理。创新"市场采购＋跨境电商"出口模式，为跨境电商碎片化订单提供拼箱出口履约服务。二是畅通贸易链，多渠道多模式做大贸易规模。打造数字交易、数字履约、数字金融等贸易链数字化服务生态，推动市场线下交易向数字贸易转型发展。三是拓展服务链，增强贸易主体纾困扶持。首创市场采购商户信保，以政府统保方式为全市7.5万外贸商户采购出口货款进行保险托底。创设海运贷，推出"免抵押、低费率、快速贷"的海运贷数字融资产品。

创新亮点

（一）**创新市场采购贸易组货人制度。**将国际货代为核心的组货人纳入市场采购贸易管理链条，建立标准规范、奖惩机制、评价体系，提升国际物流企业竞争力。创新贸易链溯源机制，在交易—物流（组货）—报关—结算等环节推动全链路数字化服务。

（二）**创新出口企业分类分级管理。**通过制定外贸公司阳光化经营、差异化监管和赋能机制，有效挖掘外贸公司这个市场采购贸易业态的核心主体，推动外贸公司做大做强。

（三）**创新小商品数字自贸应用。**创新打造小商品数字自贸应用，重构贸易、运输、资金、人员往来和投资"五大自由"场景，重塑小商品贸易自由便利的体制机制。

启示

　　义乌积极争取国务院批准开展国际贸易综合改革试点，首创市场采购贸易方式，有力促进了义乌市场的贸易出口，推动了从"买全国卖全国"向"买全球卖全球"转变，进一步擦亮了"义乌发展经验"的金名片。义乌的实践为国际贸易创新带来深刻启示：一是要优化市场流通环境，便利企业统筹用好国际国内两个市场，降低出口产品内销成本；二是要以贸易自由化便利化为重点，突出制度集成创新；三是要支持企业不断提升贸易数字化和智能化管理能力，服务企业数字化转型。

长三角一体化"桥头堡"

嘉兴市

实施背景

"进一步发挥浙江的区位优势，主动接轨上海、积极参与长江三角洲地区合作与交流，不断提高对内对外开放水平"是习近平同志在浙江工作期间对区域发展作出的重要战略部署，也是"八八战略"的重要组成部分。他曾多次强调，嘉兴要当好接轨上海的"桥头堡"和承接上海辐射的"门户"。

目标成效

嘉兴始终牢记习近平总书记嘱托，深入推进全面接轨上海工作。长三角一体化发展上升为国家战略后，嘉兴深度融入长三角一体化发展，加强谋划对接，着力在国家战略中体现更多嘉兴元素。自2019年推进长三角一体化发展纳入省政府督查激励以来，嘉兴连续三年获省政府督查激励。2021年，地区生产总值列全省第5位；财政总收入、一般公共预算收入均列全省第3位；城乡居民人均可支配收入比1.60∶1，农村居民收入已连续18年居全省首位。

主要做法

（一）**聚焦嘉善"双示范"建设取得新突破**。嘉兴举全市之力支持一体化示范区和示范点建设，成立了嘉善"双示范"建设工作领导小组，启动建设嘉善"一城一谷三区"五大高能级平台，围绕"人、钱、地、权"先后制定示范区20条、示范点26条市级支持政策，组建嘉兴市长三角创新投资集团，将81个市级部门纳入目标责任制考核。

（二）**聚焦共建虹桥国际开放枢纽取得新进展**。嘉兴突出科技创新支撑作用，推动省级层面制定《浙江省共建虹桥国际开放枢纽实施方案》，建设具有文化特色和旅游功能的国际商务区、数字贸易创新发展区、科技创新功能拓展区和江海河空铁联运新平台，聚力打造虹桥国际开放枢纽"金南翼"。积极参与省共建虹桥国际开放枢纽"三级联动、内外协同"工作机制，与虹桥管委会、上海国资委、上海交通委等签订战略合作协议，形成多方联动的共建氛围。

（三）**聚焦四大重点领域取得新成效**。一是强化交通基础设施互联互通。以铁路、航空、海河联运"三大枢纽"为重点，全力推进重大交通基础设施互联互通。嘉兴成功列入2022年国家物流枢纽、国家骨干冷链物流基地建设名单。二是突出产业链供应链强链补链。全力打造长三角核心区全球先进制造业基地、全省高质量外资集聚先行区和数字经济高地。三是加强科技创新合作共建。实现与上海科技创新券的互认互通。四是实现优质公共服务便利共享。组织开展"10＋N"优化营商环境便利化行动，首创"综合查一次"执法模式并在全国推广，推进长三角门诊异地就医直接结算。

创新亮点

（一）确立全面融入长三角一体化发展"首位战略"。2019年，嘉兴市委八届七次全体（扩大）会议明确将实施全面融入长三角一体化发展作为全市首位战略，谋划形成"12410"总体思路。

（二）建立健全一体化发展工作推进体系。构建"1135"工作推进体系，成立市推进长三角一体化发展工作领导小组，设立市长三角发展办，编制责任清单、破难清单、项目清单"三张清单"，建立工作例会、清单管理、疑难会商、督察督办、考核评价等"五项制度"。

（三）加快复制推广一体化制度创新成果。围绕一体示范区两批38项改革创新经验，加快在杭嘉、嘉湖一体化合作先行区和金山—平湖省际毗邻区域等复制推广。实现生态环境"三统一"、联合河湖长制、医疗保障同城化等39项改革经验落地。

启示

嘉兴按照习近平总书记嘱托和省委部署，把以接轨上海为重点全面融入长三角一体化作为首位战略，为浙江全面接轨上海、深入推动长三角高质量一体化起到了引领和示范作用：一是要坚持系统观念，下好全国一盘棋，东中西和东北"四大板块"优势互补、齐头并进，陆海统筹力度加大，区域发展更加平衡、更加协调；二是要深化改革，破除相关的体制机制约束，逐步构建我国跨区域协作新机制，积极创新跨区域协作；三是要着力落实新发展理念，构建现代化经济体系，完善中国改革开放空间布局，推进更高起点的深化改革和更高层次的对外开放。

中非合作"金"彩故事

金华市

实施背景

习近平同志在浙江工作期间提出了要"进一步发挥浙江的区位优势，不断提高对内对外开放水平"的要求。2015年，习近平总书记在访问南非期间把义乌作为中非合作的一个典型向世界推介。金华市不断拓展中非经贸文化领域方面合作，打造形成了在全国有影响力的中非合作样本。

目标成效

金华市持续深化与非洲国家贸易与投资、产能合作、工程承包、智库研究、人才培养、人文交流和医疗防疫等领域全方位合作，与非洲国家积极开展国际抗疫合作，书写了中非患难与共、守望相助的新篇章。2021年10月，国务院批准举办2021中国（浙江）中非经贸论坛，成为全国第二个对非国家级中非经贸合作平台，对国内开展对非合作交流起到了引领和示范作用，形成了"全国对非合作看浙江，浙江对非合作看金华"的典型样本，取得了良好的社会反响。

主要做法

（一）推动产业合作，促进中非经贸成果领跑全国。金华市积极构建"义甬舟""义新欧"和跨境电商三条对外开发大通道，在"政策沟通、设施联通、贸易畅通、资金融通"等领域进行全方位对接，不断扩大国际影响力。一方面，不断拓展贸易领域合作。金华市已与非洲所有国家和地区建立贸易往来。另一方面，不断拓展对外投资合作。开拓国际市场，将产业链延伸到非洲，参与非洲国家基础设施建设，助推非洲国家工业化和现代化，促进双方实现互利共赢。

（二）加强学术交流，促进中非人文交流走在前列。发挥金华高校较多的优势，不断强化中非学术交流，打响学术交流品牌。比如，浙江师范大学长期开展对非文化和教育交流，拥有国内第一个综合性非洲研究院、第一个中非国际商学院、第一个非洲博物馆和第一个非洲翻译馆，致力于培养中非交流人才。又如，金华职业技术学院在卢旺达设立海外分校，成为国内首批牵头在国外形成教学标准的高职院校。还如，义乌工商职业技术学院已累计招收30多个国家的非洲留学生，培养出了一批"懂生意"的非洲留学生。

（三）创建交流平台，唱响中非合作友谊之歌。金华市已与南非、卢旺达、埃塞俄比亚、津巴布韦、坦桑尼亚、毛里求斯等7个国家缔结了10对友好城市，在各领域开展了形式多样的交流合作。在文化领域，凝聚文化魅力的婺剧成为非洲人民了解中国的一扇窗口。在教育领域，推出"海外名校学子走进金华古村落"民间外交品牌项目。在医疗领域，金华人民积极参与了对非洲医疗援助。

创新亮点

（一）**创新贸易方式，推动对非贸易额显著增长**。创新实施的市场采购出口方式，探索创新贸易新业态，顺利实现对非易货贸易首单落地，助力人民币国际化战略，有效帮助企业扩大对非洲等外汇短缺国家的出口，降低收汇难的风险。

（二）**推动人文交流，系紧中非情感纽带**。发挥高等教育资源优势，积极帮助非洲国家培养人才，毕业生在贸易、电商、翻译等领域得到充分就业。把教育送到非洲人的家门口，以高校为载体，频繁、深入且多元化的教育往来拉紧中非人民的情感纽带。

（三）**创建"家＋"模式，促进中非民心相通**。举办"海外名校学子走进金华古村落"活动，邀请非洲学子参加中国传统文化日、新城市体验日、新农村体验日等不同主题的各类体验活动，进一步拉近金华与非洲的距离。

启示

充分发挥好浙江的区位优势、特色产业优势和人文优势，进一步提升对外开放水平，发展对外贸易，促进文化交流互鉴，这些都是八八战略的题中之义。金华市不仅成为我国对非经贸合作的重要基地，还打造了我国对非民间往来和文化交流的大平台。金华市的成功实践对我们具有重要启示：一是要推进国际传播能力建设，讲好中国故事，展现真实、立体、全面的中国，提高国家文化软实力；二是要找到利益的共同点和交汇点，坚持正确义利观，有原则、讲情谊、讲道义，为推动构建人类命运共同体作出更大贡献。

以创新链重塑教育链

浙江理工大学

实施背景

2005年，习近平同志阐述了建设世界一流大学的路径："一方面要积极服务地方的经济社会发展，另一方面要充分利用地方的力量合作办校。"这一指示是对浙江高校的勉励。浙江理工大学不断发挥学科专业优势，形成"企业出题、高校解题、政府助题"的产学研协同创新长效机制。

目标成效

浙江理工大学立足浙江省中小企业集聚、纺织机械产业发达的产业优势，重点借力新昌县全国"科技体制综合改革试点"的体制机制优势，秉持知识传授、能力培养、价值塑造、服务经济"四位一体"人才培养理念，建立专业学位研究生联培基地，探索政企校协同育人"新昌模式"，打造大体量专硕培养"浙江模式"，提高工程硕士创新实践能力与职业素养，助力县域经济高质量发展，构建了专业、企业和行业"三业融通"的协同育人新格局。

主要做法

（一）**首创"新昌模式"，多维融通增强"推动力"**。浙江理工大学自 2009 年起探索工程硕士政校企联合培养模式，结合新昌县的联培经验，创新了"一县一院一基地"政校企紧密协同联培机制。首创了"企业出题—导师领题—师生析题—学生答题—车间验题"联培方法，形成了激发联培内驱力的"三方多维全过程"评价激励体系，构建了工程硕士政校企联培范式，提升了工程硕士在生产一线解决真问题、提升实技术的综合能力，为地方经济发展和企业科技创新精准提供技术与人力资源支撑，助力区域经济社会发展。

（二）**实现多方共赢，示范带动增强"影响力"**。"新昌模式"在浙江省高校推广发展为"浙江模式"，取得了政府、学校、导师、企业、研究生五方共赢的成效，构建了专业、企业和行业"三业融通"的协同育人新格局。"浙江模式"产生了良好的育人成效，对师生与社会资源产生集聚效应，不断提升工程硕士的实践创新能力和职业胜任力，明显增强高校导师实践指导和参与地方经济建设的能力。新昌工程硕士联培基地获评 2017 年国家工程硕士联合培养示范基地，得到国务院领导的批示肯定。

（三）**"党建＋"融合开新局，创新载体增强"渗透力"**。学校在"八八战略"指引下，积极探索"党建＋"产学研实践机制，以党的建设为统领，以党建共建作为重要抓手和切入点，强化党建链、业务链、协调链、互促链的融合，打造校企地"党建＋科研＋发展"的创新生态。学校升级打造产学研"浙江模式"，与柯桥等地打造"实验室＋研究院＋研究生院＋校地党建共同体"四位一体高能级技术创新中心，入选全省首批、省属高校唯一的省技术创新中心。

创新亮点

（一）促进地方产业升级。 深化企业精准出题，推行企业自己找、部门协助找、专家精准找、中介牵线找等四种模式。深化创新和市场、科研和产业、科学家和企业家的对接、联合，加快科研成果转化为生产力，打通科技与经济社会发展之间的通道，企业的自主研发有了智力支撑，科研人员的知识有了应用之地，从而真正释放出创新驱动发展的原动力。

（二）实现人才培养共赢。 通过"实地操作，实物模拟，实时反馈"来达到动态传授知识的目的，提升教学与培养质量。企业前置式培养成为地方柔性引进高层次技术人才的有效解决途径。该模式对接区域优势经济，探索"创新创业相融、理论实践互补、横向纵向贯通、基础应用并重"的培养体系改革，保障人才培养质量持续提高与人才培养模式长效运行。

启示

浙江理工大学努力践行"八八战略"，探索首创了将工程硕士培养整体前置到企业的"企业出题—导师领题—师生析题—学生答题—车间验题"联培方法的"新昌模式"，取得了令人可喜的明显成效。对我们产生的深刻启示主要有：一是要不断深化和加强高校的产学研合作体系和模式构建；二是要积极推进育人模式创新、着力深化人才发展体制机制改革、切实加大人才对外开放力度，为建设人才强国贡献智慧力量。

碗里有好米　仓里有好粮

浙江省农村发展集团有限公司

实施背景

面对浙江"七山一水二分田"的耕地要素制约，习近平同志在浙江工作期间提出"跳出浙江发展浙江"战略构想，为浙江百姓"碗里有好米、仓里有好粮"谋划了一条新路径。浙江省农发集团立足浙江实际，深入挖掘资源，积极走好东北粮源基地布局落子先手棋、快手棋。

目标成效

浙江省农发集团于2005年重组成立黑龙江绿色农业发展集团有限公司。重组八年来，绿农集团紧紧围绕"打造浙黑两省合作典范"战略目标和"保障浙江省粮食安全、助推黑龙江经济发展"功能定位，全力落实浙江省委、省政府"北粮南调"和"两个基地"建设战略决策。截至目前，省农发集团在黑龙江所属企业储存浙江省异地储备粮25.18万吨、中央储备粮45.73万吨。粮食存储状况总体良好，动态轮换稳定，得到各级管理部门高度评价。

主要做法

（一）**锚准定位、积极应对，全力打赢粮食安全保卫战。**绿农集团着力打造成为农发集团掌控黑龙江优质粮源的关键依靠力量。疫情期间，绿农集团严格执行应急保供任务，全力做好物资供应和发运保障。白山粮库向浙江宁波成功调运浙江省级储备稻谷196万斤，莲江口粮库紧急出库浙江省级储备稻谷166万斤，并迅速加工成大米发运至浙江义乌。绿农集团紧急发布动员令，努力打通运输环节，确保浙江省的"米袋子"在特殊时期也能装满、装好。

（二）**借力共富、乘势而上，全力打造浙黑两省合作典范。**重组以来，绿农集团凭借丰富的仓储保管经验，充分发挥粮源基地和仓储基地优势，以实际行动诠释了保供主力军、主渠道的作用。在历次全国政策性粮食库存大清查中，绿农集团所属企业库存粮食质量达标、数量真实，达到了"账账相符、账实相符"的总体要求，在各地市粮食系统树立了较好样板。2022年7月，绿农集团所属白山粮库还接受了国家粮食和物资储备局垂直管理系统"四不两直"安全监督检查，并以优异成绩顺利通过。

（三）**严控风险、发力细节，写好种地收粮的大文章。**绿农集团累计流转土地60.36万亩，向"农业产业链最前端延伸"迈出坚实一步，真正实现把浙江的饭碗牢牢端在自己手上。绿农集团以种植监管巡视日志的方式不断强化监管，同时引入卫星遥感监测系统，加强前置预警，以财务、税务、法务、业务、内务的协调配合，不断提高应急能力。绿农集团所属企业还探索引入了"期货＋保险"业务，为玉米、大豆作物的保产稳收提供了有力保障，巩固了企业与当地合作社之间的合作稳定性。

创新亮点

（一）**数字治理助力粮食流通全链路**。绿农集团从战略高度谋划数字化改革工作，在科技储粮、绿色储粮、安全储粮方面开拓创新，打造数字粮食综合监管平台、多参数多功能粮情测控系统平台和农业种植遥感信息云平台三大智治平台，推动5G、云计算、大数据、物联网及人工智能等数字技术与企业治理和生产经营深度融合。为实施"数字化管粮"，加强信息化穿透式监管，守好"国家粮仓"提供保障。

（二）**数字治理助力储粮管控全过程**。绿农集团坚持以信息技术为支撑，以数据分析为驱动，实现各业务环节协作联动。通过粮情分析模型，实现异常粮情智能预警、季节转换保管措施变化提醒；通过智能出入库，实现日常作业提醒；通过日常粮情检查记录，实现检查频次调整提醒；建立标准检查清单，避免少查、漏查等情况；建立上下联动机制，实现安全保粮、实时掌握粮食安全存储和科技种植情况。

💡 启示

　　浙江秉承"跳出浙江发展浙江"发展理念，打造浙江—黑龙江粮食产销共同体，突破传统买卖型的产销合作，"向农业产业链最前端延伸"，形成从"田头"到"餐桌"的"全链协作"模式，同时在"全链协作"中发挥了浙江数字化、信息化的优势。这个案例有以下经验启示：一是要高站位探索粮食主产区补偿机制；二是要推动"全链协作"的理念创新；三是要实现"技术融合"的管理创新，导入5G、云计算、大数据、物联网及人工智能等数字技术，推进了粮食种植、仓储、保管、流通等领域的"全链"管理。

"地瓜理论"根深藤蔓

浙江省商务厅

实施背景

习近平同志在浙江工作期间曾提出著名的"地瓜理论",地瓜的藤蔓向四面八方延伸,为的是汲取更多的阳光、雨露和养分,但它的块茎始终是在根基部,藤蔓的延伸扩张最终为的是块茎能长得更加粗壮硕大。

目标成效

"地瓜理论"生动诠释了"跳出浙江发展浙江"的战略内涵,成为指引浙江对外开放的方向指针。20年来,浙江坚定不移沿着"八八战略"指引的路子走下去,以"一带一路"建设为统领,以高水平"走出去"实现高质量"引进来",成为"地瓜理论"的鲜活写照。目前,浙江省对外实际投资额跃居全国第二,共设立境外经贸合作区18个,国家级境外经贸合作区数量位居全国首位,打造高层次对外投资策源地走在全国前列。

主要做法

（一）**大力培育本土民营跨国公司**。本土民营跨国公司是引领浙江高水平"走出去"的主力军，通过深化本土民营跨国公司培育机制，既促进了企业自身的发展，又有效反哺了省内经济。浙江先后在2017年和2020年启动两轮本土民营跨国公司培育三年行动计划，培育民营跨国公司新主体，引导企业根据比较优势开展全球布局，做强总部经济。

（二）**推动内外园区协同联动**。2006年，习近平同志在全省经济工作会议上提出，要努力推进对外开放从以"引进来"为主向"走出去、引进来"并举转变。在"走出去"战略指导下，浙江鼓励企业在境外投资建设或与所在国企业共同投资建设一批境外经贸合作区，将相关企业和项目集聚在一个区域，缓解对外投资产业配套难、成本高、风险大等难题。同时，充分利用海外园区腾笼换鸟，转移部分产能，为新兴产业腾出发展的空间和时间。

（三）**高质量推进"义新欧"中欧班列建设**。2014年，首趟"义新欧"中欧班列从义乌启程，架起开放新桥梁。此后，浙江持续创新"义新欧"班列体制机制改革，推动金华、义乌双平台创新改革，推动"义新欧"中欧班列做大做强，为企业拓展海外市场扩大了贸易圈。

（四）**鼓励支持浙企境外并购回归反哺**。浙江积极将浙江人经济转化为浙江经济，引导有条件的企业"走出去"并购先进制造业企业、生产性服务业企业等，获取技术、资源和品牌等高端要素，与国际先进企业合作，促进技术升级和市场开拓，并引导高端产业环节回归浙江，做强总部经济。

创新亮点

（一）**发挥民营跨国公司韧性与活力，反哺省内经济**。本土民营跨国公司已成为引领全省高水平"走出去"的主力军，通过在全球范围内整合能源、技术、品牌等要素资源，既促进了自身发展，又有效反哺了省内经济。

（二）**借力境外经贸合作区，延伸浙江产业链**。浙江以民营企业为主要实施主体、以市场化运作方式，建设了18家境外经贸合作区。境外园区以"链式"思维推进跨国合作，根据产业链科学招引上下游企业入驻，完善产业生态。鼓励企业在矿产资源丰富的地区开展产能合作。

（三）**探索投资贸易融合发展，畅通要素资源循环**。浙江积极推动贸易与投资互动，从以设立贸易机构为主向设立境外加工生产企业、资源开发项目、研发机构等多种形式发展，全球资源要素配置水平大大提升。

💡 启示

　　唯其开放，才有生机，才会强壮。"地瓜理论"生动诠释了"跳出浙江发展浙江""不断提高对内对外开放水平"的战略内涵，成为指引浙江对外开放的方向指针。改革开放尤其是新时代十年来，浙江遵循"地瓜理论"，以推动打造高能级开放之省为目标，形成了从"引进来"到"走出去""双循环"相互促进的开放格局，在打造高层次对外投资策源地方面走在了全国前列。浙江对外开放的成功实践启示我们：一是把"引进来"和"走出去"

更好地结合起来，扩大开放领域，优化开放结构，提高开放质量；二是要完善内外联动，互利共赢、多元平衡，安全高效的开放型经济体系，形成经济全球化条件下参与国际经济合作和竞争的新优势；三是要大力培育本土跨国公司，大力支持它们境外投资、跨境并购和回归反哺。

之江同心　侨助共富

浙江省侨联

实施背景

习近平同志在浙江工作期间，高度重视发挥侨胞助力乡村振兴的独特作用。在"八八战略"指引下，以侨商订单、侨界结对、侨胞投资方式助力"之江同心·侨助共富"工程，系统组合发力，持续纵深推进，让乡村振兴发展底色更亮、成色更足。

目标成效

省侨联认真践行习近平总书记赋予浙江的殷切嘱托，按照中央、省委部署，持续迭代载体抓手，深入开展以侨助工坊、乡村侨舍、千侨帮千村为主要内容的"之江同心·侨助共富"工程，树立了侨界助力乡村振兴的浙江样板。据不完全统计，全省"侨助工坊"1.2万余家，累计侨商订单金额180.5亿元，发放来料加工费30.8亿元，带动农户就业10.4万人；"千个侨团（企）帮千村"结对765个，累计到位资金28.05亿元；建成"乡村侨舍"238家，投资金额近15亿元，带动户均增收2万元。

主要做法

（一）**一体化系统谋划架构，侨界助力乡村振兴形成纵深推进态势**。省侨联抓住侨胞独特优势，组织开展"高层次留学人员新农村服务团"等活动，部署落实"百个侨团助百村"等工作，为乡村振兴注入侨动力。近年来，紧紧围绕打造"重要窗口"，在省委统战部有力指导下，高站位谋划"之江同心、侨助共富"工程，从侨团结对帮扶、侨商订单导流等方面入手，与省农业农村厅等部门制定出台"侨助工坊""乡村侨舍""千个侨团（企）帮千村"等方案，完善资金补助、评优评先等机制，形成侨界助力乡村振兴的共同富裕示范先行制度成果。

（二）**数字化改革赋能导流，侨界助力共同富裕叠加效应持续放大**。省侨联以助力共同富裕为主线，围绕侨胞全方位需求，以数字赋能推动工作赋能和发展共富。从2003年初的基础信息搜集，到2010年后的侨情信息登记系统、为侨服务政务平台，直到近年来协同参与省委统战部浙侨"全球通"的侨助共富子场景，赋能导流侨界助力乡村振兴。2022年8月以来，浙侨"全球通"登录用户上万人次，"侨助工坊""乡村侨舍""千侨千村"上线，促成侨商订单回流资金50余亿元。采取"一地创新、全省共享"路径，推动侨助共富数字化改革实战实效。

（三）**精准化施策分类指导，侨界助力城乡协调发展的标志性成果不断凸显**。省侨联坚持分类指导，积极探索形成"侨助工坊"带富帮富新模式。通过加强经纪人培训、组建共富联盟，推动侨商订单导流到山区26县来料加工产业，促进农户增收致富。打响"千侨帮千村"活动品牌，积极发动浙籍侨团、侨企、侨胞通过公益捐助、智资回归等途径，主动融入助力乡村振兴。打造"乡村侨舍"标志性成果，深入践行"绿水青山就是金山银山"战略，助力乡村振兴，用好"侨"回归资源，打造一批侨味十足的"乡村侨舍"品牌。

创新亮点

（一）**"小切口、大牵引"找到侨界助力乡村振兴的突破口。**充分挖掘海外200余万侨胞以及国内4.4万多家浙籍侨企侨商资源，通过来料加工等乡村特色产业突出侨特色、侨服务，助力经济稳进提质和城乡区域协调发展。

（二）**"共富味、改革味"找到了以先富带后富的改革新路径。**强化线上数字赋能，线下海内外联动发力，推动侨联组织体制机制、组织架构、手段工具变革重塑，探索形成了以侨商订单回流，侨资侨智助力乡村振兴的制度化改革实践成果。

（三）**"有成效、有模式"树立了跨部门跨区域可复制推广的典型样板。**分类打造"千侨帮千村""乡村侨舍""侨助工坊"等十大机制样板，中央统战部批复浙江作为全国侨务工作数字化改革试点，《人民日报》、新华社、央视财经频道和中央统战部网站、浙江卫视等相继报道相关做法经验。

💡 启示

　　浙江充分发挥侨胞、侨商优势，以侨商订单助力来料加工点的"侨助工坊"，侨界结对乡村发展的"千个侨团（企）结千村"，以及侨胞投资合作精品民宿的"乡村侨舍"等丰富多彩的载体平台，持续有力推动了乡村振兴，绘就了"之江同心·侨助共富"的美丽画卷。中国梦是国家梦、民族梦，也是每个中华儿女的梦。广大海外侨胞、侨商有着赤忱的爱国情怀、雄厚的经济实力、丰富的智力资源、广泛的商业人脉，是实现中国梦的重要力量。要坚持发挥华侨华人资源优势加强海外联谊，讲好"中国故事"，不断深化对海外侨胞的政治引领、价值引领、事业引领，铸牢中华民族共同体意识。

"宁波帮"帮宁波

宁波市

实施背景

"宁波帮"是宁波的城市金名片，也是宁波经济社会发展的重要战略资源。习近平同志在浙江工作期间高度评价"宁波帮"是宁波的优势，也是浙江的优势，强调要动员"宁波帮"和一切关心浙江发展、关心宁波建设的海内外人士，共同创造浙江和宁波的美好未来。

目标成效

宁波坚持以"八八战略"为指引，围绕传承老一辈"宁波帮"精神，擦亮"宁波帮"这一独具宁波标识特色的城市金名片，汇聚天下"宁波帮"力量助力宁波发展，也架起了对外开放和"一带一路"建设的桥梁。举办的世界"宁波帮·帮宁波"发展大会，有力推动了宁波经济社会发展。同时，依托海内外"宁波帮"代表人士，弘扬中华优秀传统文化，讲好中国发展故事、宁波开放故事，塑造鲜明、立体、全面的宁波乃至中国的国际形象。

主要做法

（一）**构筑"宁波帮"立体工作体系，汇聚现代化滨海大都市的最强合力**。建立市委统领、统战牵头、专班运行、分头推进、多元参与的大"宁波帮"工作格局，切实加强组织领导力量。部署推进"甬智回归"工程、"甬商回归"工程等合力兴甬一揽子计划，加强人才智库、招引平台、营商环境、海外侨团等建设，建立健全重大事项征求"宁波帮"人士意见制度和"宁波帮"代表人士礼遇服务制度，开展"院士专家宁波行"和"海燕集结"等活动，汇聚起助力现代化滨海大都市发展的最强合力。

（二）**构筑"宁波帮"文化传承体系，彰显现代化滨海大都市的创造性张力**。深化"宁波帮"历史传承、时代内涵和新生代特点研究，强化成果应用，促进"宁波帮"与宁波发展的有机融合。统筹全市172处宁波籍名人故居、旧居、祖居资源，探索设立"阳明文化传习基地"，形成"宁波帮"文化旅游风景线。着眼推动文化传承，举办"宁波帮"文化节，打造线上"宁波帮"家园，邀请"宁波帮"后裔返乡寻故，吸引海外"宁波帮"青少年回乡参与书法大赛等活动，多渠道讲好宁波故事、传播"宁波帮"事迹，助力宁波文化"走出去"。

（三）**构筑"宁波帮"品牌活动体系，擦亮共建现代化滨海大都市的"金字招牌"**。持续召开世界"宁波帮·帮宁波"发展大会，打造交流交融的"宁波模式"。连续举办17届甬港经济合作论坛，签约258个合作项目，总投资约255亿美元，形成两地合作的新路径、新模式。办好中东欧国家华商合作宁波峰会暨贸易服务论坛，加强与中东欧国家侨领侨商的交流合作。开展甬港澳台青年联谊交流、海外青年华侨研习、港澳台海外青年宁波行等活动，推进文化认同、情感认同，搭建新生代"宁波帮"和帮宁波人士的互融互通平台。

创新亮点

（一）**凝聚新时代"宁波帮"强大合力。**掌握"宁波帮"人士分布的国家和地区，按照"长年生活工作在海外、政治上有一定地位、经济上有一定实力、学术上有一定造诣、社会上有一定影响"要求，与近12000名港澳台侨"宁波帮"代表人士建立紧密联系。

（二）**推动"宁波帮"融入宁波发展。**经济发展方面，1984年至今，海外"宁波帮"在甬总投资1344.8亿美元。世界"宁波帮·帮宁波"发展大会累计签约项目总投资3727.7亿元。社会公益事业方面，"宁波帮"人士累计向宁波捐赠慈善公益项目金额超20亿元。

（三）**培育"宁波帮"可持续发展的有生力量。**凝聚新生代港澳台侨"宁波帮"，组织研习参访。推动"宁波帮"代表人士故居列入文物保护单位，建成宁波帮博物馆，推出一批"宁波帮"题材文学、艺术作品，弘扬"宁波帮"文化，增强其对家乡的认同感和归属感。

启示

中国经济的高质量发展，必须通过深化改革和扩大开放来推动。宁波作为全国率先开放的沿海城市，通过积极发掘和充分发挥宁波帮人士的作用，架桥梁，搭平台，集聚资源，融通中外，形成了自身的开放特色和优势，推动了宁波区域经济的高质量发展和现代化滨海大都市的建设。实践证明，"走出去发展"和"回归发展"，始终是一个问题的两个方面，要同步进行，双轮驱动。"走出去"是路径是方法，是为了更好地利用国际国内两个市场两种资源；回归发展是目的，是为了把浙江建设得更富更强。

乘"峰"而起　青年才聚

温州市

实施背景

以创新推动发展是"八八战略"的题中之义。习近平同志在浙江工作期间鲜明指出，"建设创新型省份，关键是要培养造就大批高素质的具有蓬勃创新精神的科技人才，努力形成人才辈出的局面，让自主创新的源泉充分涌流"。2019年以来，世界青年科学家峰会（以下简称"峰会"）在温州连续举办了多届。

目标成效

通过峰会持续赋能，温州与100多个国家、国际科技组织和100多个国外大学建立交流合作关系，累计邀请30多位诺贝尔奖、图灵奖得主等顶尖科学家、300多位中外院士和近3000名青年科学家代表参会，形成具有全球影响力的学术成果。已签约引进高层次人才超1200名，新增全职在温院士9人，各类创新高端要素加速集聚，温州先后入选"科创中国"试点城市和国家创新型城市，2022年温州跃居中国最具人才吸引力城市百强榜第28位，"来温州、创未来"这一口号真正成为现实。

主要做法

（一）**打造科技创新共同体，引导青年科学家前沿探索、共商共建，共塑全人类美好未来。**积极践行人类命运共同体理念，峰会发布《全球青年科技领袖圆桌会议共识》和《世界青年科学家温州宣言》，举办中欧青年科学家对话未来活动，创建海峡两岸暨港澳青年未来发展论坛，形成跨界融合谋发展的强大合力。始终坚持学术为先，围绕前沿科技与基础科学，先后举办学术研讨活动100多场，形成了一批前沿技术成果。

（二）**打造人才集聚磁力场，引导青年科学家创新创业、勇毅攻坚，赋能温州高质量发展。**与国家级、省级学会开展合作，引进产学研对接系列活动，推出世界青年科学家成长基金会、"暑期学院"、青科会会址等成果，成功构建"一区一廊一会一室一集群"创新格局和"一器一园一城一中心一基金一会址"创业平台，吸引高层次人才1251名，签约平台类成果69个、项目类成果657个，落地了一批高能级创新平台和标志性项目，孵化企业47家，新增招引落地科创企业和项目45个，实现营收约23亿元，全面深化"以会兴业"发展模式，加速赋能温州高质量发展。

（三）**打造科学精神传承地，引导青年科学家坚守初心、持续精进，进军科学发展更高峰。**举办中国青年科技奖颁奖仪式及系列研学教育活动，邀请国内外著名科学家通过致辞、对话等方式，引导广大青年科学家和科技工作者坚守科技向善的文化理念。通过菠萝科学奖颁奖晚会、英才少年科学行、青年π科学大使等活动，推动科学家走进校园分享科学故事、传播科学思想。青科会受到国内外主流媒体广泛关注，激励着广大青年科学家不断向科学技术的深度和广度进军。

创新亮点

（一）**突出高站位，搭建全球青年科学家对话交流平台**。峰会贯彻落实习近平总书记贺信精神和党的二十大关于科技、人才、青年等重要论述精神，创新性地为青年科学家提供一个交流思想、互学互鉴的创新领域交流互动平台。

（二）**突出高规格，打造安全有序、高效精彩盛会**。峰会充分彰显"国际性、青年性、创新性"的特征，以"汇聚天下英才　共创美好未来"为主题，聚焦基础科学、青年与未来、长三角一体化发展国家战略、打造人才生态最优省等全球性议题。

（三）**突出跨界融合，形成科技赋能、开放合作格局**。立足于"三界融合"，邀请科技界、企业界、创投界精英围绕学科、行业的创新、变革和发展进行深入交流，落地一批高层次、创新型项目和重磅科创平台，赋能龙头企业打造第二增长曲线。

启示

事业因人才而兴，人才因事业而聚。温州市积极贯彻落实"八八战略"，以面向全球的博大胸怀和创新意识，连续四届成功举办世界青年科学家大会，不仅为温州营造良好创新环境、构筑高能级创新平台，引进高层次科技人才，转化高质量科技成果起到了很好的作用，而且对推动世界各国包括中国浙江省青年科学家及青年科技人才加强科技学术交流与合作创新发挥了积极的作用。"人材者，求之则愈出，置之则愈匮。"温州的成功经验表明，必须进一步调动人的积极性、主动性、创造性，为各类创新型人才提供施展才能的舞台，发现人才、用好人才，同时，还要给地方基层更大的创新试验空间，鼓励形成各有所长、特色鲜明的创新模式。

让学生在家门口留学

温州市

实施背景

2006年，在习近平同志的积极支持下，美国新泽西州政府与浙江省协商成立温州肯恩大学。2014年，教育部批准正式设立温州肯恩大学。党的十八大以来习近平总书记先后三次对学校相关办学情况做出重要批示，推进学校办学相关工作。

目标成效

温州肯恩大学一方面引进美国优质大学的办学资源，借鉴其模式；另一方面结合中国国情，培养"扎根中国看世界"，具有创新、创造和开拓能力的国际化人才。其办学实践，是浙江省教育对外开放的缩影之一，走出了一条从无到有、从有到优的中外合作办学之路，使更多的浙江青年能够通过温州肯恩大学走向海外、了解世界，也让更多美国青年来到浙江、了解中国。目前，学校已培养了七届毕业生约2700人，60%以上的毕业生前往全球高等学府继续深造，升硕率稳居全国高校前列，大部分学生毕业后回国在各行各业中崭露头角、就业创业。

主要做法

（一）**融合办学，人才培养成果显现**。学校全面实施全英文、小班化、探究性、合作型教学。现有全球招聘的专任教师180余名，来自全球35个国家与地区，90%以上具有博士学位。优秀学生代表频频登陆APEC会议、世界青年领导力训练营、世界青年论坛等国际前沿平台，在微软"创新杯"全球学生科技大赛、美国大学生数学建模竞赛等国内外高水平比赛中屡获奖项。

（二）**丰富内涵，学术科研水平提升**。学校办学至今，实际投入科研经费8000余万元，教师累计发表论文578篇，以第一作者、通讯作者身份在纳入SCI、SSCI收录的国际学术期刊上发表论文147篇。学校累计实施科研项目300余项，拥有省级科研平台1个、市级科研平台2个以及18个校级科研机构。建立师生拍档科研专项、教职工科研专项、国际科技合作专项等3类科研专项计划，合计支持项目231项。

（三）**校地共建，国际化社区初步形成**。学校一期已建成（含在建）约28万平方米，二期约2000亩总评规划设计已基本完成，列入浙江省长三角一体化发展重大项目，建筑入选温州市"十大标志性工程"、编入"百项庆百年"展示项目、作为典型"海绵城市项目"报道。通过校地、校企产学研合作，为当地经济转型升级提供发展动能。与瑞安市、泰顺县人民政府签署共建"共同富裕示范区"战略合作协议，在加强人才服务、深化教育合作、推动产业创新与助力乡村振兴方面展开深入合作。

（四）**传承创新，促进中美合作交流**。结合中美合作办学和当地侨乡特色，创建良好的国际文化交流环境，通过开展青少年科学营、海外华裔青少年"寻根之旅"夏令营，以及承办世界温州人大会等，打造中西文化融合中心和瓯越文化传承基地。成立浙江省肯恩创业创新研究院（ICE）、中美人文交流研究中心、海外传播中心等。

创新亮点

温州肯恩大学的建设，形成了引领性标志性学科优势，拓展了中美人文交流领域，培养了更多高素质国际化人才，提升了国际交流合作水平。一是做好国际化人才培养的文章。扩大招生规模，进一步提升生源质量和国际化程度，建设一批富有竞争力的专业。二是做好高层次师资建设的文章。建设一支国际化的教学水平高的师资队伍，在各主要学科引进学科领军人物，带动重点学科的发展。三是做好高水平人文交流的文章。加强合作办学，双方加强在校级层面及师生之间的线上线下互动交流，协力打造中美合作办学品牌。充分发挥学校的平台与窗口作用，促进省州友好合作和两国民心相通。

启示

通过中外合作办学，引进国际优质师资和教学经验，培养国际化人才，促进中外科技人文交流，是落实"八八战略"，建设教育强省的重要举措。温州肯恩大学的实践证明，中外合作办学是提高教育质量，促进中外合作交流的有效途径。无论是实现高质量发展，还是"一带一路"建设；无论是实现内涵式发展，还是人文交流机制建设；无论是加快教育现代化，还是建设教育强国，都离不开坚定不移以开放促改革，离不开中外合作办学提质增效、服务大局、增强能力。

集团化办学办出教育均衡

杭州市西湖区

实施背景

2003年9月11日，习近平同志赴杭州市西湖区十三中教育集团进行考察时指出，要推进教育创新，继续深化教育改革，着力构建现代化教育体系，不断提高教育质量，把学校办成更具影响力的一流学校。20年来，西湖教育以"集团化办学"改革为抓手，全面构建高质量优质均衡的教育生态。

目标成效

西湖区率先在全国探索集团化办学战略，成立全国首个名校教育集团。经过20余年的迭代升级，区域已经形成全域覆盖、多模共存、优质共生的良好局面。一是搭建"重要窗口"基本框架的优质格局。全区优质学前教育覆盖率达97.51%，中小学集团化办学覆盖率达98.5%，优质教育资源覆盖率和学生受益率均达到100%。二是深化"共同富裕"价值追求的教育内涵。据浙江省教育现代化发展水平监测显示，全区优质教育均衡发展指数全省领先。三是实施"人民至上"理念思路的现代治理。2022年集团化教育共富成为西湖百姓最叫好的一项民心工程。

主要做法

（一）聚焦多模共存，推动集团化办学全域覆盖。一是名校教育集团办学。实施"名校带动"战略，新办学校100%由区域名校承办，成立名校教育集团，通过"名校（园）＋新校（园）"，植入名校基因，辐射名校资源，引领新校发展，培育了一大批新优质名校。二是紧密型教育共同体办学。创新以名校管理团队输出为特征的"紧密型教育共同体"办学模式，建立弱校补偿、核心学校的引领示范和成员学校间的交流合作机制，共建共享优质资源。

（二）聚焦机制共建，推动集团化办学全域协同。一是建立统筹管理机制。把集团化办学迭代升级行动列入打造"幸福教育强区"目标的重要举措，写入西湖区政府工作报告。二是建立资源共享机制。全面盘活集团资源，建立教育资源共享平台，集中力量发展优质教育。三是建立自我创生机制。建立竞聘办学机制、督导评估机制，实现区域内学校"办一所、优一所、强一所"的迭代升级良性循环。

（三）聚焦优质共生，推动集团化办学全域优质。一是全力提升优秀教师增量。大力推动名校优质教师向新校、弱校辐射延伸，实现人事管理、教师流动体制的创新。二是全面优化教育教学质量。共享共建线上线下的合作交流平台，各成员校在相互学习、良性竞争中不断超越。三是全域扩充优质资源总量。最大化利用全区名校、名师、名课等优质资源，促进新优质学校快速增多，优质教育资源总量快速扩充。

（四）聚焦数字共享，推动集团化办学全域智治。一是加强"数字"联动管理。借助功能强大的教育信息网络系统，开展数字化教育集团建设。二是深化"数智"教育改革。通过线上线下结合的形式，搭建教育教学载体，开设同步课堂。三是强化"数治"赋能评价。建立办学效能数字评价平台，制定基于"共富"背景下高质量发展的四方面评价标准。

创新亮点

（一）**创生新时代集团化办学模式，开启践行"八八战略"新征程**。立足城市化快速推进、群众对优质教育需求"井喷"的实际，不断深化集团化办学改革，营造集团化办学的和谐教育生态。优质资源辐射带动全域品质提升，为打造"重要窗口"贡献教育担当。

（二）**建立全域共享资源融通机制，走好践行"八八战略"新路径**。针对城乡二元结构明显，区域内部分教育相对薄弱，局部资源和联动不足等现象，缩短新办学校成长周期，以最快的速度提高教育质量。

（三）**创新数字教育集团治理模式，写好践行"八八战略"新篇章**。为最大限度地降低管理成本、提高集团管理效能，借助功能强大的教育信息网络系统，开展数字化教育集团建设。在提升集团治理能力和治理水平上下功夫，将智慧教育作为助推集团系统性变革的内生变量。

启示

20年来，西湖区以"集团化办学"改革为抓手，以优质资源辐射带动全域品质提升，使集团化教育共富成为西湖区百姓最叫好的一项民心工程，持续展现了"八八战略"的思想伟力和时代价值，为建设"重要窗口"贡献了教育担当。西湖区的成功实践表明，义务教育是造就每个人走向社会、参与社会、享受社会成果、走向共同富裕能力的必由之路。我国义务教育必须坚持以缩小区域教育资源配置差距为基础、以学校基本公共服务均等化为根基、以优质教育资源共享为支撑，向全域优质教育迈进，办好家门口的每一所学校，建设更加公平包容、优质均衡的义务教育基本公共服务新形态，让人人享有公平而适合的优质教育。

腾笼换鸟　凤凰涅槃

单项冠军之城的晋级路

宁波市

实施背景

习近平同志在浙江工作期间要求"把宁波建设成为全省高新技术产业的重要基地和先进制造业基地"。多年来，宁波积极培育单项冠军企业和专精特新"小巨人"企业，走出一条"产业基础—单项冠军企业群体—单项冠军之城"的升级发展之路。

目标成效

宁波累计培育国家级制造业单项冠军企业83家，居全国城市第一位；累计培育国家级专精特新"小巨人"企业283家，居全国城市第四位；累计培育国家重点"小巨人"66家，居全国城市第三位；实现工业增加值6298亿元，跃居全国城市第七位；完成工业总产值超2万亿元，实现规上工业增加值4865亿元，占全省比重的25.4%，居全省首位；制造业单项冠军之城的知名度、影响力进一步提升，为全省建设制造业"单项冠军之省"提供了有力支撑。

主要做法

（一）**注重政策集成化发力**。2004年以来，先后实施打造先进制造业基地、工业强市、制造业创新中心、全球智造创新之都等战略部署，系统构建了单项冠军企业成长的良好环境。2016年，制定《宁波市制造业单项冠军培育工程三年攻坚行动计划》，发布全国首个《关于加快先进制造业发展的决定》。2020年，出台《宁波市聚焦关键核心技术打造制造业单项冠军之城行动方案（2020—2025）》。目前，已系统构建集奖励、辅导、宣传于一体的政策支持体系，社会各界关注度参与度显著增强。

（二）**注重技术协同化攻关**。组织实施核心技术攻关，聚焦"卡脖子"问题，建立红、黄、绿"三色图"，采取"揭榜挂帅"等方式，吸引高层次人才、高技术企业联合攻关，2018年以来累计实施重大科技攻关专项525项。支持实施并购重组，实现技术创新本土化。建立创新产品推广应用机制，制定装备首台套、材料首批次、软件首版次产品推广应用政策，出台"三首"产品应用保险补贴办法。

（三）**注重要素系统化赋能**。聚焦资金支持、人才支撑、知识产权保护等企业重点关注的资源要素，打造一流产业发展生态。在金融支持方面，实施"凤凰行动"宁波计划、金融助力"专精特新"企业提升专项对接活动，在甬股交开设宁波市"专精特新板"。在人才支撑方面，组织"院士—单项冠军"专家座谈会、"科技特派员"上门服务、"专精特新"企业与职业院校对接会。在用地保障方面，优先将盘活土地提供给拥有单项冠军的小微企业园，对单项冠军企业的前沿产业重点项目用地适当降低出让起始价。在知识产权保护方面，健全跨部门协作机制，构建快速审查、快速确权、快速维权的知识产权保护体系。

创新亮点

（一）擦亮宁波制造"金名片"。开展升阶式系统谋划和科学培育，共培育国家级单项冠军83家、国家级专精特新"小巨人"283家、国家重点"小巨人"66家，数量稳居全国城市前列，单项冠军成为宁波制造的"金名片"，为国家推动制造业高质量发展形成了良好的典型示范效应。

（二）激发技术创新"新引擎"。探索出了提升产业链供应链稳定性和竞争力的管用模式，有效激发企业技术创新的内生动能，为提升国家产业链供应链的韧性和竞争力作出了积极贡献。

（三）拧成企业培育"一股绳"。市委、市政府高度重视、专题部署、市级部门协同推进政策聚焦、要素集聚、服务集成，各区（县、市）立足地方特色开展"小而美"单项冠军后备企业培育，形成"全市谋篇、条线破题、地方育苗"三级联动培育模式，为国家支持专精特新企业发展提供了生动的实践范例。

💡 启示

宁波市通过政策集成发力、企业梯队培育、技术协同攻关、产业融通发展、要素系统赋能等方式，在积极培育单项冠军企业和专精特新"小巨人"企业的实践中，走出了一条从拓展夯实产业基础，到单项冠军企业群体建、打造单项冠军之城的产业升级发展之路。宁波的成功实践充分表明，中国式现代化离不开现代化的经济体系建设，而发展现代服务业和先进制造业必须成为建设现代经济体系，尤其是建设现代化产业体系的重中之重。

以"蜕"为进的"涅槃蝶变"

杭钢集团

实施背景

2003年4月11日，习近平同志到杭钢调研，充分肯定杭钢是一个与时俱进、开拓进取的国有企业，并要求杭钢"以信息化推动工业化""发展临港工业""引进循环经济理念""大踏步发展环保产业、贸易流通业""通过国有企业的改制、转制建立现代企业制度"。这些重要指示为做大做强做优杭钢指明了前进方向。

目标成效

近年来，杭钢集团始终牢记习近平同志在浙江工作期间两次考察调研集团时的殷殷嘱托，大力实施"四轮驱动、创新高地"发展战略，打好企业转型升级组合拳，扎实推动企业核心竞争力提升、能级跃升、影响力攀升。近5年，营业收入和利润平均分别增长56%、38%，2022年首次成功跻身"世界500强"。

主要做法

（一）坚持战略引领，突出理念变革。围绕贯彻"八八战略"和浙江省"八大万亿产业"布局，确立了"四轮驱动、创新高地"的发展战略，以数字化、平台化、产融化、绿色化、国际化"五化融合"为发展模式，聚焦节能环保、数字科技、钢铁智造、现代流通四大主业，构建清晰产业链，打造科技赋能高地、产业发展高地、人才聚集高地、开放合作高地。围绕"两山"理念转化、"双碳"战略落实等重大战略部署，积极发展低碳高效产业，提升绿色创新能力。

（二）坚持产业升级，推动价值重塑。围绕企业高质量发展目标，打出"加减乘除"组合拳，通过整合优化，创新经营模式，努力控制风险，推动优势产业做大增量、提升质量，加快有序淘汰"僵尸企业"。钢铁智造产业坚持"绿色、低碳、高端、智能"发展方向，宁钢已实现生产废水和钢渣"零排放"，成为国内首家实现冶金渣全部综合利用的钢铁企业，研发试制的电池壳钢等高精尖进口替代产品，优特产品率达56%，入选国家高新技术企业、"绿色工厂"。将数字变革作为推动企业转型的重要牵引，积极探索数字产业化、产业数字化、治理数字化和数据价值化。依托半山基地，打造"一镇两园三区"产业空间布局的数字经济小镇，发展"云计算、云服务、云智造"三大产业集群。

（三）坚持创新驱动，提升发展动能。大力实施科技创新，健全完善三级科研创新体系，加大研发投入撬动科技成果高产出和核心技术攻关，建设拥有省级及以上高能级科创平台及载体30个、省级及以上人才平台16个，2022年重点制造业企业研发投入强度达4.59%；围绕前沿领域和"卡脖子"技术，加快"碳足迹碳标签关键技术研发""5G基站电源用高导铜基石墨烯触点材料关键技术研究"等一批"尖兵""领雁"计划项目研发，近5年荣获省部级以上科技奖项11项。

创新亮点

（一）**改革动力源作用显著**。形成了上下一心的改革合力，顺利啃下老研究所股权结构优化、历史产权办理、低效无效资产清理、酒店房地产医院资产剥离等一系列改革"硬骨头"，化解了历史遗留难题。

（二）**改革引路人作用显著**。《"双碳"引领，国企与山区共建生态产品价值实现共富快车道》入选全省共富最佳实践，成为首批入选的省属企业；杭钢国企改革三年行动材料被推荐参与国务院国资委典型案例评选；"打造老工业企业转型发展模式"被评为综改试验第一批标志性成果。

（三）**改革指向标作用显著**。着力将国企改革成果转化为制度优势、把制度优势转化为治理效能，实现改革规范化长效化，共建立30个相关制度办法，形成了"1＋3＋X"党建制度体系、"1＋1＋5＋N"决策管理体系和"1＋4＋6＋N"规划管理体系，中国特色现代企业制度体系日趋完善。

💡 启示

杭钢集团按照习近平同志调研杭钢时的指示精神指引，发展低碳高效产业，实施创新驱动，加快数字转型，提升绿色创新能力，促进企业核心竞争力提升、能级跃升、影响力持续攀升。杭钢集团的这些举措充分体现了对"八八战略"的继承发展。杭钢集团扎实推进治理变革、产业变革、机制变革的主要启示有：一是要推动核心业务和优势产业做大增量、提升质量，有序淘汰劣势产业，通过兼并收购等方式快速发展壮大新产业，从而跑出产业升级发展的"加速度";二是要开展创新成果和先进技术评审与奖励,以"高投入"撬动创新成果"高产出";三是要把握产业数字化改革新机遇,加速布局战略性新兴产业,构建起梯队式产业发展体系。

腾笼来换鸟　凤凰能涅槃

浙江省经济和信息化厅

实施背景

2004年底，习近平同志在全省经济工作会议上指出，要破解浙江发展瓶颈，必须切实转变经济发展方式，实施"腾笼换鸟"。18年来，浙江坚持一张蓝图绘到底，接续实施制造业"腾笼换鸟、凤凰涅槃"攻坚行动，为加快建设全球先进制造业基地、实现"两个先行"打下坚实基础。

目标成效

"腾笼换鸟、凤凰涅槃"以淘汰落后、创新强工、招大引强、质量提升四大攻坚行动为抓手，取得明显成效：规模效益实现跨越式发展；产业结构实现战略性调整；企业主体实现历史性跃升；发展动能实现突破性变革。

主要做法

（一）**实施四大攻坚行动**。一是实施淘汰落后攻坚行动。主要抓排摸高耗低效企业、淘汰整治高耗低效企业、遏制"两高"项目盲目发展、整治提升低效工业用地、整治提升产业发展平台等5项任务。二是实施创新强工攻坚行动。主要抓关键核心技术攻坚、重大科技成果产业化、打造高能级科创平台、做专做精创新主体等5项任务。三是实施招大引强攻坚行动。主要抓新兴产业重大项目招引、重大外资项目招引、补链强链关键项目招引、上市企业资本重组项目落地等5项任务。四是实施质量提升攻坚行动。主要抓制造业质量革命、企业数字化技术改造、产品升级换代、制造业品牌建设等5项任务。

（二）**完善四大工作机制**。一是建立新一轮制造业"腾笼换鸟、凤凰涅槃"攻坚行动工作专班，成立淘汰落后攻坚组等7个工作组，各市、县（市、区）同步专班化运作。二是年度制定攻坚行动的目标清单、任务清单、重点项目清单、政策集成清单等"四张清单"，实施清单化管理，抓好各项任务落实。三是以规模以上工业亩均税收、规模以上制造业全员劳动生产率等5项牵引性指标完成情况为重点，实施月度监测、季度通报、年度考核。四是建立分管省长专题研究攻坚行动实施例会机制，每年召开省政府主要领导出席的全省攻坚行动现场会，部署重点工作，推广典型经验。

（三）**创新四项支持政策**。一是统筹经信、发改、科技、商务等相关财政专项资金，支持攻坚行动实施。二是实施工业用地控制线管理政策，控制线内腾出的存量工业用地必须全部用于工业发展，确需改变用途的应"改一补一"、占补平衡。加大对制造业用地保障力度。三是支持各地提取土地出让收入的0.5%以上作为"腾笼换鸟"专项经费。四是支持产业园区内的存量工业项目建设宿舍型保障性租赁住房。

创新亮点

（一）**推进产业跨区域集聚提升工作**。大力推进绍兴市实施印染化工产业跨区域集聚提升工作。印染方面，越城区将47家印染企业中的32家企业整合成5家印染组团跨区落户到柯桥滨海印染集聚区，对其余15家企业实施兼并重组、转型发展、征迁退出。化工方面，越城区将35家化工企业中的19家企业整合成18个项目跨区落户到上虞杭州湾经济技术开发区，对其余16家企业实施兼并重组、转型发展、征迁退出。

（二）**推进传统块状行业整治提升。**大力支持富阳区开展造纸行业整治先后实施六轮造纸行业整治提升行动，累计拆迁关停造纸等高污染高能耗企业1200家，腾出空间重点用于产业链强链、补链、拓链，大力发展新兴产业。

（三）**推进县域工业用地全域治理。**大力支持长兴县开展工业用地全域治理，坚持"治理大地块、建设大平台、招引大项目、培育大产业"，以乡镇（园区）为一个作战单元，以100亩以上的区块为一个基本单元，实施工业综合治理。

💡 启示

在全国各省区中，浙江的GDP总量不是最高，人均GDP也不是最高，但浙江的经济增长质量却是最好的。在2008年全球金融危机中，浙江率先走出了危机的冲击，并一直保持领先全国的增长速度。三年疫情中，浙江经济也表现出强劲的韧性，平均增速高于全国，领跑东部。"问渠那得清如许？为有源头活水来。"这与浙江一直遵循"八八战略"提出的"腾笼换鸟、凤凰涅槃"，持续推动产业格局重塑、发展动能重塑、企业主体重塑、发展模式重塑、空间布局重塑，促进经济转型发展是密不可分的。

把科技"种"在之江大地

浙江省科技厅

实施背景

科技特派员制度是习近平同志在浙江工作期间亲自倡导和推动的一项重要制度，是科技助推"三农"发展的一项创举。2003年和2006年，习近平同志先后两次对科技特派员工作作出指示。经过20年发展，浙江省科技特派员制度不断创新完善，成为推动乡村振兴和共同富裕的重要引擎。

目标成效

浙江省坚持以科技特派员制度为抓手，逐步形成"133"的工作体系：即围绕"服务脱贫攻坚、乡村振兴和共同富裕战略使命"的1个递进式工作目标，完善和壮大3支因地因事因时制宜的特派员队伍，创新并构建3类组团式服务模式，有效推动人才下沉、科技下乡、服务基层。截至目前，省市县累计派遣科技特派员2.4万人次，实施科技项目1万余项，推广新品种新技术2万多项次，实现经济效益超百亿元。2019年，浙江省作为唯一省区代表在全国科技特派员制度推行20周年总结会上作典型发言，得到国务院领导肯定。

主要做法

（一）**精准选派，高水平对接地方需求**。一是坚持问题导向，构建"两个库"。构建全省统一的科技特派员"专家库"，同时由各县（市、区）科技部门常态化收集产业需求，构建科技特派员"需求库"。二是把好选派关，让"三方说了算"。推动需求库和专家库匹配对接，实现供需双方精准对接、市场化选派。三是省市县联动，开展分级选派。在省级选派基础上，统筹市县特派员资源，推动全省科技特派员队伍不断壮大。目前省市县三级每年联动选派科技特派员达5000人次以上。

（二）**精准服务，高质量服务产业发展**。一是"1人＋1乡"深化个人科技特派员服务。按照1名个人科技特派员服务1个乡镇村的思路，每年向全省选派480名省级个人科技特派员下沉到产业一线。二是"1团＋1业"开展团队科技特派员服务。按照1个团队科技特派员服务1个特色主导产业的思路，组建专业结构合理、实际工作能力强的跨学科团队，为地方产业发展提供全程科技服务。三是"1家＋1县"推进法人科技特派员服务。按照1家法人科技特派员服务1个县域经济发展的思路，支持高校院所事业法人与县域经济开展结对共建。

（三）**精准保障，高规格推动制度长效运行**。一是强化政策引导。2003年以来，省委、省政府先后出台《关于向欠发达乡镇派遣科技特派员的通知》等一系列政策文件，省委、省政府每五年表彰一批优秀科技特派员和先进集体，每两年通报表扬一批科技特派员工作成绩突出单位和个人。二是完善专项资金保障。省级财政每年落实特派员专项资金6400万元，11个地市和60%的县（市、区）已设立特派员专项经费，省市县三级每年财政经费投入超1.5亿元。

创新亮点

（一）**创新科技人才选派机制，从源头确保高层次人才"真下沉"**。坚持把省部属高校科研院所作为省级科技特派员选派的主要来源，确保特派员队伍的质量水准，构建高层次技术专家服务基层的畅通渠道。

（二）**创新组团式帮扶机制，全方位确保产业发展获得"真支撑"**。推动特派员服务形式由省级个人特派员单兵作战逐步扩展到跨学科、跨部门组建团队，以法人科技特派员等多元形式开展组团式服务，全方位服务地方产业发展。

（三）**创新长效运行保障机制，多途径确保特派员创新创业获得"真激励"**。省级财政每年配套科技项目10万元/人，为特派员派出单位和个人提供经费保障。落实事业单位科研人员职务成果转化收益分配制度，引导特派员以技术转让等形式与服务对象结成"利益共同体"。

启示

科技特派员制度最初是作为推动欠发达地区跨越式发展的一项治本之策推出的。在锲而不舍、不断创新完善的过程中，这项制度与"八八战略"中"积极推进科教兴省、人才强省""加快推进城乡一体化"和"进一步发挥块状特色产业优势"等方面的要求相融合。这项制度对高质量推动乡村振兴和共同富裕具有重要启示：一是要统筹资源、精准对接、风险共担、收益共享、数字赋能；二是要全产业支撑、多层次运作、全产业链服务，有效推动人才下沉、科技下乡、服务基层。

数字文明的"乌镇窗口"

桐乡市

实施背景

习近平总书记高度重视数字中国建设，亲自圈定乌镇作为世界互联网大会永久举办地，指出"乌镇的网络化、智慧化，是传统和现代、人文和科技融合发展的生动写照，是中国互联网创新发展的一个缩影，也生动体现了全球互联网共享发展的理念"。

目标成效

桐乡牢记习近平总书记"建设好乌镇，发展好桐乡"的殷切嘱托，取得了"耳目一新、刮目相看"的非凡业绩——乌镇峰会"一届更比一届好"，为推动全球互联网发展治理贡献了中国智慧、中国方案；持续放大永久举办地的独特优势，以数字赋能地方高质量发展，桐乡数字经济核心制造业产值从49亿元增加到255亿元，引领带动全市GDP迈进"千亿俱乐部"，成为网络空间的"世界客厅"，打造了数字文明先行的"乌镇窗口"。

主要做法

（一）**办好"一会"，推动乌镇峰会成为世界聆听中国声音、凝聚国际共识的高科技盛会**。举全市之力，以最快速度、最高标准、最严要求做好大会各项承办工作。努力把乌镇峰会打造成展示全球互联网前沿科技成果的最佳舞台、分享数字文明新时代发展机遇的合作盛会、携手构建网络空间命运共同体的对话平台。

（二）**建好"一区"，大力推进乌镇互联网创新发展试验区建设，科技创新成为最强劲动能**。坚持创新驱动发展，推动产业链、创新链、人才链深度融合，加快打造G60科创走廊全域创新之城。创新载体提能造峰。创新人才筑巢引凤。持续放大"乌镇IP"，打造乌镇特色创新品牌，大力实施"金凤凰英才计划"，组建全省首家科创人才集团，探索建设人才改革试验区。

（三）**做强"一业"，大力实施"一号工程"2.0版，数字经济成为最鲜明特征**。做强数字经济产业链。以智能计算、智能汽车、智能传感和工业互联网"三智一网"为重点，大力招引数字经济标志性项目落户。推进数字技术为制造全方位全场景融合，加速构建产业数字化体系。全面推动镇级小微园区向科技园区转型，让桐乡成为数字经济发展的"黑土地"。

（四）**提升"三地"，全力擦亮中国和世界互联网发展历程文化积淀地、世界网络科技最新成果发布展示地、高端产业孵化集聚地的"金名片"**。围绕打造"中国和世界互联网发展历程文化积淀地"，突出乌镇的互联网、文化、旅游、会展等特色亮点，促进文旅等融合发展。围绕打造"世界网络科技最新成果发布展示地"，推动成为数字技术展示、数字产品发布、数字项目落地的新地标。围绕打造"高端产业孵化集聚地",推动创业创新平台建设。

创新亮点

（一）**坚持市场导向，蹚出一条政府主导与市场运作相结合的办会新路子**。在乌镇咖荟、"互联网之光"博览会、"直通乌镇"全球互联网大赛等多个板块开展市场化运作，吸引多家优质企业成为合作伙伴，实现了"一届更比一届好"的可持续发展。

（二）**坚持改革驱动，走出一条以数字化改革牵引数字文明建设的发展新路子**。用数字化改革驱动党政机关整体智治、经济高质量发展、高品质公共服务、基层治理现代化，实现了数字产业、数字变革、数字生活、数字会展、数字资源全方位跃升。

（三）**坚持办会利民，形成"人人都是主人翁"的共建共享新格局**。创新推出"桐行通"，深化便民利企"一件事"集成改革，政务服务"网上办""掌上办"实现率100%，智慧交通、智慧医疗、智慧教育、智慧养老等全面普及，形成"人人受益、人人参与"的共建共享新格局。

💡 启示

"乌镇窗口"的成功打造具有重要的启示意义：一是要发挥互联网传播平台优势，让各国人民了解中华优秀文化，让中国人民了解各国优秀文化，共同推动网络文化繁荣发展，丰富人们精神世界，促进人类文明进步；二是要发展分享经济，支持基于互联网的各类创新，提高发展质量和效益让更多发展中国家和人民共享互联网带来的发展机遇。

质量强省　标准强省　品牌强省

浙江省市场监督管理局

实施背景

2005 年，习近平同志先后作出"推动质量振兴，打造品牌大省""加强标准化工作，实施标准化战略"等重要指示批示。多年来，浙江坚持一张蓝图绘到底，联动实施质量强省、标准强省、品牌强省建设，创新完善"大质量"工作体系，走出了一条具有浙江特色的质量发展之路。

目标成效

全面完成全国首个国家标准化综合改革试点，12 条工作经验在全国推广，全国首个设立省政府标准创新贡献奖。成功承办中国质量（杭州）大会，实现中国质量奖正奖"零"的突破，浙江省 7 个地市成功争创全国质量示范强市，12 个城市获同意创建，数量位居全国第一。在全国率先上线"浙江质量在线"数字化应用系统，浙江省公共服务质量总体满意度连续四年进入全国前 5 位，连续六年获得国家质量工作考核 A 级、近三年均获得第一或第二名。

主要做法

（一）**强化战略引领，统筹推进"三强"建设。**省委、省政府将质量工作作为奋力推进共同富裕和省域现代化先行的关键和支撑。加快建设质量强省写入省第十五次党代会工作报告。省委、省政府出台贯彻落实《质量强国建设纲要》《国家标准化发展纲要》实施意见，持续发布质量强省标准强省品牌强省建设重点专项规划。

（二）**深化质量提升行动，全面推进质量效益型发展。**深入推进新一轮制造业"腾笼换鸟、凤凰涅槃"攻坚行动，滚动实施多轮特色产业质量提升项目，有效解决产业质量关键共性技术难题。持续推进"浙江建造"提质创优活动，近十年累计获得鲁班奖、国家优质工程奖276项。全力优化服务供给，迭代培育81个现代服务业创新发展区，公共服务质量满意度全国领先。

（三）**全面实施标准化战略，加快标准化创新发展。**高质量完成首个国家标准化综合改革试点，12条工作经验在全国推广。修订出台《浙江省标准化条例》，实施"浙江标准"制度。全国首个设立省政府标准创新贡献奖，构建形成省市县奖项制度体系。率先发布标志性产业链、数字化改革、乡村振兴、绿色发展等标准体系。

（四）**强化数字赋能，推进质量治理现代化。**打造"浙江质量在线""浙冷链""浙食链""浙江特种设备在线"等数字化应用，加强对食品药品、重要消费品、特种设备等产品的智慧监管。实施消费品召回，在嘉兴探索开展汽车"沙盒监管"试点，在台州开展产业链质量调查试点，探索构建质量统计监测体系。广泛开展"质量月""标准日""品牌日"等活动，营造质量共治氛围。

创新亮点

（一）**标准化综合改革率先实践**。高质量完成全国首个国家标准化综合改革试点，12条工作经验被市场监管总局发文全国推广。首个设立省级"标准创新贡献奖"，修订出台《浙江省标准化条例》，探索实施"浙江标准"制度。

（二）**品牌建设先行示范**。率先构建"品字标"品牌建设体系，完善"千企创牌"计划，培育"品字标"企业3962家，发布"浙江制造"标准3029项。实现省市县三级政府质量奖励制度全覆盖，各级政府质量奖获奖组织累计达4096家次，首次获中国质量奖正奖。

（三）**质量数字治理走在全国前列**。在全国率先上线"浙江质量在线"数字化应用系统，打通省、市、县三级业务系统，形成3亿条数据的质量数据库，描绘出60余万家制造业企业、检验检测机构等主体的质量画像。

💡 启示

联动实施质量强省标准强省品牌强省建设，是践行"八八战略"，加快先进制造业基地建设，走新型工业化道路的重要举措。这深刻启示我们：推动经济结构战略性调整，转变发展模式，促进产业高度化，是推动高质量发展的重要抓手。为此，既要通过"腾笼换鸟、凤凰涅槃"解决结构性矛盾，提升产业层次，又要加强全面质量管理，提高质量标准，解决素质性问题，从片面追求规模速度转向以质量和效益为中心的快速发展；既要改善供给侧结构，而且要提高供给体系质量，包括全面提升传统制造业，扩大有效和中高端供给，适应需求变化。

天 堂 硅 谷

杭州市滨江区

实施背景

习近平同志在浙江工作期间五次亲临高新区（滨江）考察调研，并赋予"打造'硅谷天堂''高科技天堂'"的时代命题。杭州市高新区（滨江）主动承担实现民族高科技产业自主强大的国家使命，坚定不移走好创新制胜之路，坚持发展数字经济这一核心优势产业。

目标成效

高新区（滨江）始终牢记习近平总书记嘱托，持续增强数字经济核心产业动能，高质量发展实现能级跃升。十年来，全区地区生产总值、人均地区生产总值、财政总收入大幅提升，综合评价排名稳居全省第一。2022年，在国内外环境复杂性不确定性加剧的大背景下，承压前行、稳中有进：GDP同比增长1.8%，总量保持全市第三；数字经济综合评价和两化融合发展水平保持全省首位，数字经济核心产业增加值1723.0亿元，占GDP比重78.9%，总量及占比均为全省第一。

主要做法

（一）用好"两只手"，以改革创新强劲数字经济发展动能。面对创新创业要素不足的短板，高新区（滨江）通过全面深化改革破除体制机制藩篱，集聚创新资源，激发创新活力。一是运用政府"看得见的手"，推进体制机制全面深化改革。尊重企业发展规律，发挥财政资金杠杆作用和产业政策优势，引导企业持续加大研发投入。二是用好市场"看不见的手"，推动技术创新转化为现实生产力。在产业数字化和数字产业化融合协同下，一批数字经济领军企业发展壮大，智能物联等新模式新业态百花齐放。

（二）用活"两只鸟"，以转型蝶变实现数字经济提档升级。面对空间资源制约产业发展的瓶颈问题，高新区（滨江）毫不动摇地推进区域整体腾笼换鸟，实现整体凤凰涅槃。一是腾笼换鸟，成功打造协同联动、支撑有力的产业空间布局。通过区内产业平台错位发展、工业综合体及三产留用地集中开发，推动塑造区域友好、南北联动、产学协同的发展格局。二是凤凰涅槃，成功打造具有辨识度的核心产业生态集群。巩固壮大优势产业，打造了从关键控制芯片设计到云计算、大数据应用、网络安全的数字经济核心产业全产业链。

（三）践行"两个发展"，以开放合作提升数字经济创新活力。面对开放协同力不足、领跑优势弱化的问题，高新区（滨江）贯彻落实"引进来"和"走出去"，让高端资源走进来、让创新成果走出去。一是坚持引进来，创新生态不断优化。迭代实施"5050计划"和"5151"人才创业协同计划，首推"人才战略伙伴专家公推制"，打造"全球人才蓄水池"。二是坚持"走出去"，营商环境良性循环。中国（浙江）自由贸易试验区杭州片区滨江区块自成立以来，加大数字创新、数字产业、数字贸易等重点领域和关键环节改革力度。

创新亮点

（一）**破除市场与政府协同不畅障碍**。把机制体制创新作为最重要法宝，走出了一条依靠创新驱动内生增长式发展之路。坚持有效市场和有为政府双轮驱动，推进省级数字经济创新发展试验区建设。

（二）**扭转空间不足劣势**。把产城人深度融合作为最基本原则，走出了一条产业业态、城市形态、人才生态"三态融合"发展之路。布局优势产业集群和高能级创新平台，加快城市化进程和优质公共资源配置，构筑一流人才生态。

（三）**打破要素流通壁垒**。把构建对外开放新格局作为着力点，走出一条全方位、高水平对外开放的发展之路，充分发挥国家自主创新示范区和浙江自贸试验区双平台联动优势。

💡启示

习近平同志在浙江工作期间高度重视信息经济和数字浙江建设，对杭州发展信息产业、建设天堂硅谷有过很多指示要求。滨江始终牢记习近平总书记的嘱托，锚定"建设天堂硅谷、打造硅谷天堂"目标，持续增强数字经济核心产业动能，高质量发展实现能级跃升，经济发展的很多重要评价指标排名全省前列。滨江大力发展数字经济迸发高质量发展新动能的主要启示有：一是要加强关键核心技术攻关，提高数字技术基础研发能力，打好关键核心技术攻坚战；二是要推动数字经济和实体经济融合发展；三是要规范数字经济发展，坚持促进发展和监管规范两手抓、两手都要硬，在发展中规范、在规范中发展。

跨域整合　集聚提升

绍兴市

实施背景

习近平同志在浙江工作期间，明确要求"推进腾笼换鸟、实现凤凰涅槃"。绍兴牢记习近平总书记嘱托，积极推进越城区印染、化工产业有序向柯桥区和上虞区跨区域集聚提升，为全省优化制造业空间布局、推动产业转型升级积累经验，奋力打造全国"腾笼换鸟、凤凰涅槃"实践样板。

目标成效

绍兴早在2010年就启动印染、化工等传统产业"一园式"改造提升，柯桥区、上虞区将分散在各镇街的印染企业和化工企业进行集中搬迁，累计整合、重组、退出印染企业151家、化工企业159家，形成了集聚规模效应。在此基础上，2018年11月，绍兴启动新一轮传统产业转型升级工作，跨区域集聚提升后，做大了产业规模，降低了资源消耗，减少了污染排放，实现了经济效益、生态效益和社会效益的多赢，开创出一条"分散—集聚—提升"的转型升级新路子。

主要做法

（一）**打消企业顾虑**。推进跨区域集聚提升，首先必须打消企业的顾虑，争取企业的支持配合。一是形成"必须搬"的声势。绍兴通过广泛宣传发动，向企业清晰传达市委、市政府壮士断腕、改造提升的坚定决心，促使企业逐步松动不愿搬迁的想法。二是激发"我要搬"的动力。绍兴主动倾听企业诉求，精准解疑释惑，制定地方特色政策，系统解决企业土地保障、入园门槛、指标转移、规划调整、过渡生产等问题，让企业"吃下定心丸、安心谋发展"。

（二）**保障资源要素**。产业跨区域集聚面临"钱怎么来、地怎么供、指标怎么办、搬迁后土地怎么用"等问题。绍兴积极探索创新市场化手段，妥善解决。一是国企出资进行回购。绍兴市明确指定回购主体，负责做好搬迁补偿、土地回购等资金保障工作，极大提高了土地收储效率。二是分级分类供应土地。绍兴市根据行业特点，对拟搬迁印染、化工企业采取不同供地策略。三是跨区域平移指标。绍兴打破区域壁垒，允许搬迁企业跨区域 1∶1 平移相关指标，并支持企业通过兼并重组或直接收购排污指标等方式改造提升。

（三）**产业提质增效**。搬迁不是平移，提升才是关键。绍兴市坚持政策"橄榄枝"和能耗"狼牙棒"双管齐下，推动这两个产业进入高质量发展的跑道。一是强化政策"橄榄枝"正向引导。绍兴市出台优惠政策，对新投产企业进行资金奖励，对退出企业进行补助。二是强化能耗"狼牙棒"反向倒逼。绍兴执行严于国家行业要求的资源消耗标准，推动企业提高新建项目投资强度。三是坚持"新房不放旧家具"。印染产业承接地柯桥区按照不低于成套设备价格的 6% 标准给予企业技改补贴，鼓励企业主动购置新型设备、应用先进工艺。

创新亮点

（一）坚持"高标准"建设，推动企业由规模扩张向质量提升转变，搬出企业发展新天地。执行严于国家行业要求的印染行业提升标准108条和化工行业提升标准"57＋5"条，执行史上最严的绿色、安全、环保管控标准，推动集聚企业大力实施信息化、智能化、数字化改造。

（二）秉持"一盘棋"思维，力破区域壁垒，推动产业由离散型向聚合型转变，搬出产业发展新天地。搬迁的主要难点为"跨区域"，在推进过程中有大量问题需要协调解决。

（三）实施"大湾区"战略，加快腾笼换鸟，推动园区由工业化向城市化转变，搬出城市发展新天地。印染化工两大传统产业通过"跨区整合"后，可累计腾退用地1万余亩，退出区域探索符合绿色化、高端化、都市化、国际化转型发展，并实现千亿级规模体量的投入。

💡 启示

绍兴市把"八八战略"的各项要求作为一个有机整体，以系统思维对污染排放重点行业实施企业跨区域搬迁整合集聚提升，综合运用市场化手段和行政手段，激励和倒逼双管齐下，通过改革创新妥善解决企业搬迁面临的各类问题，成为"推进腾笼换鸟、实现凤凰涅槃"的成功典范。绍兴印染化工产业跨区域集聚提升，对产业转型升级实现了经济效益、生态效益和社会效益的多赢具有重要启示：一是要优化制造业空间布局，做大产业规模，从而带动了企业技改，推动转型升级；二是要节约土地资源，强化污染防治，促进了城市核心区块的功能调整、环境改善和能级提升。

"小五金"撬动"大地球"

永康市

实施背景

2003年，习近平同志到永康调研，对永康提出了"打造中国乃至世界先进制造业基地"的殷切期望。永康市委、市政府牢记殷切嘱托，发挥五金产业块状经济基础优势，加快打造先进制造业基地，实现了产业的蝶变转型和迭代跃升。

目标成效

永康以"智能化、高端化、绿色化、品质化、全球化"为导向，主攻智能门（锁）、高端电动工具、时尚保温杯（壶）、健康家居五金、特种五金等5个细分领域，着力构建"特而强"的五金产业体系，形成全省首个跨区域特色产业集群，市场主体突破15万家，防盗门年产量占全国产量约70%、保温杯年产量占全国产量约80%，20余项关键共性核心技术取得重大突破并实现产业化，规模以上企业1135家，科技型企业1007家，网络零售额1022亿元，规模以上工业总产值1010亿元。

实践做法

（一）**厚植行业基础，优化产业生态，实现规模大提升。**通过"改造、提升、迭代"螺旋式递进，推动传统产业转型升级，新兴产业积蓄动能，块状经济特色凸显。以"凤凰行动""雏鹰行动""千帆计划"等创新载体，打造一批地标型行业领军企业、高市场竞争力、高成长性优质企业和具有"撒手锏"产品的专精特新企业。遴选储备一批长期专注特定细分市场，生产技术或工艺处于先进水平、产品市场占有率位居全国前列的"准单项冠军"，建立分类分级梯队培育清单，引导企业做精做专细分市场。持续优化营商环境，率先发布全国首个县域循环经济发展指数——中国永康五金景气指数，全省首创"治决会"机制，257项民生事项实现"一证通办"。

（二）**实施制造升级，强化要素整合，实现动能大转化。**以加快新一代信息技术与制造业深度融合为主线，以推进智能制造为主攻方向，加快"制造"向"智造"转变。现代五金产业从轻量级数字化改造—数字化生产线—智能工厂（数字化车间）—未来工厂建设，形成永康经验。

（三）**实施强链补链，提升产业韧性，实现结构大优化。**以国际会展中心为依托，全力打造世界五金精品展示馆，建成一个展示创新成果、引领行业潮流、满足企业需求的综合平台。实施"店开全球"行动，打造全球跨境电子商务网商集聚中心，常态化开展"金华品牌丝路行"活动。深入实施"强链补链"工程，建立"链长制"工作机制，着力提升产业链供应链韧性和安全水平。

创新亮点

（一）**持续优化"链长＋链主"机制**。分解整合五金产业六大标志性产业链，建立"链长＋链主＋链师＋链员"协同机制，由"链长"领衔，各相关部门，行业协会（联盟）和金融机构协同，专家和智能制造工程服务机构参与，组建产业链服务团。

（二）**持续优化"政策＋要素"供给**。围绕企业做强做精做久、对接资本市场、智能化转型等系统梳理集成十条111项产业政策，有效引导产业转型升级；针对六大产业链的不同发展特性，更加注重支持企业品牌建设、创新发展、精准提质，帮助行业和企业解决发展难题。

（三）**持续优化"韧性＋安全"产业链条**。开展"强链永康"工程，通过培育信息技术、高端装备等领域的强链延链补链工作，完善五金产业链，提升产业韧性。大力发展工业设计和电子商务，开拓研发端、市场端，打造综合性生产商贸主体。

启示

　　永康五金是践行"八八战略"的杰出代表。以永康为主体的金华现代五金产业成功入围国家先进制造业集群，正在从"中国五金之都"迈向"世界五金之都"的征途上阔步前行。永康的成功实践给县域产业转型升级从而实现高质量发展带来深刻启示：一是要依托块状特色产业优势，长期专注其细分市场，顺应市场需求变化；二是要不断强链补链，持续推进制造技术迭代升级，提高工业设计水平，实现了从传统工匠到现代工厂的大蝶变。

无中生有的"地信"产业

德清县

实施背景

2003年6月，习近平同志在德清考察调研时强调"要为国内信息产业发展作出新的贡献"。这些年来，德清县把习近平总书记的重要指示精神作为根本遵循和强大思想武器，以地理信息产业为切入点，探索新兴产业集聚发展的地信模式。

目标成效

一是落户地理信息行业话语权最大机构。2022年5月20日，联合国在华设立首个直属专门机构——联合国全球地理信息知识与创新中心正式落户。二是举办地理信息领域影响力最强会议。2018年首届联合国世界地理信息大会成功召开，来自108个国家和地区的1300余名嘉宾出席参加。三是打造成为地理信息产业集聚度最高的发展新高地。建成国内地信企业集聚水平最高、产业结构最丰富、产业链最完整的园区。2015年至2022年，小镇营业收入增长超82.2%，2022年营收超300亿元。

主要做法

（一）**坚持高水平建设，推动国际化成为小镇最鲜明的特色。**一是最高标准规划布局。聘请10位院士为小镇发展顾问，邀请国外专家、行业翘楚辅助规划。二是以全球视野打造矩阵。引进国际测量师联合会、国际大地测量协会等国际组织机构，打造以联合国创新中心为核心的国际组织矩阵。三是以开放载体深化合作。构建"联合采购—代办贸易—保税仓储—现代物流—贸易供应"产业链，国家地理信息服务出口基地顺利落地。

（二）**聚焦高质量发展，推动新经济成为小镇最根本的内核。**一是推进地理信息"主链极化"。制定出台全国首个地理信息企业培大育强三年行动计划。推进产业配套提档，全国首个民营企业投资的雷达卫星地面接收站投入运行，全国首颗以县域命名的遥感卫星"德清一号"成功发射。二是推进地理信息"跨界融合"。打造"地信＋车联智能""地信＋通用航空""地信＋高端智造"等多跨产业平台。三是推进地理信息"赋能治理"。实施全球地理信息技术服务商计划，引导企业广泛参与数字化改革。

（三）**集聚高端化要素，推动好生态成为小镇最强劲的支撑。**一是融入创新平台。以纳入杭州城西科创大走廊北翼为契机，实施以"地信智慧城"为核心的片区规划，推进地理信息"二次创业"计划。二是布局创新载体。制定一站式创新创业解决方案，打造种子仓—孵化器—加速器—生产基地"5公里创新圈"。三是整合创新要素。启动"个十百千"地信引才计划，设立青年人才引育专项资金，先后引进院士级人才10人、国家级人才25人、创业创新人才6500余人。

创新亮点

（一）**镇小发展快，形成了零基础发展新兴产业的德清模式。**德清县从产业选择到空间布局，从政策制定到创新体系，从如何抢抓机遇到如何乘势而上，"无中生有"发展而成地理信息产业。

（二）**镇小动能大，形成了小园区驱动县域转型的德清模式。**地理信息小镇虽然只占了德清县域面积的不到1/300，但在小镇的牵引下，全县创新驱动步伐不断提速，近五年，以地理信息为代表的战略性新兴产业年均增长11.4%，工业亩均税收年均增长25.2%，带动研发投入强度提升1.41个百分点、达到4.17%。

（三）**镇小视野广，形成了小县域链接国际资源的德清模式。**地理信息小镇，敢于对接联合国的机构组织，敢于链接全省重大战略平台，打开了开放之门，为"块状经济如何拓展空间"提供了实践参考。

启示

善于从无到有发展块状特色产业的浙江，如何集聚发展战略性新兴产业，建设先进制造业基地？德清打造有国际影响的全国地理信息产业高地提供了成功经验：一是要坚持高水平规划布局配套集成，高定位链接以联合国下属机构为龙头的国际专业组织、全国行业组织和全省战略平台，全方位发展先进制造业和现代服务业紧密结合的新经济产业链；二是要聚焦主链引育企业，打造平台推进产业配套提档跨界融合，优化产业生态集聚高端要素，服务全国、辐射全球，实现高质量发展。

一个也不能掉队

以"大联合之策"驱动"大下姜之变"

淳安县

实施背景

淳安县下姜村是习近平同志在浙江工作时的基层联系点，他曾四次到下姜村调研，期望这里"经济持续发展，村容村貌进一步改善，群众生活越来越好"。20年来，淳安县和下姜村始终心怀感恩、励志奋进，在实现了"温饱梦"和"小康梦"后，又奔向"共富梦"。

目标成效

下姜村的"一村之变"。下姜村推进美丽乡村、未来乡村建设，现代休闲农业、乡村旅游蓬勃兴起，成功创建国家AAAA级景区，获评全国美丽休闲乡村、全国乡村旅游重点村等。下姜村党总支获得全国脱贫攻坚先进集体、全国先进基层党组织等荣誉。

大下姜的"一域之变"。2019年以下姜村示范引领，组建下姜村及周边24个行政村的大下姜乡村振兴联合体，并成立联合党委，开启了党建联建、抱团发展的"大联合之策"。大下姜改革创新入选全国"乡村振兴典型案例"和浙江省"改革创新最佳实践案例"，被列为中组部党建引领乡村治理试点和全国农村综合性改革试点试验。

淳安县的"全域之变"。大力推广大下姜乡村振兴联合体共富模式，成立淳北、淳西南乡村振兴联合体，与主城区，汾口、威坪2个副中心，以及"飞地"形成"1231"县域发展格局。

实践内容

（一）以"党建联建"推动体制机制活起来。发挥党建统领作用，有效强化"县委领导、党委统筹、镇村抱团、党员带动"的组织体系。成立农林、旅游等产业组，形成"党委统筹＋乡镇负责＋部门支持＋村社落实"的工作链。注重资源整合，集中力量办大事，通过统筹协商、差异发展，建成了共享水厂、共享酒厂、共享茶厂，完成了枫常公路提标改建。

（二）以"品牌联培"推动产业振兴强起来。打造"下姜村""大下姜"区域品牌，统筹布局农林、旅游等深绿产业，统一乡村旅游服务、农特产品生产等标准，推进白马地瓜干、中华蜂蜜、红高粱酒等农特产品标准化生产，推行统一品种、统一收购、统一包装、统一品牌、统一销售的"五统一"模式，实现产品品牌、企业品牌、区域品牌有机融合。

（三）以"数智联通"推动治理效能提起来。开发下姜村数字乡村、大下姜共同富裕数字平台，首创片区式共同富裕监测指标体系，开发上线"健康管家""姜哥代办""姜妈赶集"等特色应用场景。

（四）以"干群联心"推动奋斗干劲聚起来。加强"新时代红"与"近现代红"文化挖掘，扎实推进红色根脉强基工程。每季度开展村支书"争星晋位"比武，推行党员先锋指数考评制度，党员干部带头拆违拆危、推进土地流转、探索民宿发展，党组织战斗堡垒作用和党员先锋模范作用进一步发挥。"党员带着群众干、干部群众一起干"成为大下姜老百姓的共识。

创新亮点

（一）**探索联合体共富模式**。统一规划乡村振兴和共同富裕蓝图，深化"入股联营"、聘请职业经理人、共富合伙人等机制，成立"强村富民"公司，实施"三联三帮三带"行动，推进共享工厂、共富工坊等共富工程。推广淳北、淳西南乡村振兴联合体建设，加快推进县域共同富裕步伐。

（二）**构建新型慈善体系**。关注"一老一小一残一困"，与慈善信托合作成立大下姜共同富裕基金，健全精准"提低"机制，开启初次分配、再分配、三次分配协调配套的基础性制度安排探索。

（三）**打造共富数智平台**。构建以"共富指数"赋能的"1＋4＋n"大下姜共同富裕数智平台，迭代开发上线一次不跑、姜妈赶集、红色培训、健康管家、智护山水、智慧治理等场景。建立运行保障机制，让村民充分享受"数字化生活"带来的便利。

启示

　　下姜村的实践是在脱贫攻坚路上忠实践行"八八战略"的典型示范，也是先富带后富，实现共同富裕的典型案例。浙江改革开放以来，农村发展已经走过从党员个人带动群众致富，到党支部带领村民致富，再到一个村带动周边村共同富裕的路径，大下姜的经验代表着浙江基层党组织带领村民走共同富裕道路的升华与发展。

千村示范　万村整治

浙江省建设厅

实施背景

小城镇一头连着城市、一头连着农村，是推进城乡一体化的关键环节。2020年4月，习近平总书记在浙江考察时指出，"要全面深化'千村示范、万村整治'工程和美丽乡村、美丽城镇建设"。遵循习近平总书记擘画的路径，浙江省强力推进全省小城镇建设，加快构建城乡融合发展新格局。

目标成效

浙江省深入推进"千村示范、万村整治"工程，胜利完成全省1191个小城镇环境综合整治任务，成为全国唯一对小城镇进行全面、彻底、全域环境整治的省份。将美丽城镇作为新时代城镇工作的总抓手，累计打造美丽城镇省级样板363个、省级达标699个。全省城镇化率提升至72.7%；全国千强镇占比达到18.8%；国家级卫生城镇占比达50%，历史性实现省级卫生城镇全覆盖，居全国各省份第一；全省小城镇公共服务能力大幅提升，美丽城镇成为浙江的一张"金名片"。

主要做法

（一）**拓广度，从专项整治到全面提升**。聚焦消灭小城镇"脏乱差"的底线目标，实施"363"综合整治行动，以"五美"目标为要求，打造小城镇环境综合整治"升级版"；把美丽城镇建设融入浙江大花园建设总体布局，系统修复与综合治理生态环境；按照镇景融合的理念打造小城镇，全域推进城乡风貌提升和未来社区建设；明确美丽城镇生活圈配置，建设垃圾分类收集处置网等"十个一"标志性工程；因地制宜推进美丽城镇多领域智慧场景应用，提升基层治理现代化水平。

（二）**挖深度，从千镇一面到特色引领**。突出分类施策，将小城镇分为都市节点型、县域副中心型、特色型和一般型共四类进行分类施策。突出规划引领，指导各地因镇制宜制定美丽城镇建设行动方案，实行"一县一计划""一镇一方案"，形成"千镇千面"风貌。突出迭代升级，倡导联创联建、共富共美，一体推进城、镇、村设施配置与产业布局，破解乡镇"各自为政"体系性内耗。

（三）**提力度，从压茬推进到长效治理**。坚持将小城镇发展作为战略任务来抓，以省委、省政府名义出台《浙江省小城镇环境综合整治行动实施方案》，省委主要领导亲自部署推动，形成强有力的推进态势。把考核激励作为指挥棒，在片区内建立"横向对比建设成效、纵向反映创建力度"的评价标准，解决发展不平衡不充分问题。建立健全小城镇建设体制机制和标准体系，确保城镇建设有章可循、有规可依。创立"双师"制度，大力推进设计下乡。开设"美丽讲堂"，提高基层干部业务本领。

创新亮点

浙江小城镇发展在实践中总结出"123456"丰富成果。

建立一套标准,发布全国首个《小城镇环境和风貌管理规范》《美丽城镇生活圈配置导则》等。聚焦两大抓手,接续开展小城镇环境综合整治行动和美丽城镇建设。完善三类保障,做好人、地、钱保障,协调省自然资源部门在美丽城镇建设用地指标上予以倾斜。贯彻四级联动,构建省、市、县、乡镇四级组织架构,11个设区市、84个县(市、区)全部成立领导小组和办公室。推动五美齐发,根据小城镇资源禀赋及发展定位,分类打造"环境美、生活美、产业美、人文美、治理美"五美与共的城镇样板。实施六大行动,通过开展规划设计引领、卫生乡镇创建、"道乱占"治理、"车乱开"治理、"线乱拉"治理、"低小散"块状行业治理六大专项行动,为全省小城镇发展筑本固基。

💡 启示

改革开放以来,浙江以农民务工经商、专业市场、块状经济等驱动的小城镇迅速发展壮大。然而,如何在新时代以小城镇的高质量发展绘就城乡发展新图景,是一个亟待探索破题的大问题。近年来,浙江以加速实现全域美丽为目标,从广度、深度、力度着手,强力推进小城镇高质量发展,形成科学系统的工作体系,创出"123456"的丰富成果,使美丽城镇成为浙江的一张"金名片",进一步提升了浙江城乡一体化的水平。

小县城攀上"科技高枝"

新昌县

实施背景

作为一个"八山半水分半田"的山区小县，新昌县始终牢记习近平同志在浙江工作期间来新昌调研时指明的"必须紧紧依靠科技的力量来支撑"发展路径，深入实施创新驱动发展战略，形成了"小县大科技"的工作模式，为推进以科技创新为核心的全面创新、着力塑造发展新动能新优势提供了县域样板。

目标成效

近年来，新昌县研发经费支出占GDP比重连续八年保持在4%以上（2021年达4.4%），规模以上战略性新兴产业增加值占比保持在55%左右，高新技术产业增加值占比保持在90%左右，创新指数全省第二，蝉联科技创新鼎，科技创新"新昌经验"在全省推广，成功创建国家创新型县，在全国科技创新大会上作典型发言，县域科技创新"浙江新昌模式"入选科技部科技体制改革案例库典型案例，打造科技创新"新昌模式"入选中国改革县域改革案例名单（全国仅20个）。

主要做法

（一）**优化要素融合机制，实现资源不足科技补。**一是"坚守实业、做强主业"育主体。实施上市企业、高新技术企业、科技型中小企业"三倍增"计划，人均上市公司数和人均市值均列长三角地区县域第一。二是"不求所有、但求所用"聚人才。创新柔性引才用才模式，实施"天姥英才"计划，建立科创文旅综合体，大力引进科技领军人才和创新团队。三是"产教融合、校企破题"强合作。通过校地共建应用技术研究院、校企共建重点实验室，破解中小企业创新发展难题，全国唯一县域国家科技成果转化服务示范基地落户新昌。

（二）**优化平台孵化机制，实现区位不足服务补。**一是"内建外拓、开放共享"搭平台。加快园区提档升级，探索建立"互联网＋产学研"新模式，支持企业"走出去"。二是"紧盯市场、深耕前沿"助研发。政府每年安排1000万元专项资金，设立"专精特新"重大科技攻关项目10个，全力支持企业建设高能级研发机构。三是"无事不扰、有事必到"优服务。抓好科技管理服务队伍建设，成立知识产权司法保护服务中心，设立知识产权巡回审判庭，保护创新成果，全县每万人发明专利拥有量达89.3件，在省内同类型县市中稳居第一。

（三）**优化协同保障机制，实现动力不足改革补。**一是"需求导向、刚性兑现"保政策。每年科技投入占财政支出的比例不低于10%、增幅不低于15%。出台"科技创新20条"，严格做到5个100%兑现。二是"物质奖励、精神激励"增活力。建立"三个给足"激励机制，重奖科技创新"好企业、好团队、好专家"。引导企业深化薪酬制度改革、股权激励改革等，推动科技人员创富增收。三是"领导牵头、部门协作"强协同。建立"党政一把手抓创新"的领导机制，建立各部门统筹协调抓改革的组织体制，明确把科技创新列入部门和镇街绩效考核内容。

创新亮点

（一）**政府部门的久久为功**。新昌创新的最大优势，就是始终把科技创新作为头等大事，在保投入上不惜工本、在强服务上不遗余力、在优环境上不落人后，一届接着一届抓、一任接着一任干。

（二）**企业主体的深耕细作**。新昌创新的最大特点，就是始终坚持企业创新主体地位不动摇，让企业真正成为技术创新的决策主体、研发经费的投入主体、技术研发的组织主体和创新成果的转化主体。

（三）**产业发展的深度融合**。新昌创新的最大亮点，就是把产业升级作为科技创新的主战场，紧紧围绕特色优势产业抓创新，实现科技创新与产业层次的共同提升。

启示

科技是第一生产力、人才是第一资源、创新是第一动力。新昌县始终牢记习近平总书记的殷殷嘱托，持之以恒深入实施创新驱动发展战略，不断完善县域创新体系，打破了一个"八山半水分半田"的山区小县的资源禀赋局限，走出了一条"小县大科技"的新路子，成为全国县域创新样板，算是一个不小的奇迹。新昌的成功经验表明，以科技创新引领县域经济高质量发展，是创新驱动发展战略的重要内容，是推动城乡融合发展的重要途径。为此，要立足县域经济发展实际，强化政策保障、优化创新布局、增强要素支撑、培育创新增长极、激发创新活力，加快提升县域科技创新能力，助力县域经济实现高质量发展。

城乡一体"一张图"

嘉兴市

实施背景

2004年3月，习近平同志到嘉兴蹲点调研，并在嘉兴主持召开全省统筹城乡发展、推进城乡一体化工作座谈会，提出统筹城乡发展、推进城乡一体化，逐渐缩小城乡差别，使城乡居民共同富裕、共享现代文明，并指出嘉兴完全有条件"成为全省乃至全国统筹城乡发展的典范"。

目标成效

这些年来，嘉兴牢记习近平总书记的殷切嘱托，立足自身现实基础和发展水平，将统筹城乡协调发展作为经济社会发展的突破口和"牛鼻子"，推动经济社会全面协调可持续发展，走出一条以统筹城乡发展推进共同富裕的"嘉兴路子"，城镇化率由2005年的47.6%提高到2021年的71.9%；村均集体经营性收入从2002年的不足30万元到2022年的249.1万元；农民人均可支配收入从2002年的5532元提高到2022年的46276元；城乡收入比从2002年的2.08∶1缩小到2022年的1.56∶1。

主要做法

（一）以"六个一体化"为引领，构建市域一体发展格局。嘉兴立足区域和城乡发展相对均衡的比较优势，2004年率先实施《嘉兴市城乡一体化发展规划纲要》，着力推进城乡空间布局、基础设施建设、产业发展、劳动就业与社会保障、社会发展、生态环境建设与保护六个一体化。建立"统分结合"的市域规划管理体制，将市域纳入"一张图"现代化网络型大城市布局。

（二）以"三产融合"为导向，提升乡村产业发展动能。嘉兴坚持跳出"农"字发展乡村产业，在推进农村劳动力转移就业的同时，加快构建现代农业产业体系、经营体系和生产体系，促进三次产业深度融合，推动乡村产业高质量发展。大力发展都市生态农业，大力实施科技强农、机械强农行动，着力推进农业经济开发区、农创园等农业高能级平台建设。

（三）以"村强民富"为根本，统筹配置基本公共服务，夯实城乡融合发展基础。嘉兴率先实施基本公共服务均等化行动计划，让公共服务更多更公平惠及城乡居民。以"红船精神"为引领，不断创新基层党组织设置模式，全面推进新时代"网格连心、组团服务"。实施"强村计划"，创新"飞地抱团"发展模式，全面推广"农民共富十法"。坚持继承和发展"枫桥经验"，联动推进"三治融合"。

（四）以"十改联动"为动力，重塑新型城乡工农关系。嘉兴紧紧抓住被列为省级统筹城乡综合配套改革试点（2008年）和国家城乡融合发展试验区（2019年）的历史契机，着力破除城乡二元结构，推进城乡互动发展。以农村土地综合整治为抓手，推进农房集聚、农地集中、园区集成，优化土地资源配置。推动农民生活方式转变，推动农民生产方式转变。协调推进劳动就业、社会保障、户籍制度、新居民管理、涉农体制、村镇建设、金融体系、公共服务、规划统筹等九项改革。

创新亮点

（一）坚持"多规合一"，充分发挥规划引领的龙头作用。嘉兴始终坚持整体谋划与分步实施相结合，构筑城乡联动发展、整体推进的空间发展形态，实现城乡空间规划"一张图"、人口和生产力布局"一盘棋"。

（二）坚持城乡互动，充分发挥产业融合的支撑作用和新型城镇化的带动作用。嘉兴始终将新型城镇化作为统筹城乡发展的主导力量，增强二三产业对城乡一体化的支撑作用，促进农民向市民、传统农民向新型农民转化。

（三）坚持优先发展，充分发挥农业农村发展的基础作用。嘉兴始终把解决"三农"问题作为党委、政府工作的"重中之重"，推进城市基础设施向农村延伸、城市公共服务向农村覆盖，加快农业农村现代化步伐。

启示

嘉兴立足自身现实基础和发展水平，将统筹城乡协调发展作为经济社会发展的突破口和"牛鼻子"，谋划了一系列切实可行的战略举措，并不断与时俱进迭代升级，嘉兴一直享受由此带来的发展红利，形成了以统筹城乡发展推进城乡共同富裕、经济社会全面协调可持续发展的"嘉兴样板"。

"小县大城"书写幸福童话

云和县

实施背景

2003年8月8日，习近平同志在丽水调研时强调："要实行'内聚外迁'，实行'小县大城关''小乡大集镇'。"云和始终牢记习近平总书记殷殷嘱托，坚定不移实施"小县大城"发展战略，持续推进人口集中、产业集聚、要素集约、改革集成、功能集合，全力打造具有云和特色、普遍意义的"小县大城"山区共富范式。

目标成效

云和县坚持以"八八战略"为统领，走出了一条独具特色、独树一帜的山区县城镇化科学发展之路。"小县大城"发展战略的知名度、美誉度和影响力与日俱增，荣获"2012中国十大社会管理创新奖"，入选改革开放以来浙江省十大发展模式，相关做法获省政府主要领导批示肯定，得到国内众多山区县关注借鉴。2021年10月，云和县成功承办全国山区县域新型城镇化发展论坛，为山区新型城镇化提供先行示范。

主要做法

（一）**坚持集聚集约、改革破题，推倒城乡二元隔离墙。**一是把县域发展空间调优。完成多轮土地利用总体规划和城市总体规划修编，拉开县城发展框架，扩大县城发展空间，提升县城综合承载力。二是把农民进城渠道打通。推进万名农民下山转移、"大搬快治解危清零"、"大搬快聚富民安居"工程，鼓励农民下山转移。三是把农村资产资源激活。以全国扶贫改革试验为抓手，全面深化农村产权制度改革，推进农村产权"确权、活权、保权"，形成股份经济合作社、农村产权抵押融资免担保、生态公益林未来补偿收益质押贷款等改革成果。

（二）**坚持以城聚产、以产兴城，蹚出产城融合共富路。**一是拓展园区集聚产业发展。大力推进低丘缓坡开发利用，把工业园区打造成扩大工业总量、加快人口集聚的主平台。二是做强产业支撑就业增收。把木玩产业作为进城农民就业增收的优先选择，实施"木玩＋幼教、文创、电商"等行动，提升木玩产品核心竞争力。三是打造全域AAAAA生态旅游名片。立足"一城一湖一梯田"空间布局，创新实施全域AAAAA战略，大力推动云和梯田创AAAAA、云和湖创建国家级旅游度假区、木玩童话小镇以AAAAA标准建设以及AAAAA级景区城创建。

（三）**坚持民生优先、共治共享，打造美好社会新图景。**一是创新"街乡共治"，建设社会治理共同体。创新城市与农村、街道与乡镇协同治理的"街乡共治"做法。二是推进"同城同标"，建设民生服务共同体。强化优质教育资源供给，使广大城乡群众无差别享受城区优质教育服务。组建县医疗健康集团，打造县域医共体和医联体。建立困难群众主动发现机制，开发"联连帮"智慧救助平台，生成并推送群众"幸福清单"。三是围绕"整体智治",建设平安稳定共同体。聚焦建设"全国最平安县",高规格成立云和县社会治理中心,打造县矛盾纠纷调处化解中心,实现矛盾纠纷调处一扇门进出、一揽子调处、一体化联动。

创新亮点

(一)**深化农村产权制度改革**。集成推进农村集体产权制度、农村土地制度等改革,让农民群众共享改革红利。允许农民将闲置农房流转给下乡市民创办民宿。推动村民变股民,在全国率先把村经济合作社改组为股份经济合作社,将村集体经营性资产折股量化到人。

(二)**加快生态产品价值转化**。拓宽生态产品价值实现路径,加快"两山"转化。出台全省首个政府补偿式采购办法,按照水源涵养、气候调节、水土保持、洪水调蓄四项品目价值总量的0.2%补偿。在评估土地经济价值的同时,核算生态环境增值,实现土地使用权人对生态环境附加值付费的目标,成功挂牌出让全国首宗"生态地"。

启示

云和的成功之处可归结为五点:一是调优了县域发展空间,县城获得成倍增长的发展面积;二是破解了农民进城居住难题,完成异地搬迁4万余人;三是激活了农村闲置资产,让农民闲置资产"确权到人,带权进城",使农房变客房、村民变股民;四是创造了县城就业岗位,木玩产业独树一帜,直接安排就业达3万余人;五是推动城乡居民"同城同标",最值得称道的是县城所有学校对进城农民子女开放,实现无差别共享。

"四好农村路"铺就康庄道

浙江省交通运输厅

实施背景

"四好农村路"是习近平总书记总结提出的一项重大民生工程、民心工程、德政工程。20年来，全省牢记习近平总书记嘱托，在"八八战略"指引下，坚持一张蓝图绘到底，加快建设高水平"四好农村路"，引领浙江走向城乡统筹的康庄大道。

目标成效

从2003年实施"乡村康庄工程"以来，浙江省农村交通实现了跨越式发展、发生了历史性巨变，在浙江省农村发展史上留下了波澜壮阔的壮丽篇章。20年来，全省投入资金近5000亿元，率先实现所有200人以上自然村通等级硬化路，率先全面消除等外公路，率先实现客车"村村通"；城乡公交一体化率达75%，平原地区实现全域公交化；基本建立县、乡、村三级农村物流服务体系，建制村物流（快递）服务覆盖不断提升。在2018年交通运输部综合评定中获全国第一。

主要做法

（一）**紧扣一个"畅"字，着力完善农村交通设施网络，实现通城达乡、进村入户。**20年间，以通乡、通村"最后一公里"为主攻重点，先后实施乡村康庄、农村联网等提升工程，网络持续延伸、结构不断优化，实现从"出行难"到"走得了""走得好"跨越。通达深度全面提升，通畅水平全面提升，路网等级全面提升。

（二）**紧扣一个"安"字，着力优化农村交通治理效能，实现管养升级、共治共享。**统筹实施路况提升、管理提效、平安交通攻坚战，持续深化管养体制改革，大力推进安全生命防护工程。路况水平显著提升，构建科学高效养护体系，实现"有路必养、养必到位"。治理水平显著提升，率先推行县、乡、村三级路长制。安全水平显著提升，集中治理平交口、穿镇穿村、急弯陡坡等安全隐患。

（三）**紧扣一个"舒"字，着力增强农村交通服务品质，实现便捷可达、均衡普惠。**着眼"人便其行、货畅其流"，加快农村客货运输改革。客运网络不断织密，新增建制村通客车，建设、改造乡镇运输服务站、港湾式停靠站。物流体系全面完善，形成以县级基地为枢纽，乡镇站场为中心，村级服务点为节点的农村物流体系。客货邮融合蓬勃发展，创新"公交带货"服务模式。

（四）**紧扣一个"美"字，着力推动农村交通融合发展，实现路景交融、因路而富。**打造一批资源路、旅游路、产业路，开辟"两山"转化途径。坚持规划先行，宜弯则弯、宜窄则窄、依山傍水、顺势而为。坚持典型示范，在全省选树示范县、示范乡镇等，引领带动全省域全面提升。坚持产业融合，深化与商贸、文旅等现代服务业融合，形成"四好农村路＋特色经济、乡村旅游、休闲体育"等创新模式。

创新亮点

（一）建立"省级统筹、多方联动"推进体系。省委、省政府将"四好农村路"作为乡村振兴第一炮，举全省之力高位推动。省级部门协同推动，安排专项资金实施"以奖代补"，自然资源部门出台专项政策解决用地问题。市、县党委、政府出台贯彻意见及配套政策，形成全省"一盘棋"推动格局。

（二）建立"法规引领、标准指路"制度体系。出台全国首个《四好农村路》《准四级公路工程技术标准》《农村公路养护技术规范》《美丽公路技术规范》《通村客运服务规范》等省级地方标准，相关经验上升为部级标准。

（三）建立"多跨协同、各具特色"富民模式。发挥交通"链接产业、联通市场、直达民生"优势，放大"四好农村路＋"效应，串联起"山海林田湖、城镇乡村景"，打造美丽经济交通走廊。

💡 启示

浙江建设高水平"四好农村路"的实践经验可归结如下：一是城乡统筹的全图景引领，体现了"八八战略"中的系统性发展观；二是地方标准的制度化保障，如出台全国首个《四好农村路》等地方标准，确保农村公路建设的高质量高标准；三是发展嵌合的综合绩效，紧扣"安、舒、美"等综合绩效，推动生态融合、产业融合，全面服务乡村振兴大局。

由"村"变"城"的逻辑密码

东阳市

实施背景

"花园真好"，2003年6月，习近平同志到东阳市花园村考察，为花园村新农村建设点赞。在"八八战略"指引下，花园村坚持"先富带后富、强村帮弱村、共富更要共享"理念，深入推进先进制造业和产业集群集聚发展，不断提升基础设施和公共服务水平，努力探索农村就地城镇化新路径。

目标成效

2022年，花园村集体收入近2亿元，村民人均年收入提升至16.5万元，在"中国名村综合影响力"排名中，首次跃升为全国第二。2020年10月底，花园村被列入浙江省第四批小城市培育试点，全省首个"村域小城市"在花园村落子。此后，花园村又先后成为全省唯一乡村振兴综合改革试点和首批未来乡村，为全国统筹城乡体制机制突破探路，为打造新时代现代化农村提供了鲜活样本。

主要做法

（一）提升村庄建设能级，要素资源由"散"到"聚"。一是合村并芯聚人气。花园村连续开展两轮"一村并九村"，村域面积从0.99平方千米扩展到近12平方千米，使得花园村人力资源更为集聚。二是资源集约破瓶颈。花园村率先开展空间规划编制试点，推进"多规合一"，合理规划，做到"功能分区"合理，生产生活有序。三是体系重构促发展。新花园村实行"财务统一管理、干部统一使用、劳动力在同等条件下统一安排、福利统一发放、村庄统一规划建设"的管理新模式。

（二）增强村庄发展动能，产业结构由"单一"到"多元"。一是始终坚持工业兴村。花园村把产业发展锁定在高科技项目上，与中科院共同合作开发维生素D3项目。花园村不断转型升级，推动工业经济向科技化迈进。二是不断探索农旅融合。花园村推动村庄建设景区化，按照AAAAA级旅游景区标准规划、建设和管理，有效实现了村域风貌提升。与此同时，不断拉长产业链，打造农旅休闲景区，用美丽生态换来共富新跑道。三是推动三产协同发展。经过十余年发展，花园村已形成红木家具全产业链和产业群，涵盖红木家具设计、生产、销售等所有产业环节，在国内同类市场排名第一，红木家具产量占全国1/3。

（三）推进产城深度融合，治理理念从"管理"变"治理"。一是形成有力的基层组织堡垒。花园村始终坚持抓好党建，让基层组织成为凝聚民心的核心阵地。二是基本实现公共服务均等化。花园村强化医院、学校、商超等公共服务配套设施建设，高水准落实建房、教育、创业、养老等生活保障福利，基础设施和公共服务能力的提升使花园村初具城市特质。三是推动乡村构建数字化治理体系。2020年，花园村与华为公司联合打造"智慧花园"项目，建设数智党建、全民共治、优质服务和产业富民四大应用场景，实现数据关联到户，服务下沉到户。

创新亮点

（一）**以要素集聚推动就地城镇化**。花园村通过两次一村并九村，对周边基础薄弱、发展落后的自然村进行合并，并以空间、要素、资源整体配置的方式实现结构重塑，推动村民和外来务工者就地城镇化，为打造"村域小城市"奠定了坚实基础。

（二）**以产城融合带动区域共富**。花园村通过构建现代农业产业体系，实现农村一二三产业深度融合发展，切实将村域打造出既有核心产业业态，又带动周边镇村发展的村级城市。

（三）**以数字赋能实现治理现代化**。花园村的治理实践，就是从组织整合、服务内容和管理机制等多个维度发力，以数字化推动服务精准化、精细化、智慧化，让基层治理与群众需求同频共振。

启示

东阳花园村的案例有两方面的经验启示：一是"跳出农村发展农村"的理念，牢记习近平总书记"花园真好"的勉励，打破城乡二元的思维惯式，打造"花园小城市"；二是以人的现代化为导向，突破空间局限，以"城""市"并重、"产""城"融合，创造村域的就业机会，以公共服务均等化、基层治理现代化，实现村域"生活质量不差于城市"，使农民能扎根乡村，探索以人为本的现代化模式。

山区26县高质量跨越式发展

浙江省发展和改革委员会

实施背景

习近平同志在浙江工作期间高度重视推动欠发达地区跨越式发展，指出"全面建设小康社会、提前基本实现现代化，难点在欠发达地区，特别是欠发达乡镇"。2021年7月，省委、省政府出台《浙江省山区26县高质量发展实施方案》，全面推进新一轮山区26县高质量发展。

目标成效

历届省委、省政府接续推进"八八战略"践行，持续推动山区26县高质量发展，以真金白银的大投入、集成精准的大政策、系统重塑的大变革，全面激发山区26县发展活力、创新力、竞争力，浙江成为全国区域发展最均衡、城乡收入差距最小省份之一。2021年，山区26县实现地区生产总值6964亿元、增长8%；居民人均可支配收入为42139元，高于全国平均水平（35128元），占全省平均之比达到73.2%。浙江省区域协调发展中的关键短板得到改善，为共同富裕示范区建设提供有力支撑。

主要做法

（一）建立"体系化"工作机制。省委、省政府领导每年高规格召开工作推进会，全面部署推动山区 26 县高质量发展。省发展改革委员会同省农业农村厅牵头山区 26 县高质量发展工作专班，梳理推动山区 26 县高质量发展的工作抓手，清单化推进落实。建立山区 26 县高质量发展统计监测指标体系，迭代完善山区 26 县监测分析模块，对山区 26 县重点工作推进情况精准画像。突出分层分类导向，开展山区 26 县高质量发展实绩考核，推动比学赶超。

（二）构建"精准性"政策体系。构建"1＋2＋26＋N"的政策体系，"1"即以省委、省政府名义印发《浙江省山区 26 县高质量发展实施方案（2021—2025 年）》，明确重点任务、改革举措、政策支持和保障措施。"2"即编制印发《进一步加强山海协作结对帮扶工作的指导意见》和《关于加强山区 26 县结对帮扶工作促进巩固拓展脱贫攻坚成果同乡村振兴有效衔接的指导意见》，构建组团式、宽领域、全覆盖的结对帮扶体系。"26"即实施"一县一策"为 26 县量身定制精准支持政策。"N"即省级部门研究制定专项支持政策，形成政策合力。

（三）打造"平台型"发展载体。推进山区 26 县特色生态产业平台和山海协作"产业飞地"内外两大产业平台建设。一方面，在省级新区、能级较高的开发区（园区）布局 1 平方公里左右、以先进制造业为主的山海协作"产业飞地"，拓展山区县发展空间；另一方面，在县域开发区（园区）建设 3 平方公里以上的特色生态产业平台，与山海协作"产业飞地"形成资源共享之势。

（四）实施"组合拳"支持举措。突出主导产业，"一县一策"引导发展"一县一业"特色主导产业，积极推动每个山区县打造 1 个以上百亿级主导产业，截至2022年底，百亿级"一县一业"增加至12个县。增强绿色动能，在山区26县率先开展GEP核算应用和"两山合作社"试点，推出"两山贷""GEP贷"等绿色金融产品。完善公共服务，实施"县中崛起"行动计划等，加快推动优质公共服务精准下沉。

创新亮点

（一）**因地制宜实施"一县一策"。**一是"一盘棋"部署，按照围绕重点、突出特色和可复制推广的要求制定"一县一策"。二是"一对一"服务，省级单位主动承担"一县一策"牵头编制任务，推出"一园一行一顾问"融资服务对接机制。三是"一主业"推动，按照宜工则工、宜农则农、宜商则商的导向发展"一县一业"特色主导产业。

（二）**聚焦重大项目补齐"三大短板"。**一是补齐基础设施短板，实施投资专项行动计划，把推进重大基础设施项目建设作为提升山区竞争力的抓手。二是补齐公共服务短板，提升山区教育、卫生等资源配置效率，推进优质服务共享、精准下沉。三是加快补齐新型城镇化短板，深入推进以县城为重要载体的新型城镇化，异地搬迁政策扩面至低收入农户和所有整村（自然村）。

（三）**创新合作发展"飞地经济"。**省政府办公厅印发《关于进一步支持山海协作"飞地"高质量建设与发展的实施意见》，持续深化山海协作工程，迭代"飞地"发展模式，由省级层面统筹资源、统一规划，推动建设"产业飞地""科创飞地""消薄飞地"三类飞地，加速形成优势互补、资源互通、共建共享的区域合作新格局。

💡 启示

　　激发山区26县发展活力、创新力、竞争力，推动其高质量发展，是补齐区域协调发展的关键短板、推进共同富裕示范区建设的有力支撑。要通过构建结对帮扶体系，量身定制精准支持政策，形成部门联动。要推进特色生态产业平台和山海协作飞地内外两大产业平台建设，因地制宜发展特色主导产业，增强内生发展动力。要建设一批能改变山区县面貌的重大基础设施，保障优质公共服务资源下沉。

强村富民乡村集成改革

浙江省农业农村厅

实施背景

习近平同志在浙江工作期间高度重视农民增收问题，多次强调"增加农民收入是'三农'工作中心任务"，要"多管齐下促进农民增收"，"积极探索发展壮大村级集体经济的新路子"。

目标成效

省委、省政府深刻把握农村改革发展阶段性特征和高质量发展建设共同富裕示范区要求，聚集"强村""富民"两大核心内容，坚持优化生产关系和创新生产力相协同，实施以集体经济为核心的强村富民乡村集成改革，统筹打好"市场化改革＋集体经济""数字化改革＋强村富民"等组合拳，高效激活村集体"三资"。截至2022年，全省农民人均可支配收入达到37565元，连续38年位居全国省（区）第一，城乡居民收入倍差降至1.897；全省农村集体资产总额8200亿元，占全国1/10，集体经济总收入707亿元，集体经济薄弱村全面消除。

主要做法

（一）**着力推进市场化改革壮大农村集体经济，以集体经济"水涨"带动农民收入"船高"**。一是抓强村公司量质并举。带动集体经济薄弱村参与强村项目建设，并出台强村公司管理指导意见以规范运营、分红。全省共成立强村公司1791家，入股强村公司的行政村超8803个，村均分配收益超14.21万元。二是抓飞地"抱团"提质拓面。出台"飞地"抱团发展实施意见，借助"山海协作"工程增强经济薄弱村集体造血功能。累计实施"飞地"抱团项目1104个，涉及村数1.28万个，年回报超19.62亿元，村均回报超15.38万元，联动5.8万低收入农户分红超4093万元。三是抓片区组团先富带后富。深化党建联建机制建设，推广淳安县大下姜"1+25"党建联盟引领乡村联合体共富模式。目前，集体经济收入30万元以上且经营性收入15万元以上行政村占比达到78.9%，集体经济年经营性收入50万元以上行政村占比超过50%。

（二）**持续深化农村产权制度改革推动农民活权赋能，以农民权益价值"活塞"加持农民增收"引擎"**。一是抓农民素质能力提升。实施千万农民素质提升工程等举措，全省培育高素质农民17.5万人，提升农民就业创业能力。农民工资性收入从2003年的2613元增长到2021年的21434元，经营性收入翻了近两番、达到8527元。二是抓农民价值实现。鼓励通过委托出租等方式，盘活闲置宅基地和闲置农房，各类闲置农房盘活实现总价值突破163亿元。支持土地集中流转，农民土地流转租金收益突破100亿元。三是抓农民权益保障。深入推进"三权到人（户）、权跟人（户）走"改革，探索农民带"权"进城，有效保障农民的土地权益，切实解决农民进城的后顾之忧。

（三）加快实施强村富民乡村集成改革，以"三改"融合"劲风"扬起农民农村共同富裕"风帆"。一是抓政策集成。构建以《全面深化以集体经济为核心的强村富民乡村集成改革工作方案》为核心的"1＋N"共富型政策体系，促进农民农村"扩中""提低"。二是抓"三改"融合。全面推行"乡村大脑＋'浙农富裕'数字应用＋X个重点场景"的"1＋1＋X"模式，打造强村富民乡村集成改革线上孪生应用体系。三是抓实践创新。激励基层争先创优，涌现出湖州南浔区强村公司引领"三股＋三资"融合共富模式（国有股权、集体股权、村民股权＋集体资源、村民资产、国有资本）等成果。

创新亮点

（一）全面消除集体经济薄弱村。2003年以来，相继出台《关于进一步发展壮大村级集体经济的通知》等系列政策文件，部署实施消除集体经济薄弱村三年行动计划等发展计划行动，创新集体经济发展模式、机制和体制，多层次、多渠道、多形式促进村级集体经济发展。到2019年底，全省20477个行政村全部达到年收入10万元且经营性收入5万元以上，全省集体经济薄弱村全面消除；到2021年底，年收入20万元以上且经营性收入10万元以上的行政村占比达到98%以上。

（二）率先打造"浙农富裕"数字化应用场景。打造全国首个农民农村共同富裕数字化应用"浙农富裕"，集成消薄强村、农房盘活、农民培训等促富子场景，横向贯通20多个省级部门208项、5200万条数据，纵向贯通省市县乡村五级，实现全省农民、村级组织、农业主体致富政策一指查询、致富信息一键共享、帮农服务一码集成、增收效果一屏统览。其中，强村促富子场景贯通覆盖2.3万个村社，服务农户1270万户。

💡 启示

　　近年来，农业农村部门推出的"强村富民乡村集成改革"，是在城乡融合和乡村振兴新时代践行"八八战略"，以改革创新的思路，在城乡融合发展中探索强村富民新路子的成功实践。全省各地在实践中采取的发展强村公司、飞地抱团、片区组团等创新模式，与深化农村产权制度改革推进活权赋能相结合，使强村富民取得实质性成效，成为促进乡村振兴和农民共同富裕的重要抓手。可以说是在"三农"领域践行"八八战略"的成功案例。

"港"为人先　由"镇"变"市"

龙港市

实施背景

习近平同志在浙江工作期间高度重视统筹城乡发展，提出要打破城乡分割的体制和结构，科学筹划、协调推进，形成以城带乡、以乡促城、城乡互动的发展格局。2019年8月，在习近平总书记亲自圈阅下，经国务院批准，龙港成功"撤镇设市"，从"农民城"开启"镇改市"的全新探索。

目标成效

龙港坚持"大部制、扁平化、低成本、高效率"改革导向，持续实施一批力度大、创新强的标志性举措，走出一条"大部制、扁平化"新型设市新路径。固定资产投资、财政收入均以两位数增长，跻身全国县域发展潜力百强34位，从"新生城市"设市改革探索期向"新型城市"改革发展转型期迈进。改革经验连续两年入选中国改革典型案例、全国社会治理创新案例，获得浙江省改革突破奖，获评中国领军智慧县级城市，中央深改办、国家发改委、国务院职转办先后发文推广"龙港模式"。

主要做法

（一）以新型城镇化改革为驱动，推动实现"乡镇"到"县级市"的蝶变。一是实施"大部制"机构改革。精简部门，仅设置党政机构15个、党政干部1729人，党政机构数量和人员数量较同类县（市、区）缩减60%，每年节约行政成本10亿元以上。二是实施"扁平化"管理改革。构建市直管社区模式，市领导、市直单位与社区责任捆绑，全市70%机关干部下沉社区，实行"联勤巡查、快速响应"处置机制。三是实施"整体智治"改革。集成打造"十个中心"一体融合的社会治理中心，开发建设市管社区"一网统管"平台，横向联通基层治理"四平台"、应急协同指挥等13个系统，纵向贯通68个省、市重点应用，上线运行城市空间治理CIM＋X等22个多跨应用，全量归集各类数据2.2亿条，加快建设县域治理精细化的数字孪生城市。

（二）以农村社区化改革为牵引，推动实现"农村"到"城市"的蝶变。一是探索全域农村社区化改革。高质量完成全域73个行政村改社区，优化产业布局和资源配置。二是探索国土空间规划改革。编制"1＋1＋N"城市规划体系，构建"一轴一带一新城"发展格局，实施"老城复兴""新城崛起"三年行动，打造高品质生活空间和现代化滨海特色新区。三是探索物业城市改革。创新"城市管家"管理方式，引进落地万科"万物云"，首创"专业服务＋智慧平台＋行政力量"的物业城市全域智能运营模式，精准化提升市政管理等管理服务水平，完成24个工业园区及工业企业一般工业固废处置全覆盖，垃圾收运量提升300%。

（三）以就地市民化改革为路径，推动实现"农民"到"市民"的蝶变。一是加快公共服务优质共享。每年投入80%以上财政收入用于民生事业，开发"共富加油站"等特色应用，探索走出"全域城市化、就地市民化、服务均等化"的龙港共富路径。二是加快基础设施整体共建。推进城乡基础设施建设同规同网，加速增效提质。如开通社区巴士和夜间班线，投用公交车202辆，新增、优化公交路线36条，实现全域通公交、同城同票价。三是加快全域环境城乡共治。联动开展文明城市、卫生城市和生态文明示范城市创建，实施"金边银角"开发利用工程，打造省级特色精品村3个、省级未来乡村3个、乡村振兴示范带3条，城乡面貌加速蝶变。

创新亮点

（一）**有力推动了新型城镇化改革。**龙港成为全国首个"镇改市"，对全国特大镇和县域城镇化改革具有重要借鉴意义。如实施全域市民化改革，全国首创农民住房公积金制度，实现与城镇居民同城同待遇，新市民数量较设市之初增加6.5万人、同比增长近1倍。

（二）**有效促进了城市高质量发展。**龙港撤镇设市后，一改经济低小散、基础设施落后等旧样貌，教育、医疗等民生事业迅速提升，交通、市政等基础设施得到极大改善，为全国特大镇和县域高质量发展提供了实践样本。如龙港人民医院委托温州医科大学附属第一医院一体化管理后，手术量同比增长70%。

（三）**显著提升了县域治理新效能。**设市后，龙港变革性重塑县域治理体系，注重发展壮大社会力量参与基层治理，有效解决了"看得见、管不着"等顽瘴痼疾，治理水平明显提升。如实名注册志愿者增长到10.6万人，社会组织数量增加到400多家，安全事故数连年下降15%以上，信访"一图一指数"位列全省第一，荣获浙江省"平安金鼎"。

启示

　　龙港曾是崛起于改革开放中享誉全国的"农民城"，历经小渔村、农民城、小城市培育到全国首个"镇改市"，走出了一条全方位推进新型城镇化之路。特别是结合"八八战略"中倡导的"机关效能改革"，实现了上层建筑的"大部制、扁平化、低成本、高效率"，对全国特大镇和县域城镇化改革提供了成功的"浙江样板"。

城乡义务教育"手拉手"

浙江省教育厅

实施背景

2003年12月22日,习近平同志在省委十一届五次全体(扩大)会议上指出:"确保……农村教育转移支付资金的足额到位,加大对欠发达地区的教育投入,促进基础教育均衡化发展。"近年来,在"两个先行"新征程上,以"城乡义务教育共同体"建设为抓手,浙江省教育事业开拓创新、砥砺前行,走出了一条富有改革精神和浙江特色的城乡教育优质均衡发展之路。

目标成效

在全省域推行城乡教共体建设,旨在从发展机制上破解义务教育在均衡、质量方面"乡村弱"问题。2022年,城乡教共体项目被评为浙江省高质量发展建设共同富裕示范区首批最佳实践案例。同年,浙江省城乡教共体建设案例在教育部"教育这十年"1+1系列发布会上被列入典型案例。浙江通过挖掘潜在的发展空间,并借助新技术手段,实现校区特色资源双向融合、共享共用。原先城镇优质学校对乡村薄弱学校单向"输血"的现象,正在向城乡资源互补、双向联动与反哺的模式转变。

主要做法

（一）**数字化助推城乡教育资源共享共用**。自2019年起，浙江省政府将全面推进"互联网＋义务教育"纳入政府民生实事项目，拟定推进1000所中小学校结对帮扶的目标，让城乡孩子共享优质教育资源，开启了全省"互联网＋"的新型教育帮扶机制。在信息技术的支撑推动下，通过"互联网＋教育"和新型教学空间建设，促进城乡优质教育资源共建共享，开展"城乡携手、同步课堂"等项目试点。

（二）**校际结对帮扶助推城乡学校标准化建设**。截至2020年底，浙江省已实现所有县（市、区）参与结对帮扶和乡村小规模学校受援结对"两个全覆盖"。此外，通过实施第四轮"山海协作"战略，充分发挥区域资源优势、人才优势，发动省内56个经济、教育相对发达的县（市、区）对口支援29个教育薄弱地区，在教师交流平台搭建、教学资源共享等方面深入开展校际层面的共建合作。全省义务教育学校校际差异系数低于0.3，优质均衡发展走在全国前列。

（三）**双向流动机制助推城乡师资优质均衡**。注重教共体内教师的双向交流和城乡有序调动，优化教共体内各学校的师资结构，推动乡村教育的内涵提升与高质量发展。一是积极探索新型教学共同体合作模式。融合型教共体内校区间教师实现无障碍流动，共建型、协作型教共体也都有相应要求。二是大力推进中小学教师"县管校聘"管理改革。各地各县建立教共体内部教师流动机制，教师正逐渐从"学校人"向"教共体人"转变。

（四）**交流机制促进城乡学生同育同培**。一是针对学科难重点、兴趣拓展、创新能力提升等内容，通过在线教学，促进优质课程资源传播共享。二是建立教共体内学生交流的长效机制。三是广泛开展教共体内城乡学校学生研学实践、劳动实践、联谊互助等活动。

创新亮点

（一）**融合型教共体**。一所城镇优质学校与一两所乡村学校全面重组，融合成"一校二区"或"一校多区"，开展同步化办学。

（二）**共建型教共体**。将乡村学校的教育教学业务委托给城镇优质学校管理，或城乡若干所学校结为紧密型教育集团办学。

（三）**协作型教共体**。一所城镇学校与一所或若干所乡村学校结对联盟，不打破原有学校各自的人事、管理体制，通过线上线下多种形式的项目协作，在业务上给予引领、指导和帮扶。

启示

浙江省教育事业走出的这条富有改革精神和浙江特色的城乡教育优质均衡发展之路，在省域推行城乡教共体建设，从发展机制上破解义务教育在均衡、质量方面"乡村弱"问题，并探索出融合型、共建型、协作型三种模式，对于进一步践行"八八战略"提出的"科教兴省"的要求，推动城乡教育事业的均衡发展具有重要意义。

"浙丽保"解因病致贫返贫之困

丽水市

实施背景

习近平同志在浙江工作期间，就社会保障事业发展作出了一系列重要论述和决策部署。近年来，丽水市始终牢记习近平总书记的谆谆教导，坚持顺应民生需求，不断解决民生难点问题，创新推出全民健康补充医疗保险"浙丽保"制度，着力破解群众因病致贫返贫问题。

目标成效

丽水在全国首创"政府＋市场"的由政府引导的全民健康补充医疗商业保险——"浙丽保"制度，旨在通过医保制度创新"小切口"服务民生保障和共同富裕先行改革"大场景"。"浙丽保"先后荣获"中国改革2021年度案例"、2022年度全国最受欢迎惠民保、2022年度浙江省改革突破奖、2022年度浙江省数字化改革最佳应用等荣誉。中央深改办、省委等多位领导作出肯定批示，被省委确定作为共同富裕示范区重大改革项目推广。

主要做法

（一）**发挥市场政府"两只手"作用，创新医保制度运行模式。**一是政府引导，设计推动。市委、市政府成立领导小组，出台实施方案，将参保率纳入党委、政府考核。二是全民准入，保障公平。基本医保参保人均可参保，将参保范围涵盖到已患重病群众和老年人，实行无差别参保，无差别待遇。三是公益运行，确保待遇。明确筹集保费除提取5%用于运营成本外，全额用于参保人员的保障待遇，赔付率原则上不低于95%。四是商保承办，自负盈亏。由商业保险机构负责承办业务并实行自负盈亏，建立基金平衡机制，确定三年为盈亏结算期。

（二）**建立普惠政策体系，提升群众医疗保障水平。**一是保费标准可承受。以历年医保结算数据为基础开展测算分析，实行动态调整，2021—2023年均为100元/人。二是报销范围广覆盖。建立全国首个商保目录，将720个自费药品、185个自费诊疗项目和相关医用材料等纳入保障范围。三是报销额度不封顶。确定起付线为5000元，并将大病保险起付线以下部分费用也纳入报销范围，梯级报销，上不封顶。四是困难群众政府保。整合各类政府出资型保险，在不增加财政负担的前提之下，将全市困难人员全部纳入保障范围。

（三）**数字化改革引领，推动服务管理平稳高效。**一是线上快捷保。开发"浙丽保综合服务应用平台"，实行参保结算一体管理、线上线下多元服务。二是结算一站办。实现在全市定点医疗机构一次刷卡、一站结算。三是清单动态调。对疗效明显、价格适宜、适用范围明确的目录外自费药品、诊疗服务项目和医用材料纳入准入清单。四是基金综合管。健全总额预算下的复合型支付方式，将住院按病组点数付费、门诊按人头付费全面覆盖到"浙丽保"；运用"医保＋商保"综合智能化监管等措施，确保医保基金稳健运行。

创新亮点

（一）**探索增设新的医疗保障层级，在医疗保障制度体系建设上取得新突破。**初步建立"基本＋大病＋商保＋救助"四重保障体系，"浙丽保"以首年高达85%、次年高达93%的参保率为群众增设一道新的医疗保障防线，增强了群众的获得感幸福感，群众发自肺腑地为政府点赞。

（二）**基本解决普通群众因病致贫难题，家庭灾难性医疗支出风险大大降低。**有效解决困难群众因病返贫难题，脱贫攻坚成果得到巩固拓展。全市所有困难人员均纳入"浙丽保"资助参保范围。

（三）**为医药企业发展打开市场，促进生物健康产业发展。**让医药企业在医保目录外增加商保目录选择，进一步拉动健康消费需求，为生物健康产业发展持续注入新动力。

启示

丽水医保局创新推出全民健康补充医疗保险"浙丽保"制度，努力破解实现共同富裕进程中普遍存在的群众因病致贫返贫难题，为新时代"八八战略"再深化树立了改革样板。为深入推动巩固拓展脱贫攻坚成果与乡村振兴有效衔接，我们必须扎实推动共同富裕重大战略部署，坚持以人民为中心，以数字化改革为牵引，尽力而为、量力而行，加快构建纵向接力、横向互补、多跨协同的因病致贫返贫防范长效机制，不断增强人民群众的获得感、幸福感和安全感。

村里来了"指导员"

中共浙江省委组织部

实施背景

2003年底，习近平同志创造性提出"从各级机关挑选一批党员干部下农村，基本实现全省每个行政村都派驻一位农村工作指导员，推动党委、政府工作重心下移"。这些年来，浙江省深入贯彻习近平总书记重要指示要求，紧扣形势任务发展加强和改进农村工作指导员制度，18年来累计选派农村工作指导员46万多名。

目标成效

这一制度旨在推动机关部门重心下移、资源下沉，推进城乡统筹发展，巩固党的执政基础。2004年3月，省委成立农村工作指导员领导小组，此后先后出台系列政策文件，推动农村工作指导员制度落地深化。2011年12月29日，时任中央政治局常委、国家副主席习近平同志作出重要批示："选派机关干部到农村基层，可以起到推动农村经济发展、密切干群关系、锻炼提高干部等多方面作用。"2015年4月，中组部等3部门联合下发《关于做好选派机关优秀干部到村任第一书记工作的通知》，对选派机关干部到村工作作出全面部署。

主要做法

（一）坚持"一把钥匙开一把锁"，力求选派精准。严格选派条件，以优秀年轻干部为主体，把素质高、能力强、作风硬作为重要标准，明确为提拔当跳板的不派、挂名图私利的不派、条件不符打擦边球的不派、单纯补经历镀金的不派、作风不严不实的不派"五个不派"要求。坚持因村派人，强化个人能力与派驻村需求的对接，增强选派工作针对性，省派人员只明确派驻县，具体派驻哪个乡镇、哪个村由选派单位根据部门特点、人员特长和派驻地实际协商确定。改进服务方式，分层分片组建农村工作指导员专业工作组，开展组团服务，发挥整体优势形成跨村跨乡协作帮扶服务网络。

（二）坚持在实干中锤炼本领，强化作用发挥。做富民强村"带头人"。充分吃透村情民意，为乡村扶贫开发、产业发展、乡村建设等指明路径。发挥机关部门职能优势，积极争取项目和资金。做化解矛盾"老娘舅"。及时了解排查并妥善调处各类矛盾纠纷，特别是在疫情防控、抗台防汛期间，坚守基层第一线，成为维护农村稳定重要力量。做基层党建"指导员"。协助当地选好、用好、管好村"两委"班子，注重发现和培养农村后备人才，不断提高村党组织凝聚力战斗力。做为民服务"跑小二"。深入田间农舍宣传党的"强农惠农"政策，广泛听取掌握群众对党和政府工作的评价意见建议和所需所盼所忧。

（三）坚持让指导员安心干事，做到保障有力。加强培训、全面赋能。专门举办任前培训，届中经常性组织涉农培训和外出学习考察，邀请领导、专家和优秀农村工作指导员讲授"三农"形势、传授专业知识和工作经验。一人派驻、全员压上。推动选派单位与帮促村建立结对关系，单位主要领导每年到村蹲点调研不少于1次，分管领导定期到村督促检查。注重关爱、强化支持。落实"固定的住宿、用餐食堂和办公场所"三固定政策，为全体农村工作指导员办理人身保险，及时兑现驻村补贴、工作经费、健康体检。持续完善考核激励机制，充分调动干事创业积极性。

创新亮点

（一）**农村工作指导员制度已成为推动强村富民的共富工程。**广大农村工作指导员积极争取资金项目，全面助力共同富裕，推动乡村特色产业发展、村庄环境改善、乡风文明提升，提升农民获得感和幸福感。

（二）**农村工作指导员制度已成为夯实基层基础的强基工程。**在加强村级组织建设、发现和培养农村后备干部、监督和规范议事决策程序等方面发挥作用，有力推动基层党组织成为乡村振兴的"红色引擎"。

（三）**农村工作指导员制度已成为培养优秀干部队伍的墩苗工程。**各级各部门积极选派骨干同志到农村基层锻炼，使一大批机关干部在农村工作指导员岗位上熟悉了基层、增长了才干、成就了价值。

启示

农村工作指导员制度的践行和落实，为推进机关部门的组织资源、人力资源、资金资源下沉到农村提供了体制、机制上的新通道，为促进农村经济社会发展、巩固党的执政基础提供了强大的动力。经过20多年实践，农村工作指导员制度已成为浙江乡村振兴和共同富裕的有力抓手。

找导师 来帮带

湖州市

实施背景

2005年6月，习近平同志对湖州市安吉县上墅乡"导师帮带制"做法作出重要批示，指出"基层有许多好经验等着我们去总结推广，做群众工作是很重要的工作，要发扬传帮带的好传统好作风"。2020年7月，习近平总书记再次对湖州"导师帮带制"做法作出重要批示，8月，中央组织部、中央改革办专门调研相关做法。

目标成效

"导师帮带制"经过17年的深耕细作，已经在湖州全面开花结果，尤其为乡村振兴注入强大动力。带出了一批干部。通过师傅做给徒弟看，全市117名"80后"年轻干部成长为市管干部。带旺了一片村庄。通过先进带后进、强村带弱村，"以点带片"发展壮大集体经济，2021年在全省率先消除集体经济年经营性收入50万元以下的村。带强了基层组织。由"干部带干部"发展为"组织帮组织"，通过"一村一策"先后帮助192个后进村党组织晋位升级，不断夯实基层基础。

163

主要做法

（一）聚焦"谁能帮"，明确标准要求、从严选好导师。坚持优中选优。近年来，湖州市推选"担当作为好支书""乡村振兴优秀带头人"，为导师团队提供了重要来源。在此基础上，对照省委组织部"政治坚定、精通党务、兴村有为"等七方面标准，以乡镇（街道）为单位建立帮带"师资库"。完善选拔程序。在干部自荐、群众推荐基础上，区县委组织部会同乡镇（街道）党委研究提出推荐人选，还要听取纪检监察、政法、农业农村、民政、信访等相关单位意见。注重实绩导向。注重选择敢闯敢拼、敢抓敢管、实绩过硬的老乡镇、老村干成为导师。

（二）聚焦"帮什么"，紧扣职责任务、精准靶向帮带。带组织建设。普遍将软弱涣散村、后进村纳入帮带范围，推动兴村名师围绕"三会一课"、党员队伍教育管理等进行具体指导，筑牢基层战斗堡垒。带群众工作。导师帮带徒弟的第一堂课都是扎到村里去，在走访农户、了解农事、服务群众中提高群众工作能力。带产业发展。指导帮带对象提升经营理念和市场意识，发挥专业人才、技术能手的示范带动作用，推进强村富民。带乡村治理。指导帮带对象掌握工作方法，参与现代社区建设、人居环境提升、全域土地整治等乡村治理重点任务。

（三）聚焦"怎么帮"，创新方式方法、提高帮带实效。结对式帮带。通过跟班挂职、实地观摩、实战实训等方式，把课堂设在项目一线、试点前沿。授课式帮带。镇村两级导师通过担任各级党校兼职讲师进行授课、上台打擂等形式，传授工作经验。辐射式帮带。充分发挥导师所在村的示范效应，带动周边村集约发展，形成连片效应。项目式帮带。以正在推进的中心工作作为重点项目，帮助年轻干部在大事、要事、急事、难事中锻炼成长。

（四）聚焦"怎么促"，严格师徒管理、完善帮带机制。实行动态调整。对因岗位变动、身体健康等原因，无法继续开展帮带活动的，或师徒关系不融洽、帮带成效不明显的，及时调整帮带关系。实行跟踪问效。推行"一季一了解、半年一座谈、一年一评议"，乡镇党委定期了解帮带情况，并将帮带情况与干部年度考核、民主测评一并考评，结果作为推荐干部、评先评优的重要参考。实行成果推广。全市各级党委每年推选表扬一批"金牌导师"，定期组织开展导师帮带工作交流分享会、工作研讨会，大力推动互学互比。

创新亮点

（一）**"导师帮带制"有利于在实践中锻造基层干部队伍。**"导师帮带制"帮助基层一线的年轻干部接地气、"墩墩苗"、长本领，有利于打造一支懂农业、爱农村、爱农民的高素质基层干部队伍。

（二）**"导师帮带制"有利于加强新形势下党的群众工作。**"导师帮带制"传授的是经验、方法、技能，厚植的是宗旨、情怀、作风，通过访民情、知民意、解民忧，进一步密切党群干群关系。

（三）**"导师帮带制"有利于党建引领农村改革发展、全面推进乡村振兴。**"导师帮带制"通过干部挂职跟班、人才结对培养、阵地开放共享等多种形式的组织共建，促进区域统筹、资源整合、产业联动，形成集群、规模效应，实现了抓党建促乡村振兴的成效。

💡 启示

　　将"八八战略"贯彻落实到基层，需要有一支可持续的优质的基层干部队伍作组织保障。17年来，湖州市谨记习近平总书记相关指示精神，围绕选好"导师"队伍，帮什么、怎么帮，建立顺畅、有效师徒关系以及考核机制等环节，不断地完善创新，形成了完备的农村基层青年干部培养机制。这一机制传承了我们党"传帮带"的好传统好作风，促成了基层青年干部的快速成长，有力地保障了基层社会的长治久安，具有普遍的可推广性。

绿水青山就是金山银山

财政奖补 绿富共赢

浙江省财政厅

实施背景

2005年，习近平同志在安吉县首次提出"绿水青山就是金山银山"理念。同年，浙江财政便在全国率先建立了生态环保财力转移支付制度，并坚定不移沿着"八八战略"指引的路子，经过多年实践、不断丰富，2017年系统化集成构建了绿色发展财政奖补机制，并根据发展需求不断迭代升级。

目标成效

2017—2021年，省财政共兑现奖补资金635亿元，通过财政体制机制的引导，促进林水气等环境质量提升，将财政奖罚与地方政府努力程度、生态环境质量相挂钩，达到缩小"三大差距"的目的，既解决了从"要我绿"变成"我要绿"的动力问题，又打通了从"绿"到"富"的转化通道，有效促进了浙江绿色发展和生态文明建设。

主要做法

（一）积极转变理念，开启绿色发展新实践。2005年，浙江财政在全国率先建立生态环保财力转移支付制度，对钱塘江源头10个市县，按因素法每年安排2亿元，由当地统筹用于生态环保。2008年，在八大水系源头地区45个市县实施该制度，浙江省成为全国首个实施省内全流域生态补偿的省份。此外，为有效发挥生态公益林在固碳减排等方面的作用，在全国率先探索实施生态公益林补偿机制。

（二）实行增点扩面，绿色发展政策更丰富。2011年，省财政对生态环保财力转移支付的范围、奖罚机制等作了调整，将范围扩大到全省所有市县。政策完善后，资金规模也逐步增加到2015年的18亿元。同时，进一步完善生态公益林补偿机制，省级补偿标准提高到2015年的30元/亩。2013年，省财政对省级重点生态功能示范区开化县和淳安县在原有体制基础上，给予省对县财政体制一类一档政策，实施工业税收收入保基数、保增长，以及与污染物排放总量、出境水水质、森林覆盖率挂钩的生态环境财政奖惩办法等。

（三）政策有机整合，重塑绿色发展新体系。2017年省财政迭代建立了绿色发展财政奖补机制，推出了主要污染物排放财政收费等8项政策，每年兑现奖补资金超过120亿元。

（四）坚持问题导向，绿色发展政策体系再迭代。2020年，省财政出台了新一轮绿色发展财政奖补机制，将政策调整为11项，体现了四个"新变化"：一是政策体系更加完善。将湿地纳入生态补偿范围，探索试行与生态产品质量和价值相挂钩的财政奖补机制。二是分类施策更加精准。区分特别生态功能区、重点生态功能区、非重点生态功能区，分类实施差别化的生态环境财政奖惩制度。三是政策衔接更加协调。增加空气质量财政奖惩制度，将海岛县区纳入绿色转化激励政策参与范围，将山区26县全部纳入生态公益林重点补偿地区。四是奖惩机制更加合理。适当提高水质占比奖惩标准，降低水质变化奖惩标准。

创新亮点

（一）**机制优**。绿色发展财政奖补机制将生态环境质量与地方政府切身利益相结合，形成"干得好就有奖励、多奖励，干不好就没奖励甚至扣罚"的政策导向。

（二）**投向准**。该奖补机制充分给予了衢州、丽水等生态保护要求高但经济实力相对弱地区的倾斜支持。2021年兑现山区26县绿色发展财政奖补资金90.6亿元，占全省比重达64.6%，有力助推区域协调发展。

（三）**成效佳**。一是通过正向扶持、反向倒逼，各地保护生态的积极性不断提高。二是通过整合生态环保类的财政政策和资金，有效避免政策碎片化、资金分散化。三是通过以绿色发展财政奖补机制为主的财政政策持续发力，浙江省生态环境综合指数连续多年位居全国前列，水环境、空气环境等质量大幅改善。

💡 启示

浙江财政在全国率先建立生态环保财力转移支付制度后，进一步发扬首创精神，从"单领域突破"到"全领域整合"，构建了全面推动绿色发展的政策体系与工作机制。以奖补为导向，营造了绿色发展的社会氛围，从"要我绿"变成"我要绿"，从"绿"到"富"，体现了"四两拨千斤"的治理效应。

集体林权的"两山密钥"

浙江省林业局

实施背景

2006年，习近平同志在《建设新农村林业肩负重要使命》一文中指出，要继续深化林业产权制度改革，坚持长期稳定不变的方针，激活各类林业生产要素，盘活森林资源资产，改变林业经营模式，提高林业组织化程度，切实转变林业经济增长方式。

目标成效

近年来，浙江深入践行"绿水青山就是金山银山"理念，不断深化林业经营体制、林权流转机制、林业金融等改革，走出了一条生态林业、富民林业、人文林业协同发展的现代林业发展之路，为经济社会发展提供强有力的基础保障。其中"三权分置"、股份合作制、林地经营权流转、金融支持林业等改革实践都走在了全国前列，得到国家领导及有关专家的高度认可。浙江以全国2%的林地面积创造了全国8%的林业产值，林业对农民增收贡献率达到19%，部分重点山区县农民收入的50%以上来自林业。

主要做法

（一）**建立"经营权流转证"发证制度。** 在三权分置基础上建立林地经营权流转证发放制度，把经营权流转证作为林权抵押、林木采伐和其他行政审批等事项的权益证明。为规范林权流转，加大经营权证发证管理力度，加强对林农的权益保护，加强了对权益双方的保护。

（二）**引导股份合作促进规模经营。** 提炼出以浦江县为代表的资源带动资本和就业为目的的林地股份制合作模式、以安吉县为代表的以集约经营提高林农收入为目的的林木股份制合作模式、以丽水为代表的以稳定农村家庭承包制为目的的股份制家庭林场模式和以庆元为代表的国乡合作经营改革模式、以新昌为代表的强村富民"平台＋基金"经营改革模式，五种经营模式均在全省推广。

（三）**培育壮大新型林业经营主体。** 充分发挥致富带头人在绿色乡村建设中的示范带动作用。制定出台《浙江省示范性家庭林场标准》《浙江省重点龙头企业命名和管理办法》，加强对经营主体和职业经理人的培训力度。出台《浙江省省级林业重点龙头企业认定和监测管理办法》，进一步加强对龙头企业的管理和监督。

（四）**创新开展集体林地地役权制度改革。** 以创建钱江源国家公园为契机，创新开展集体林地地役权制度改革。颁发了全省首本集体林地地役权登记证明。集体林地地役权制度改革，不仅为绿水青山注入了金融"活水"，也为全国走出了一条自然保护、资源管理、促农增收的新路子。地役权制度改革的经验做法，被国家林草局作为典型案件向全国推广。

创新亮点

（一）**建立"三权分置"制度。** 为破解林改瓶颈难题，维护林地流转当事人的合法权益，促进林地规模化集约化经营，浙江省率先提出将承包权和经营权分离，形成所有权、承包权、经营权三权分置，经营权流转的格局。

（二）创新"经营权流转证"发证制度。创新开展林地经营权流转证发放制度，对流转的林地经营权进行确权，把经营权流转证作为林权抵押、林木采伐和其他行政审批等事项的权益证明，得到国务院领导的充分肯定，并在全国得以推广。

（三）形成多种适度规模经营模式。提炼总结了浦江林地股份制、安吉林木股份制和庆元股份制家庭林场、以庆元为代表的国乡合作经营改革模式、以新昌为代表的强村富民"平台＋基金"经营改革模式。

（四）创新开展集体林地地役权制度改革。新开展集体林地地役权改革，不仅为绿水青山注入了金融"活水"，也为全国走出了一条自然保护、资源管理、促农增收的新路子。

💡 启示

按照习近平总书记"继续深化林业产权制度改革"的指示精神，践行"绿水青山就是金山银山"理念的核心要义是做大"绿水青山"并做高"金山银山"，深化产权制度改革是实现生态产品价值转化的"密钥"。浙江省林业局持续推进所有权、承包权、经营权"三权分置"，创新建立"经营权流转证"发证制度，形成多种适度规模经营模式，创新开展集体林地地役权制度改革，实现了浙江省林业"扩绿、提质、增效"的效果，走出了一条生态林业、富民林业、人文林业协同发展的现代林业发展之路。

"山"字系区域品牌点绿成金

丽水市

实施背景

习近平同志在浙江工作期间，曾先后八次深入丽水调研考察，寄予"绿水青山就是金山银山，对丽水尤为如此"重要嘱托。多年来，丽水市牢记重要嘱托，放大"山"的优势，做精"山"的文章，培育以"丽水山耕"为代表的"山"字系区域公用品牌，牵引带动生态特色产业蓬勃发展，有力地推动了乡村振兴和共同富裕。

目标成效

"丽水山耕"是丽水创立的全国首个覆盖全品类、全区域、全产业链的地市级农业区域公共品牌。近年来，丽水市总结推广"丽水山耕"品牌培育的成功经验，接连创立"丽水山居"田园民宿、"丽水山景"乡村旅游、"丽水山泉"优质饮用水等"山"字系品牌，走出一条品牌牵引带动生态特色产业发展新路子，成为丽水创新实践"绿水青山就是金山银山"理念的新模式、新路径，推动丽水市农民收入增幅连续十四年全省第一，低收入农户收入增幅连续七年全省第一。

主要做法

（一）**政府引导，"丽水山耕"破开"两山"转化通道。**为加快农业高质量绿色发展，丽水市顺应现代农业发展趋势，制定实施《"丽水山耕"品牌建设实施方案（2016—2020年）》，着力打造覆盖全市域、全品类、全产业链的区域公用品牌"丽水山耕"，并以"母子品牌"运行模式构建"公用品牌＋企业品牌＋产品品牌"的战略格局。

（二）**横向拓展，成员扩大助力点绿成金。**2019年4月，丽水市成功注册"丽水山居"集体商标，成为全国首个地级市农家乐民宿区域公用品牌。制定《"丽水山居"农家乐综合体和精品民宿示范项目评审认定办法》《"丽水山居"民宿服务要求与评价规范》，打造"丽水山居"农家乐综合体、精品民宿、星级农家乐等多元主体3500多家。立足本土特色的农文旅融合业态打响"丽水山景"品牌，涵盖度假农庄、运动休闲基地、果蔬采摘基地、自驾车房车营地以及乡村酒店等五大业态，编制并发布《"丽水山景"建设与服务规范》。全力打造"丽水山景"建设与水品牌，把丽水天生丽质的优质水资源加快转为自驾车房车营地以及乡村经济增长点。

（三）**规范提质，融合发展提升富民效益。**出台《丽水"山"系产业品牌系统化建设规划（2020—2025）》，推动品牌联动、融合与产业协同，构建完善的"山"字系产业品牌体系。放大"山"字系品牌效应，树立"重品牌首在重产品"的鲜明导向，不断开发能够支撑品牌形象、具有鲜明地域标识度和较强竞争力的拳头产品，形成"产品支撑品牌、品牌带动产品"的良性互动，把"山"字系产业培育成为新的经济增长点。制定《"丽水山耕"核心基地认定办法（试行）》，累计认定"丽水山耕"核心基地17家、"丽水山耕"培育拳头产品10个。

创新亮点

（一）**充分发挥政府在品牌建设中的引导作用**。依托生态农业协会串起市场主体，通过溯源管理倒逼农业产业标准化进程加速，凭借品牌背书提升生态产品价值的整体优势，再加以"壹生态"系统数字化赋能推动高效流通和品牌营销。

（二）**以系统化的顶层体系设计提炼丽水山地经济的共性价值**。协同推进各品牌形象设计、品牌传播和应用场景，形成丽水"山"字系产业品牌体系，引领乡村产业振兴。

（三）**以产业培育和发展推动品牌提升**。引领丽水生态经济品牌化、品质化发展，提升丽水生态农产品、农家乐民宿、乡村旅游等产品和服务的品牌价值，促进农旅产业深度融合发展和生态经济价值有效实现，推动乡村全面振兴和农业农村共同富裕。

启示

　　丽水市充分发挥山水资源丰富、生态环境良好这一最大优势，培育以"丽水山耕""丽水山居""丽水山景"为代表的"山"字系区域公用品牌，牵引带动生态特色产业蓬勃发展，把生态资源优势转化为生态农业、生态加工业和生态旅游业优势，探索出了一条绿水青山护得越来越美，金山银山做得越来越大的绿色可持续发展之路，有力地推动了乡村振兴和共同富裕。

竭尽所"能"助力绿色浙江

浙江省能源集团有限公司

实施背景

习近平同志在浙江工作期间十分重视能源发展，把能源问题放在全省经济社会发展大系统中来认识，放在"八八战略"大框架中来谋划，提出的重要思想为"四个革命、一个合作"能源安全新战略打下了重要理论和实践基础。

目标成效

在"八八战略"正确指引下，浙能集团勇担"五大新使命"，忠实践行能源安全新战略。争当能源绿色低碳先行者，嘉兴1号海上风电等一批标志性项目相继投产。争当能源智慧高效先行者，形成智慧电厂、智慧管网等一批应用，燃气安全"一网智防"获评省数字化改革"最佳应用"。争当能源科技创新先行者，打造全省唯一国企牵头省级白马湖实验室。争当能源体制改革先行者，协同推进能源设施城乡一体化发展。争当能源开放合作先行者，加快建设巴西圣西芒水电项目，实现"走出去"零的突破。

主要做法

（一）**巩固和发挥"绿色浙江"生态优势，从传统火电领域节能降耗发展至引领低碳消费革命。** 浙能集团充分发挥生态省优势，致力打造清洁低碳能源生产消费体系，助力"绿色浙江"建设。作为全国首个全面完成煤电机组超低排放改造的大型发电集团，全力推进节能减排，火电平均供电标准煤耗指标全国领先。开工建设全国首个二氧化碳捕集与矿化利用示范项目。强化碳资产管理能力，2021年完成碳交易量1166万吨，上线"浙江碳普惠"首个省级应用，牵头编制省级团体标准。

（二）**坚守"发展能源为浙江"初心宗旨，从电力供应结构优化发展至能源全品类供给革命。** 浙能集团牢记嘱托，坚定"大能源"战略，建成全省"多气源一环网"天然气格局，成立全国首家地方省属石油企业，收购垃圾发电境外上市企业——浙能锦江环境，浙江新能实现A股上市。通过二十多年努力，浙能集团成功构建能源全产业链，由单一发电企业成长为综合能源服务商。

（三）**大力实施创新驱动战略，从能源生产技术创新发展至能源前沿领域科技革命。** 面对"双碳"新形势，浙能集团重点布局太阳能、氢能、储能等前沿领域，并将超低排放拓展应用至船舶脱硫行业。研发投入年均复合增长保持15%以上。2022年，浙能集团战略新兴产业投资达101.87亿元。累计荣获省级科技进步奖28项，发明专利数1091项。

（四）**坚持以市场化导向深化改革，从能源要素合理配置发展至能源体制革命。** 浙能集团始终把改革作为能源发展的突破口。以国有资本投资公司试点改革、国企改革三年行动为契机，构建"1＋2＋X"

改革格局。全力支持并积极参与电力和天然气市场化改革，浙江省级天然气管网以市场化方式融入国家管网。

创新亮点

（一）**首创燃煤机组超低排放关键技术研发及应用，获国家技术发明奖一等奖**。该技术获浙江省首个国家技术发明一等奖，多次写入国务院《政府工作报告》，为我国电煤清洁利用提供解决方案。

（二）**打破路径依赖扩大对外开放，有效保障全省经济社会发展和民生用能需求**。跳出浙江发展浙江，紧盯上游资源补强供应链短板，LNG海外长协实现零的突破，新天煤化工稳产天然气20亿立方米/年。

（三）**开创"数智＋低碳"助力共同富裕的浙能模式，荣获2022年度省改革突破奖银奖**。在山区26县打造绿色能源产业，在全省范围平衡建设油气基础设施，投运综合供能站225座、省级天然气管道超2400千米，推动城乡协调发展。

启示

近20年来，浙能集团紧紧围绕"四个革命、一个合作"探索实践，在绿色低碳、数字化改革、科技创新、体制改革与开放合作等方面均起到了先行带头作用，在能源资源"先天不足"的浙江，成长为全国地方能源集团资产规模最大、盈利能力最强、电力装机容量最大的省级能源企业，其"品牌效应"在全国地方能源企业中日益凸显。

农业如何高效生态

杭州市临平区

实施背景

2003年4月，习近平同志到余杭（临平）调研时提出"把发展高效生态农业作为提升浙江效益农业发展水平的主导方向"。在2004—2006年全省农村工作会议中，他多次强调"充分发挥我省的比较优势，把发展高效生态农业作为效益农业的主攻方向"。

目标成效

杭州市临平区坚持以习近平总书记关于高效生态农业的重要论述为根本遵循，形成了市场竞争力强、可持续发展的高效生态农业。2022年，全区农林牧渔总产值24.81亿元，增幅3.4%。农林牧渔增加值16.8亿元，增幅2.7%，排名全市并列第三。农民居民可支配收入51384元，同比增长5.5%，绝对值位列全市第一，城乡居民收入比缩小至1.55，位居全市第一，进入全省最优行列。全区村集体经济总收入9.41亿元，同比增长8.41%，其中经营性收入7.34亿元，同比增长8.26%，经营性收入村均616.8万元。全面消除经营性收入100万元以下的相对薄弱村。

实践做法

（一）**着力推进产业结构优化，加速乡村产业融合化发展。**做大做强有比较优势的农业主导产业，创建大运河省级现代农业园区、省级渔业转型发展先行区。打造特色化未来乡村样板，实现"一村一品育产业""一村一景树特色"，运河街道双桥村（甲鱼）、塘栖镇塘栖村（塘栖枇杷）列入全国"一村一品"示范村，莲藕特色农产品优势区列入省特色农产品优势区。推动村庄景区化建设和景区村庄运营发展，至2022年底，创建省级新时代美丽乡村精品村18个、达标村57个，创建景区村庄36个。

（二）**着力推进生态环境安全，加快农业绿色化转型。**大力发展绿色生态生产方式，形成从农田到餐桌全过程的农产品质量安全保障体系。运河街道新宇村是全省领先的"鱼鳖水产养殖之乡"，通过采用"藕鳖套养"的立体绿色种养模式，每亩利润从3000元提升到12000元以上，更是有力改善了曾经的生产污染。

（三）**着力推进科技机械强农，提高农业科技化水平。**大力发展种苗产业，以康成农业科技有限公司为龙头，工厂化年育苗量2500万株，年产基质1.5万立方米，服务辐射浙江省和周边省份面积20万亩。积极推进农业数字化建设，启动数字乡村样板村建设12个，其中市级样板村2个。完成塘栖枇杷全产业链数智通、大运河乡村旅游一键通和临平"农创＋"数字化应用场景开发。开设"网上农博"临平馆，2022年全省线上农博会期间销售额在区县馆中排名第一，农产品电商销售额超9亿元，同比增长8%以上。

（四）**着力推进农民农村共同富裕，加强农业农村一体化发展。**坚持农业现代化与农村现代化一体设计，全域推进乡村基础设施及环境提升，开展丁山湖和大运河北片两大核心示范片区建设，5 个村成为省级未来乡村创建名单，"运河水乡"列入杭州市未来乡村共富引领带计划。创新"强村富农"集成改革，在全国率先创新开展农村职业经理人发展模式。开展结对帮扶，三大经济平台、国有公司结对帮扶 54 个村。辖内村先后获得了中国美丽休闲乡村、"全国一村一品"称号，共富乡村建设走在全省前列。

创新亮点

（一）高水平构建产业融合、产品优质、安全高效、竞争力强的产业体系。打造水稻、枇杷等主导特色产业，推进农业产业结构优化和生态化转型发展，推动农产品安全体系和农业全产业链建设以及品牌建设，在改善环境的同时提升经济效益，破解了"生态不高效、高效不生态"的难题。

（二）高水平构建生产集约、资源节约、环境友好的新型农业生产体系。大力开展高标准农田建设，研发推广高效能的现代农业先进技术，加快数字化试点建设，发展生态循环农业，持续深入开展田园环境整治行动，积极推动农业科技创新，开展集约化、标准化、生态化的生产模式，破解了"农业弱质产业转变为强农产业"的难题。

（三）高水平构建专业化、组织化、社会化相结合新型农业经营体系。把大力培育新型农业经营主体作为高效生态农业发展的核心任务，着力构建适度规模化家庭经营，积极推进农业企业化经营，创新职业经理人模式，推进农业产业化合作经营，破解了"谁来搞农业"的难题。

💡 启示

　　杭州市临平区把习近平同志的"发展高效生态农业"重要指示学深悟透做实，通过科技创新和制度创新走上了创新驱动发展之路，实现了乡村产业的融合发展、绿色发展、专业化发展和一体化发展，解决了"绿色不经济""经济不绿色"的乡村农业发展悖论，做到了从"非绿色发展"到"绿色共同富裕"的华丽转型。

科学抗灾"金钟罩"

浙江省应急管理厅

实施背景

习近平总书记高度重视防灾减灾工作，在浙江工作期间就提出"一个目标、三个不怕、四个宁可"的防汛防台理念。全省上下深入学习贯彻习近平总书记重要论述精神，持续提升台风洪涝灾害科学防控能力，打赢一个又一个洪涝台旱灾害防御战。

目标成效

围绕"不死人、少伤人"目标，构建"分层分类分级"组织指挥体系，创新"全链路、全过程"的"八张风险清单"闭环管控机制，打造"系统集成、多跨协同、精密智控"的"防汛防台在线"应用，夯实"县乡一体、条抓块统"的基层防汛防台标准化体系，成功防御了台风、高温干旱、超标准洪水等灾害。连续多年，全省因洪涝台灾害造成直接经济损失占GDP的比重控制在1%之内，成功应对2021年超强台风"烟花"和2022年强台风"梅花"。

主要做法

（一）**笃定践行防汛理念，把牢思想总开关。** 一是笃定"一个目标"。围绕"不死人、少伤人、少损失"总目标，最大程度降低灾害损失贯于每一次防汛防台救灾全过程。二是践行"三个不怕""四个宁可"。坚持底线思维、极限思维，立足"防大汛、抗大险、救大灾"，积极落实落细防御措施。三是坚决纠正和克服"四种错误思想"。以工作的确定性应对台风的不确定性。

（二）**深化推进改革落地，全面搭建"四梁八柱"。** 一是严格落实党政同责。省委将防汛防台纳入"七张问题清单"，明确各级党委主要负责人为第一责任人，有效落实"党政同责"。二是拧紧防救责任链条。修订《省防指成员单位职责》，清晰部门职责边界，统分结合。三是建强基层应急管理体系。出台《关于加强基层应急管理体系和能力建设的指导意见》，全省乡镇（街道）全部组建应急管理委员会或领导小组，健全完善基层应急体系。

（三）**持续健全工作机制，统一指挥高效协同。** 一是健全统一组织指挥机制。出台《关于进一步加强防汛防台工作的若干意见》。二是健全量化闭环风险防控机制。各级防指统筹建立"1＋8"风险分类防控机制，运用"3张防控单"，形成"风险研判—指令下达—跟踪督办—闭环管控"链条。三是健全预警响应联动机制。出台《关于强化气象、地质灾害、山洪灾害预警和应急响应联动工作的指导意见（试行）》，建立预警和应急响应联动规则。

（四）**大力推进数字化改革，赋能风险精密智控。** 一是"一图"精准研判预警。汇集全省12.6万个重要风险点数据，动态发布综合风险预警"五色图"。二是"一码"精密转移人员。对易受灾害影响的近

300万人员实施赋码管理，应转早转尽转。三是"一屏"高效指挥调度。汇聚全省救援队伍、应急专家、避灾安置场所、应急物资等信息，智能生成方案，确保抢险救援高效有序。

创新亮点

（一）**防汛防台法治化**。2021年在全国率先修订出台《浙江省防汛防台抗旱条例》。条例以习近平总书记关于防汛救灾的重要论述为指引，提炼固化浙江省创新经验做法，从行政措施上升到法律手段，为进一步加强防汛防台工作提供法制保障。

（二）**风险防控精准化**。以数字化改革为牵引，坚持整体智治、高效协同，聚焦"八张风险清单"，打造"防汛防台在线"应用，推动台风洪涝灾害风险"监测—研判—预报—预警—管控"全链条精准防控，做到"风险在哪里、责任人是谁、工作是否闭环"一目了然。

💡 启示

浙江省的防汛防台工作通过防汛防台法治化、风险防控精准化、基层基础标准化等创新性做法，实现思想到位、制度保障、指挥有力、协同高效，持续提升台风洪涝灾害科学防控能力，在一场又一场的艰巨考验中，牢固构建了"人民为中心，人民有信心，人民得安心"的灾害防御战略战术战力，形成了具有较高浙江辨识度的经验做法。

问渠那得清如许

开化县

实施背景

2003年7月，习近平同志在开化县考察钱江源国家森林公园时强调，一定要保护好钱江源良好的生态环境和生态旅游资源。20年来，开化县始终牢记习近平总书记的殷殷嘱托，全力推动钱江源国家森林公园体制试点建设，为其他地区的生态文明建设提供"衢州经验"。

目标成效

从2016年钱江源国家森林公园体制试点方案获国家发改委批复，到2019年钱江源国家公园管理局揭牌成立，钱江源国家公园已全面高质量完成各项试点目标任务。其中，集体土地地役权改革成功入选"生物多样性100＋全球特别推荐案例"，"浙江钱江源森林生物多样性野外科学观测研究站"成功升级为国家级台站，并成为全国首批26个"自然教育绿色营地"，被中国科协授予"全国科普教育基地"，入选全省首批"大花园"耀眼明珠。在由国家林业和草原局（国家公园管理局）委托开展的第三方评估中，钱江源国家公园体制试点任务完成情况在各试点区中均名列前茅，为经济发达、人口密集、集体林地占比高的地方推进国家公园建设创造出了可复制、可推广的"钱江源"样板。

主要做法

（一）打造"区政协同"样板。一是强化试点组织领导。组建由市委书记、市长任双组长的体制试点工作专班。钱江源国家公园管理局领导兼任政府党组成员，直接参与政府重大事务决策。二是凝聚试点建设力量。县委、县政府定期举行工作例会研究落实体制试点相关事宜，落实责任分工和时间节点。

（二）创新资源管理模式。一是创新开展集体林地地役权改革。在不改变土地权属的基础上，通过建立科学合理的地役权改革补偿机制和社区共管机制，实现了国家公园范围内重要自然资源的统一管理。二是探索开展农村承包土地地役权改革。启动农村承包土地地役权改革试点；落实稻谷保底价收购和品牌特许政策，进一步提高产品附加值。三是推进系列配套制度改革。出台系列配套政策，实现了国家公园、集体和村民的三方共赢。

（三）塑造生态保护典范。一是持续落实最严格管护。连续五年开展"清源"系列专项行动，严厉打击各类破坏自然资源违法行为。二是探索开展生态保护修复。开展《齐溪莲花溪流域生态修复》等方案设计，已在何田片区实施"栖息地保护与恢复"项目311亩。三是开展跨部门、区域协作保护。联合设立环境资源巡回法庭，探索跨部门、跨行政区域的钱塘江流域生态司法联动，以法治理念推动生态保护；探索跨部门协作保护，建立司法护航国家公园生态安全机制。

创新亮点

（一）探索出自然保护地"垂直管理、区政协同"的新模式。创新设置了"垂直管理、区政协同"管理体制，由公园管理局和县政府制度化解决试点工作中遇到的问题，为国家公园建立保护有力、协作高效的区政关系提供了样板。

（二）探索出环境保护跨省合作的新模式。与江西省、安徽省、本县环钱江源国家公园有关乡镇和行政村签订环钱江源国家公园合作保护协议书，制定出台相应考核激励办法，为推动跨区域合作保护工作提供示范。

（三）探索出大面积集体土地统一监管的新模式。在不改变土地权属的基础上，建立科学合理的地役权改革补偿机制和社区共管机制，实现了全民所有自然资源资产在实际控制意义上的主体地位。

启示

衢州市及开化县通过集体林地和农村承包地地役权改革、构建跨部门跨区域协同保护机制、采取"野生动物救助举报奖励""野生动物肇事公众责任保险""特许经营管理办法"等政策，提升了钱江源国家公园生态系统的多样性、稳定性、持续性，为经济发达、人口密集、集体林地占比高的地方推进国家森林公园建设创造出了可复制、可推广的经验。"钱江源国家森林公园"的建设既符合"生态省"建设的初衷，更符合"美丽中国"建设的蓝图。

全国首个生态省的"绿色密码"

浙江省生态环境厅

实施背景

2003年，在习近平同志的决策部署和直接领导下，浙江将生态省建设试点作为"八八战略"的一项重要内容，提出到2020年建成生态省的目标。

目标成效

十多年来，历届省委、省政府秉持"绿水青山就是金山银山"理念，提前全面完成生态省建设的目标任务。2018年，"千村示范、万村整治"工程荣获联合国地球卫士奖，习近平总书记对此作出重要批示；2019年6月，浙江生态省建设试点正式通过生态环境部验收，成为全国16个生态省建设试点中首个通过验收的省份。通过16年的生态省建设，浙江已经在全国率先探索出一条经济转型升级、资源高效利用、环境持续改善、城乡均衡和谐的绿色高质量发展之路，实现了经济强、生态好、百姓富的有机统一。

主要做法

（一）**始终坚持以"八八战略"为总纲，一张蓝图绘到底。**在习近平同志为浙江生态省建设打开良好局面的基础上，历届省委、省政府始终坚持以"八八战略"为总纲，始终沿着习近平总书记指引的生态文明之路砥砺前行，做到生态省建设一张蓝图绘到底。从"生态省"到"生态浙江"，再到"美丽浙江"，既保持战略定力，又注重与时俱进，不断谱写习近平生态文明思想在浙江生动实践的新篇章。

（二）**始终坚持践行"绿水青山就是金山银山"理念，推进经济生态化和生态经济化。**浙江秉持绿水青山就是金山银山、"腾笼换鸟、凤凰涅槃"的理念思路，在改造提升传统产业的同时培育发展新兴产业，探索走出生态优先、绿色发展的高质量发展路子。

（三）**始终坚持以人民为中心，不断提升治理水平和优质生态产品供给能力。**浙江以解决公众关注的生态环境问题为突破口，先后实施"千村示范、万村整治"工程、"811"系列生态环保行动、"五水共治"、大花园建设、生态文明示范创建等生态环境治理标志性工程，优美生态环境成为浙江的"金名片"。

（四）**始终坚持深化体制机制改革，不断增强生态文明建设制度供给。**浙江以数字化改革为牵引撬动生态文明领域改革，打造"浙里无废"等标志性应用，成为全国生态环境数字化改革和生态环境"大脑"建设试点省；坚持用最严格的制度保护生态环境，建立生态环境行政执法和刑事司法联动机制。

（五）**始终坚持全民行动，推动生态文明建设共建共享。**坚持党委领导、政府主导、全民参与，以设立全国首个生态日等多种形式在全社会开展生态文化教育；坚持弘扬生态文明道德规范，把环保行为规范写入村规民约；坚持以绿色社区、绿色家庭、绿色企业、绿色学校、绿色医院等"绿色细胞"建设为载体，夯实生态省建设"细胞工程"；坚持公众参与监督，敞开监督，曝光问题，回应关切，构建群策群力、共建共享的社会行动体系。

创新亮点

浙江是习近平生态文明思想的重要萌发地和"绿水青山就是金山银山"理念的发源地，浙江生态省建设历程为习近平生态文明思想的萌发与形成提供了丰富素材。习近平同志在浙江工作期间提出的一系列重大科学理念，指引浙江生态省建设先行一步，走在全国前列。浙江建成全国首个生态省是新时代浙江发展重大标志性成果之一，充分彰显了习近平新时代中国特色社会主义思想的真理力量和实践伟力。

启示

之所以浙江省建成全国第一个生态省，之所以"千万工程"被联合国授予地球卫士奖，其基本经验是：始终坚持"绿水青山就是金山银山"理念，始终坚持"一张蓝图绘到底"的"接力棒"精神，始终坚持"改善生态环境就是发展生产力"的生态生产力论，始终坚持不断满足人民对优美生态环境需要的"生态惠民观"。

扮靓绿水青山　共享金山银山

湖州市

实施背景

2005年8月，习近平同志在安吉余村考察时，创造性提出"绿水青山就是金山银山"科学论断。17年来，湖州牢记习近平总书记谆谆教诲，持续推动村庄景区化建设，大力发展乡村生态旅游，让绿水青山源源不断转为金山银山。

目标成效

这些年来，湖州始终致力将美丽生态转化为美丽经济，深耕乡村生态旅游产业，建成3个国家级旅游度假区、8个全国乡村旅游重点镇（村），实现省级以上全域旅游示范区县和景区村庄全覆盖；全市3个县全部位列"2022年全国县域旅游综合实力百强县"前10强，安吉县连续四年位居榜首；安吉余村入选首届联合国世界旅游组织"世界最佳旅游乡村"，莫干山"洋家乐"、水口"上海村"特色民宿集聚区享誉长三角；"在湖州看见美丽中国"成为闪亮的城市品牌。

主要做法

（一）畅通"两山"转化通道，绘就全域生态"青绿画卷"。一是"生态＋旅居"发展度假旅游。以地域文化和乡村风情为特色，重点培育打造市场知名度高、业界影响力大的十大民宿集聚区。二是"采摘＋体验"发展农业旅游。扎实推进旅游与生态农业、观光农业、高效农业及新型农业相融合，打造集农业科研、农业深加工、高效农业种养殖、农事体验旅游于一体的现代生态休闲农场和采摘旅游体验基地。三是"文旅＋教育"发展研学旅游。利用考古遗址公园、红色革命遗迹、爱国主义教育基地等资源，联动打造"江南文化探源"研学旅游产品。

（二）拓宽"两山"赋能路径，彰显生态文化"诗意韵味"。一是注重挖掘文化内涵，提升村庄品牌价值。依托丝绸文化发源地、茶文化发祥地、湖笔诞生地等文化底蕴，重点打造生态文化旅游品牌。二是实施文化基因解码，彰显村庄独有韵味。依托湖州地域特色，梳理挖掘"六韵"特色文化基因，保护开发传统村落、文物遗迹，传承弘扬非遗项目。三是弘扬优秀传统文化，激发村庄内在活力。发掘当地的传统美德、家风故事、礼仪文化、乡贤文化，融入"文化长廊""乡村博物馆"等展陈载体，打造乡村博物馆群落。

（三）推动"两山"实践创新，展现乡村旅游"共富图景"。一是微改造精提升蓄势。全力推进"百镇千点"微改造、精提升，通过"微开发"，打造"微节点"，提升"微感受"，植入"微主题"。二是绿色低碳共富先行。打造"景区＋村庄"绿色共富示范区。拓展数字平台应用，提高了湖州乡村旅游的曝光度和影响力。三是多种运营转化增收。全面实施乡村文旅运营"五十行动"，培育打造一批乡村运营师、创客团队、运营团队、运营品牌和"村游富农"带头人。

创新亮点

（一）坚持"文化塑形"，激发乡村内在活力。以深入阐释"生态文化"为引领，实施文化基因解码工程，梳理挖掘特色文化基因，不断提升传统村落、文物遗迹、非遗项目及文化礼堂、景区驿站、民宿微书房等文化场馆的旅游体验价值。

（二）突出"强链补链"，推动产业融合发展。着眼产业融合发展，通过产业复合、产城结合、产品融合等方式，全面提升湖州乡村旅游层次，进一步拓展乡村发展空间，为乡村旅游融合发展探索出新路径。

（三）立足"惠民富民"，带动乡村增收致富。积极探索农民为主体、工商资本投资、政府与企业合作投资、村集体与企业合作等多种经营模式，广泛吸纳农村劳动力就业，2022年全市乡村旅游直接从业人员数达5.86万人，乡村旅游经营总收入达130.25亿元，居全省第1位。

💡 启示

践行"绿水青山就是金山银山"理念必须推进"经济生态化"，做大"绿水青山"，扩大生态资源，提升生态资本。湖州市以壮士断腕的决心实现了产业经济从"黑色"转向"绿色"、从"线性"转向"循环"、从"高碳"转向"低碳"。与此同时，做高"金山银山"，提高收入水平，促进绿色共富。通过"生态＋旅游""文化＋旅游""产业＋旅游"等举措，实现了强链补链、复合增收、绿色共富的效果，打响了"在湖州看见美丽中国"的城市品牌。这充分展示了"绿水青山就是金山银山"理念的真理伟力。

打好"五水共治"组合拳

浙江省治水办

实施背景

习近平同志在浙江工作期间，推动实施了安全饮水、科学调水、有效节水、治理污水的"四水"工程建设。省委、省政府坚持一张蓝图绘到底，把治水工作纳入经济社会发展全局，于2013年作出"五水共治"（治污水、防洪水、排涝水、保供水、抓节水）决策部署，提出以治水为突破口，倒逼转型升级，打出了一套环环相扣、步步深入的"五水共治"组合拳。

目标成效

近年来，在"八八战略"指引下，浙江省治水工作取得了决定性成果和阶段性胜利。2022年，省控断面中Ⅲ类以上水质断面比例达97.6%，地表水国控断面Ⅲ类以上比例跃居全国第一，近岸海域水质优良率创有监测数据以来历史最好水平，县级以上集中饮用水水源达标率100%，建成省市级美丽河湖565条，群众对治水满意度连续9年提升，从2013年的57%提升至2022年的90.74%。

主要做法

（一）**强化组织领导**。为有效推进"五水共治"深入实施，强化建立组织领导体系，加强统筹协调与责任落实，保证治水工作的系统性、一致性、稳定性和连贯性。在全国率先实现省、市、县、乡、村五级河长全覆盖，配套设立了"河道警长"，省委、省政府主要负责同志担任全省总河长，市、县、乡、村级河长分级分段管理河流水系，全面实施河长包干责任制。

（二）**明确目标任务**。按照"决不把污泥浊水带入全面小康"的总要求，浙江明确了治水"三五七"时间表和"五水共治，治污先行"的路线图。即用三年时间（2014—2016年）解决突出问题，明显见效；用五年时间（2014—2018年）基本解决问题，全面改观；用七年时间（2014—2020年）基本不出问题，实现质变。

（三）**推进重点工作**。历届浙江省委、省政府以治水为突破口，旨在打好转型升级组合拳。治污水，主要是以提升水质为核心，实施清淤、截污、河道综合整治，加强饮用水水源安全保障。防洪水，主要是推进强库、固堤、扩排等工程建设，强化流域统筹、疏堵并举，制服洪水。排涝水，主要是打通断头河，开辟新河道，着力消除易淹易涝片区。保供水，主要是推进开源、引调、提升等工程，保障饮水之源，提升饮水质量。抓节水，主要是改装器具、减少漏损和收集再生利用，合理利用水资源。

（四）**完善治水机制**。督导帮扶机制。省委、省政府成立30个督导组，对治水工作开展督促指导。省治水办建立重点督办问题整改销号闭环管理机制，分类实施问题整改销号闭环管理，确保涉水问题真正整改；组织专家帮扶团，加强治水"三服务"，深入基层，针对各地治水需求及短板，开展精准帮扶。考核评价机制。

创新亮点

浙江"五水共治"以习近平同志在浙江工作期间作出的生态省建设部署和治水思路为指引，以"八八战略"为总纲，创新治水工作机制，强化组织领导体系，重塑了治水格局。十年来，全省治水人坚持系统治水、精准治水、科学治水、依法治水、全民治水，在全国率先解决了许多长期想解决而没有解决的治水难题，办成了许多事关生态文明战略全局、事关长远发展、事关民生福祉的治水大事要事。"五水共治"已成为浙江的一张"金名片"。

启示

在生态省建设推进的过程中，浙江省一度出现"生态环境保护力度不断加大，生态环境质量状况不见改善"的尴尬局面，正是五级河长制、督导帮扶机制、考核评价机制、资金投入机制、舆论监督机制、公众参与机制的"机制组合拳"推进治污水、防洪水、排涝水、保供水、抓节水的"治水组合拳"，实现了治水促进系统观念的养成、治水促进绿色低碳的转型、治水促进民生福祉的增长。

念好山海经　谱好协作曲

书写共同富裕"山海情"

浙江省发展和改革委员会

实施背景

历届省委、省政府接续推进"八八战略",把"山"的特色与"海"的优势有机结合起来,持续深化山海协作工程。2018年1月,省委、省政府出台《关于深入实施山海协作工程 促进区域协调发展的若干意见》,开启山海协作工程升级版新征程。

目标成效

山海协作工程实施20年来,不仅帮助山区26县在经济发展、居民收入、公共服务水平等方面实现有效提升,同时走出了一条"造血"帮扶、双向互动、合作共赢、具有浙江特色的区域协调发展之路,形成了富有活力的陆海统筹、山海互济发展局面。截至2022年,山区26县通过山海协作,累计获得结对市县援助、土地指标外调等渠道资金近1000亿元;引进特色产业项目12134个,到位资金6955亿元;累计培训劳动力148万人次。

主要做法

（一）**构建省市县三级联动机制。**省委、省政府成立了高规格的山海协作领导小组，下设山海协作办公室，召开山海协作推进大会，全面加强顶层设计和部署推动。市级层面承上启下，每年召开工作推进会、领导小组会议和专题工作会议，对山海协作工作进行专题研究部署。县级层面高频对接，结对县（市、区）结对互访不断深化，覆盖县、镇、村的"山海协作网"进一步完善，实现交流互访常态化、合作内容项目化，推进人才、旅游、体育、科技、卫生等多领域合作。

（二）**搭建不断迭代升级的政策体系。**20年来共发布5份省级实施意见文件，确保顶层设计与时俱进。发布多份工作办法，对资金管理、考核、统计等各项事务的具体方法和流程作出规范。各省级部门积极跟进，在各自领域对症下药。各地市踊跃响应，因地制宜制订本地工作方案，并与结对地区通力合作形成政策合力。

（三）**建立动态精准的结对帮扶机制。**建立了明确的发达地区与加快发展地区结对关系，根据是否跨市的差异，可分为跨市结对和市内结对两种形式，同时结对关系不断与时俱进，有序调整，形成了动态精准的结对帮扶机制。经过几轮动态调整，基本构建组团式帮扶体系，深化省内50个经济强县结对帮扶山区26县，推动资源共享、优势互补、合作共赢，推动山海协作向多领域拓展。

（四）**延拓工程协作领域和内涵。**山海协作工程在由"输血"转向"造血"的帮扶模式升级过程中，产业合作模式从"梯度转移送产业"逐渐进化为"合作共建育产业"，探索设立了各类合作平台载体。随着山海协作产业园建立，政府主导力提升，产业合作由零散型向集群型转变，扶持政策和帮扶载体持续优化。进入"十四五"时期，高质量山海协作升级版工程成立了平台推进、重大项目、生态环保等十大专题合作组，进一步拓展了协作领域。

创新亮点

（一）**为全国探索区域协调发展提供浙江样板。**在继承性和发展性上，在逻辑思路和二元结构上，为解决沿海省份乃至中国面临的区域协调发展难题，提供了浙江方案。

（二）**实现陆海统筹一体化与跨区经济结构优化。**浙江充分发挥陆海二元优势，形成互补型区域发展路径。山海协作工程与国家提出的"陆海统筹"战略在目标上具有高度重合性，运用统筹兼顾的方法，将发达地区与加快发展地区的发展从政策角度进行总体设计。

（三）**突破长期以来以输血帮扶为主的传统扶贫模式。**山海协作工程突破了长期以来以输血帮扶为主的传统扶贫模式，探索建立了符合市场经济条件下扶贫开发以对口造血帮扶为主的新模式。

启示

经济高质量发展必须坚持区域协调发展的理念。在实施山海协作工程中，浙江按照政府推动、企业主体、市场运作的原则，充分挖掘和发挥了山和海的不同比较优势，形成了山海优势的互补，推动了不同地区经济和社会协调发展，为中国探索区域协调发展提供了"浙江样板"。

"链"成世界一流绿色石化

岱山县

实施背景

习近平同志在浙江工作期间 13 次来到舟山，足迹遍布岱山在内的大小岛屿，提出浙江要"争取发展成为海洋经济强省"，将海洋经济列入"八八战略"。岱山举全县之力服务和保障舟山绿色石化基地（以下简称舟山基地）建设，依托舟山基地培育了绿色石化和新材料产业集群，奋力打造"重要窗口"的标志性大平台。

目标成效

舟山基地的建成实现了"5 项首个、4 个第一"：一是我国首个、世界第二个"离岸型"石化基地。二是首个 4000 万吨级炼化一体化基地，推进速度国内第一，炼油、乙烯、对二甲苯等主要产品生产规模国内第一，炼化一体化率国内第一。三是首个投资规模超过 2000 亿元石化项目，单体投资国内第一。四是我国首个由民营控股、国有参股的混合所有制企业炼化一体化企业。五是首个赋予打造绿色发展标杆的石化基地。

主要做法

（一）**发挥海岛区位优势，精准绘制石化产业"建链"蓝图。**一是科学实施海域海岛开发。推进功能岛规划建设，构建"一岛一功能"海岛特色发展体系和现代海洋产业体系。二是推动油气全产业链开放。通过畅通石化产业国际资源进口、产品国内消化和出口的循环，更好助力推动浙江自贸区油气全产业链发展。三是以石化基地建设引领海洋经济发展。舟山基地投入运营近3年来，经济效益逐步显现，2022年岱山地区生产总值增速18%，列全省第一。

（二）**发挥产业特色优势，招大育强实现"延链"成群。**一是"腾笼换鸟"打造高能级平台。整合提升毗邻石化基地的岱山经济开发区，攻坚低效工业企业和"僵尸船厂"整治，高标准规划建设石化循环经济产业园，成功引进落地一批先进制造业项目，"低效存量"转化为融入绿色石化产业集群的"发展增量"。二是"四链两图"助力招大育强。围绕石化产业链"建链延链补链强链"，画好鱼骨图和招商路径图，精准上门招商，推动石化产业链延伸延长。三是精细"专班化"促重大项目投产。聚焦项目建设推进中面临的政策处理、要素保障、项目审批等方面的痛点堵点实施"拔钉清障"攻坚行动。

（三）**发挥科技创新优势，数智赋能驱动"强链"建圈。**一是创新驱动打造海洋科技新亮点。建立政府引导、企业主体、高校院所参与的创新载体共建模式，有望实现多项高端产品的国产化替代。二是"产业大脑＋未来工厂"构建产业新生态。谋划建设的"化塑产业大脑"，成功列入省产业大脑试点，服务浙江省内2万家和全国81万家企业。三是产才融合涵养创新人才"蓄水池"。引进浙江大学等37个高校院所团队及专业服务机构入驻，人才资源总量达4.5万人。

创新亮点

（一）**有力保障国家安全。**舟山基地现已具备500万吨合成树脂及工程塑料、千万吨化纤原料产能，苯乙烯、丁二烯、苯酚、丙酮等大宗基础有机化工原料供应能力合计超过500万吨，为促进浙江省经济社会发展作出了积极贡献，保障了国内基础化工原料供给、维护了国家产业链供应链安全。

（二）**充分依托舟山基地。**坚持"国家所需、地方所能"，推动自贸试验区油气全产业链发展，原本不产一滴油的岱山，成了国家油品储运基地，形成了千亿级绿色石化和新材料产业集群，走出了一条"无中生油"的道路。

（三）**有力推动海岛共同富裕。**依托舟山基地和绿色石化产业集群发展，岱山集聚了一大批产业工人，有力带动村集体经济和居民增收，2022年村集体经济经营性收入50万元以上的村占比77%，渔农村城乡居民收入比1.44∶1，全省领先。

启示

舟山绿色石化产业群的"链"成，是忠实践行"八八战略"，落实习近平同志"以更大的气魄、更宽的视野、更高的标准，推进海洋开发，努力建设海洋经济强省"指示的典型实践。"5项首个、4个第一"不仅验证了当年习近平同志的科学判断，"无中生有"形成了一个千亿级新经济增长点，为浙江海洋强省作出重大贡献，更为海岛地区跨越式发展、实现共同富裕拓宽了道路。

一片叶子再富一方百姓

安吉县

实施背景

2003年4月9日，习近平同志到安吉县溪龙乡黄杜村茶园调研时，称赞"一片叶子富了一方百姓"。受到鼓舞后，安吉县扩大白茶种植面积，成为全国有名的"白茶之乡"。2018年4月9日，黄杜村民主动捐献1500万株"白叶1号"茶苗助力脱贫攻坚，得到习近平总书记高度肯定。安吉县抓实抓深"白叶1号"协作帮扶工作，小小的白茶苗长成了四省六县的友谊茶、致富茶、幸福茶。

目标成效

四年多来，安吉县扎实做好选苗育苗、传技授技、促销包销等工作，累计向湖南古丈县、四川青川县等捐献茶苗2885万株，直接覆盖受益人口2064户6661人。2021年丰产期后，受捐地累计采摘干茶2万余斤，价值超千万元，带动人均增收2000元以上。"白叶1号"协作帮扶项目先后获评第二届中国优秀扶贫案例报告会东西部协作与定点扶贫优秀案例、全省精准扶贫十大案例等荣誉，黄杜村党总支荣获全国脱贫攻坚先进集体。

主要做法

（一）**坚持帮扶重帮技，倾囊相授育茶制茶技艺。**组建由黄杜村党员种植户、溪龙乡"茶博士"、中茶所茶叶研究员等专家学者为主的"导师帮带团"，累计派出97批561人次，对受捐地进行全流程全方位服务。先后邀请5批次70余名受捐地茶园负责人到安吉茶园基地、龙头企业等学习考察，为受捐地培养本土专家。定期对受捐地的茶叶种植管理情况进行收集分析，利用远程教育平台，持续开展跟踪服务。

（二）**坚持扶业扶到底，助力构建生产出产链条。**积极帮助受捐地建厂房、买设备、找销路，构建产销一体的产业链。在解决茶产业园建设资金问题上，协调浙茶集团，携手普安县共计投入2.8亿元，高标准建成"白叶1号"茶产业园。在解决落后生产工艺问题上，发动本地茶机公司捐赠茶叶加工设备60余台，帮助受捐地建设茶叶加工基地。近期，安吉县正谋划与三省五县签订"合作备忘录"，落实报销激励、反租倒包、指导赋能、品牌共建、督导评估五项机制，努力让受捐地百姓更有信心、更有奔头。

（三）**坚持带富先富民，携手探索利益联结机制。**安吉县主动分享农民利益联结机制的实践经验，鼓励当地贫困户参与茶园建设、管护等环节，推动当地百姓拿租金、挣薪金、分股金。坚持将"送茶苗"与"送理念"结合起来，鼓励受捐地构建"专业合作社＋龙头企业＋农户""个体农户＋市场"等多种利益联结机制，推动当地村民由"政府推着干"向"自己抢着干"转变。

（四）**坚持亲上再加亲，全力拓宽合作共建领域。**安吉县以"白叶1号"协作帮扶为纽带，主动谋求与三省五县开展更深层次、更宽领域的合作交流，联合三省五县共同组建"白叶1号"乡村振兴党建联盟，安吉农村商业银行向该党建联盟捐赠30万元首期专项基金。积极输出绿色发展经验，助力受捐地大力发展文旅、农旅产业。

创新亮点

（一）**从粗放式到精细化的转变。**主动分享"产业大脑"应用场景，帮助受捐地建设标准化茶园。打造"白叶1号"公用品牌，大力推广"一码四标一监制"管理体系，让受捐地出产的白茶更具市场竞争力。

（二）**从输血式到造血式的转变。**在捐茶苗、送茶机的基础上，突出理念输出、技术输出及品牌塑造，与浙茶集团一同为受捐地提供"订单式"服务，帮助受捐地解决没技术、没品牌、没销路等问题。

（三）**从单领域到多领域的转变。**以"白叶1号"协作帮扶为纽带，不断拓宽协作领域和合作群体，逐步形成包销激励、反租倒包、指导赋能、品牌共建、督导评估五大机制。

💡 启示

靠白茶富裕起来的安吉人民致富不忘共富，主动向中西部地区捐献茶苗、传授技术、拓展销路，助力脱贫攻坚，携手三省五县续写了"一片叶子再富一方百姓"的新故事。这是安吉人民帮助中西部地区农民走绿色发展、生态富民之路的精彩故事，更是忠实践行"八八战略"，践行"山海协作"结出的一个硕果。

锻造世界一流强港的"硬核"力量

宁波市

实施背景

2020年3月，习近平总书记亲临宁波舟山港考察并赞誉宁波舟山港是"硬核"力量，强调要坚持一流标准，把港口建设好、管理好，努力打造世界一流强港。在习近平总书记的殷切希望和嘱托下，宁波舟山港统筹推进港口一体化、数智化、联动化发展，全面提升港口的硬核力量。

目标成效

围绕打造世界一流强港和世界级港口集群，推动港产城文融合发展，积极打造国内大循环的战略支点、国内国际双循环的战略枢纽。2003年至2021年，宁波舟山港集装箱吞吐量连续4年位居全球第三；货物吞吐量连续13年位居全球第一；2021年至2022年，宁波舟山港连续跻身新华波罗的海国际航运中心综合排名前十位。目前，宁波舟山港已成为全球重要集装箱远洋干线港、国内最大的矿石中转基地、最大的原油转运基地、沿海最大液体化工储运基地和重要的煤炭运输基地。

实践内容

（一）**一体化做强港口运营**。2005年，根据"统一规划、统一建设、统一品牌、统一管理"的原则，成立宁波—舟山港管理委员会，2006年起宁波—舟山港实现了一体化运作。2015年，按照省委、省政府关于全省海洋港口一体化改革的决策部署，通过打造统一市场平台"省海港集团、宁波舟山港集团"，宁波舟山港和全省港口实现了以资产为纽带的实质性一体化。浙江港口一体化改革成为我国深化改革中"坚决啃掉最硬骨头"的典型案例，交通运输部专门印发《关于学习借鉴浙江经验推进区域港口一体化改革的通知》，掀起全国港口以省级行政单位为主体的一体化浪潮。

（二）**数智化提升港口管理**。建设梅山港区全域智能化集装箱码头、鼠浪湖全程智能化散货码头、甬舟智慧码头，以"2＋1"示范工程的示范性突破支撑和引领全面智慧化集群的发展。建立智能理货系统并启动全面推广。全面上线集装箱进出口业务全程无纸化服务功能，建立数字化作业管理系统和生产调度指挥中心业务协同管理系统，建设数字化港口安全体系，推动科技强安水平持续提高。实现宁波港域"全港创卫"。宁波舟山港码头获中国港口协会四星级绿色码头称号并入围首批"亚太港口绿色奖励计划（GPAS）"。

（三）**联动化增强港口能级**。联动增强港口对内对外两个扇面的辐射能力。对内方面，持续深化以宁波舟山港为枢纽港的内贸大中转布局，内贸集装箱业务、海铁联运量逐年增长，班列线路22条，业务辐射范围涵盖全国16个省（区、市）62个地级市，成为全国海铁联运第三大港。对外方面，加大与国内外航运企业合作，宁波舟山港航线总数升至301条的历史新高，覆盖了全球200多个国家的600多个港口，其中"一带一路"国际航线突破100条。累计与30多个"一带一路"沿线港口建立了友好港、姊妹港关系。

创新亮点

（一）形成了跨行政区域港口一体化改革的浙江模式。"港口发展定位科学化、港口资源利用集约化、港口运营高效化、市场竞争有序化、港口服务现代化"的经验为交通运输部推广。

（二）形成了具有鲜明港口行业特征的"一核四共双循环"质量管理模式。宁波舟山港"一核四共双循环"质量管理模式以螺旋桨为意象，"硬核强港"为桨芯，"物流共联、数智共享、客户共赢、港城共融"为桨叶，通过"全过程内部运行质量环"和"全场景外部服务质量环"不断循环、螺旋上升形成发展动力。

启示

从2005年习近平同志提出"港口建设的重点在宁波、舟山港一体化"的重大战略思路，到宁波舟山港和全省港口实现以资产为纽带的实质性一体化运作，近20年来，浙江省以宁波舟山港为龙头，形成了跨行政区域港口一体化改革的浙江模式。这一模式从体量、能级、水平、管理和影响上看，都是我国港口强国建设的领军性力量，是打造世界一流强港的"硬核"力量。

江海联运 通江达海

舟山市

实施背景

习近平同志在浙江工作期间，先后7次前往宁波舟山港调研指导，亲自擘画推动世界一流强港建设。2016年4月19日，国务院批复设立舟山江海联运服务中心，要求浙江紧密围绕国家战略，以宁波舟山港为依托，打造长江经济带和海上丝绸之路的战略支点。

目标成效

截至2017年，核心港区开发加快推进，一批江海联运重大项目基本建成，江海联运中转运输体系进一步完善，大宗商品储备和江海联运服务能力明显提高，江海联运运量达到1.8亿吨。国际海事服务基地功能与制度建设初步完善。截至2022年，江海联运规模和现代服务水平大幅提升，综合枢纽港功能显著增强。通江达海、功能健全、服务高效的现代化江海联运服务体系进一步完善，江海联运量达到3亿吨。国际海事服务基地、区域性航运服务基地影响力明显提升。

主要做法

（一）**狠抓重点项目建设，不断提升联运枢纽硬核实力**。锁定大宗商品储运基地大项目，坚持要素配置和政策争取双向发力，全力推进规划项目抓前期、新建项目促开工、在建项目抓进度，相继建成45万吨原油码头、40万吨铁矿石等一批全球最高等级码头集群，持续提升海港枢纽货物接卸转运能力。

（二）**聚力跨海入江联动，不断打通长江沿线物流节点**。围绕"下游提能挖潜，中游拓线共赢"，组建政企工作专班，主动对接长江沿线，与长江30多个港口达成物流合作，开辟至长江中游港口航线5条。开拓"江海直达＋水铁联运"组织模式。加大联运服务产品供给，成为服务沿江钢厂和内陆粮油企业的重要力量。

（三）**打造新装备培育新优势，不断壮大江海直达特色船队**。聚焦传统联运业务中转环节的一些问题，率先探索江海直达运输，突破船舶关键技术，建成国内首艘2.2万吨江海直达示范船。紧盯市场变化，推进船型优化升级，破解应用难题，相继建成4艘1.4万吨服务长江中游新船型和国内首艘430箱高能效江海直达集装箱船。

（四）**创新新平台新模式，不断撬动物流提速降本**。以数字化改革为牵引，全面梳理江海联运业务，找准核心环节难点痛点，以"三张清单"为抓手，迭代上线"江海联运在线"应用，服务船舶5.2万艘次，增长40%。以数据流为牵引，推进流程再造、服务创新和制度重塑，拓展"口岸＋物流"一体化申报模式，实现船舶进出港审批"大提速"、成本大节省，一年为企业节省船舶租金13亿元以上。

创新亮点

（一）**打造了首支江海直达规模化船队**。推动建立特定航线江海通航船舶建造规范，打造了全国首支江海直达规模化船队。培育形成了江海直达船舶研发设计、建造检验、船员培训考试等新产业链。

（二）**开创了散货班轮化运输新模式**。整合"船港货"资源，组建"江海直达运力池"，实现整体物流链协同运作，船效提高成本降低。开辟班轮化航线5条，物流周期缩短2天以上，每航次为企业节省中转、仓储等费用约40万元、货损减少3‰。

（三）**形成了数字化改革"硬核"成果**。首创"江海联运在线"应用，率先建立江海联运数据交换标准，打破了跨地域、跨部门、跨政企间数据壁垒，打造了"市场自由配置＋政府引导运营"联运组织、"口岸＋物流"一体化申报等服务管理新模式。

启示

　　长江经济带是我国国土空间开发最重要的东西向轴线。依托黄金水道，实施江海联运，是深入推进落实长江经济发展战略的有效途径。建好舟山江海联运服务中心，对于推进长江经济带产业转型升级和整体发展，推动长三角开放合作水平继续走在全国前列，具有重要意义。

海上之"舟"　小岛你好

舟山市

实施背景

习近平同志在浙江工作期间高度重视舟山的战略地位，先后14次到舟山考察指导，作出"打造海洋经济强省，舟山要打头阵"等重要指示。近年来，舟山市大力发展海洋经济，以建设现代海洋城市为目标，打造"海岛共富"全国样板。

目标成效

自2003年"八八战略"实施以来，舟山市海洋经济发展进入快车道。2022年，全市区域生产总值1951.29亿元，同比增长8.5%，增速居全省第一，海洋生产总值预计增长10%以上，占比达68.5%。规上工业增加值增长21.0%，财政总收入年均增长16.6%，增速均居全省第一。规上工业企业研发费用增长49.4%，位列全省第一；外贸进出口总额增长43.6%，快于全省30.5个百分点，位列全省第一。城乡居民收入分别从48423元、28308元增加到71965元、45924元，城乡居民收入比缩小到1.57∶1，为实现海岛共富奠定了基础。

主要做法

（一）强化"一岛一功能、多岛强功能"梯次规划海岛发展。打造海岛共富的主要举措是围绕一岛一功能规划岛屿。一是围绕八大类大宗商品、按储运与加工等需求规划功能岛，二是围绕修造船、海洋生物等产业布局产业岛，三是围绕"小岛你好"打造文旅岛。以海洋经济为实体经济支撑，完善共同富裕建设体制机制体系。立足海岛实际，加强顶层设计，强化制度引领，探索出具有海岛特色的共富路径。大力推进海岛共富提升工程，实施"星辰大海"行动计划，建设海岛共富样板。推进海岛花园建设，优化城市空间布局，提升城市功能品质。大力改善民生，提升公共服务水平，不断增强群众获得感。

（二）创新实施"小岛你好"海岛共富行动。市委、市政府决策实施"小岛你好"海岛共富行动，编制印发《舟山市"小岛你好"海岛共富行动实施方案（试行）》等文件，目标打造30个小而美、小而精、小而富的美丽海岛。重大民生项目迅速落地，首批12个创建示范岛共启动项目102个，总投资额12.03亿元；民生服务事项迅速下沉，落地小岛群众高频急盼事项82项，惠及常住人口5万余人；共富改革迅速突破，形成"幸福驿家"海岛基层一站式服务、"健康方舟"医疗服务船等标志性成果；"小岛你好"被各类媒体报道50余次，写入省"共富工坊"建设指导意见。

（三）举全市之力支持嵊泗县走海岛县高质量发展共同富裕特色之路。省级部门把嵊泗作为全省海岛共同富裕示范点，出台省《支持嵊泗县走海岛县高质量发展共同富裕特色之路实施方案》。全市23个部门形成支持嵊泗海岛共富的政策清单目录57项，内容涵盖教育、医疗、养老、旅游、金融等方面。加大对嵊泗集体经济发展项目的扶持，明确增收措施和计划，累计为14个村提供奖补资金656.6万元。在省市各级政府的大力支持下，一批共富重大项目开工建设，海钓等特色产业得到提升，集体经济不断壮大，海岛教育、医疗、养老水平不断提升。

创新亮点

（一）打造一批高质量共富标志性成果。着力打造高质量就业创业体系、"扩中、提低"、渔农村集体经济改革发展、同舟优育、蓝色岛链水运特色工程、海上共同富裕示范带、"办事不出岛" 2.0版、海上花园"舟"到有礼文明品牌等16项标志性成果。

（二）探索一批共富机制性制度性创新模式。聚焦缩小"三大差距"、促进社会公平，在打造百千亿级产业群、渔农业转移人口市民化改革、海岛生态产品价值实现机制、发展蓝碳经济、美丽海岛建设等领域率先探索突破，推动发展型制度政策加快向共富型转变。

（三）谋划一批重大改革方案。聚焦破解舟山市共同富裕普遍性难题新题，研究谋划海岛万幢农房激活行动、葫芦岛共同富裕示范岛、城乡义务教育共同体等14项共富重大改革方案。

启示

浙江海岛众多，发展条件相对落后，是建设共同富裕示范区的重点和难点所在。发展海洋经济，打造"海岛共富"样本，对全省和全国都具有重要意义。近年来，舟山按照习近平总书记重要指示，强化"一岛一功能、多岛强功能"，创新实施"小岛你好"海岛共富行动,支持嵊泗县走海岛县高质量发展共同富裕特色之路,谋划14项共富重大改革方案,探索一批共富机制性制度性创新模式,高质量打造16项共富标志性成果,推动了海洋经济发展驶入快车道,为实现"海岛共富"夯实了基础。

革命老区别样"红"

丽水市

实施背景

2004年1月，习近平同志在丽水调研指出，"刘英、粟裕领导的中国工农红军挺进师曾长期在此战斗，留有多处革命遗址"。丽水人民牢记习近平总书记嘱托，大力开展浙西南革命精神弘扬践行活动，创新红色资源保护利用体制机制，走出一条具有丽水特色、时代特征的区域性革命精神传承新路，为弘扬伟大建党精神贡献丽水元素。

目标成效

丽水坚持以浙西南革命精神为"丽水之干"注魂赋能立根，在全国率先探索红色资源保护利用新机制、新路径、新手段，在弘扬革命精神、传承红色基因上进行了一系列变革性实践，在红色资源保护利用、红绿融合发展上取得了一系列突破性进展。目前，丽水是全国20个革命老区重点城市之一，是全省唯一所有县（市、区）都是革命老根据地县的地级市，革命老区乡镇数、革命遗址数均位居全省第一，浙西南革命老区被列入全国12个重点革命老区。

主要做法

（一）**率先构建常长并重工作机制**。将"以浙西南革命精神注魂赋能立根"作为丽水现代化建设"八个必须坚持"之一，建立浙西南革命精神弘扬践行活动领导小组，完善市委领导、宣传统筹、分块负责、协同推进机制。配套出台《大力弘扬践行浙西南革命精神的决定》以及相关决议、意见，全面强化制度保障。加盟全国红军长征论坛，挂牌浙西南革命精神研究中心，成立浙西南红色文化研究会，为研究革命精神搭建重要载体、提供智力支持。

（二）**率先打造研教衔接体系平台**。联合举办浙西南革命精神学术研讨会、论坛，成立专家组，协调闽浙赣3省8市参与研究，准确提炼"忠诚使命、求是挺进、植根人民"的浙西南革命精神内涵。打造革命遗址研学线路，推出多本红色读物，创办"侨后代红色文化网络夏令营"。开展全国红军长征论坛影像联展等大型文化活动，创演精品剧目15部，《麦香》《云霄之上》获影视剧国家级大奖。发起成立"全国弘扬践行革命精神红色宣传联盟"，持续掀起"红色浙西南　绿色新丽水"宣传热潮。

（三）**率先探索保用同步开发路径**。颁布全省首个革命遗址保护条例，建立革命遗址保护名录，编制革命文物保护利用规划，实施投资10亿元的革命文物保护利用项目，挖掘梳理革命故事、革命人物。多渠道、多方式推进红色资源与绿色产业融合发展，加快革命老区共同富裕。在积极争取上级政策支持的同时，首创推出《浙西南革命精神弘扬和红色资源价值转化规划》《浙西南红色旅游发展计划》《红色乡村振兴三年行动计划》以及红色乡村建设、红色乡村评价规范市级地方标准。

创新亮点

（一）**创新"红绿"融合机制，为革命老区共同富裕提供丽水样本**。率先在全国探索并从组织架构、政策体系、产业发展、重大平台着手构建红色资源价值转化的"四梁八柱"，统筹红色乡村、红色旅游、红色产业发展，为革命老区和其他山区推动共同富裕提供经验借鉴与实践示范。

（二）**创新开展联合研究活动，为弘扬共产党人精神谱系提供丽水元素**。通过联合组建研究团队、联合主办论坛、联合编写专著等，对浙西南革命精神内涵和时代价值进行系统研究，丰富了中国共产党百年奋斗历程的素材与资源。

（三）**创新全省首个立法实践，为革命遗址保护利用提供法治经验**。丽水作为全国率先开展革命遗址保护利用立法的城市，在起草、实施以及建立机制、资金保障等方面积累了丰富经验，推动所有革命遗址纳入保护范畴，为各地制定革命遗址保护类法规提供丽水示范。

启示

将建设文化大省和绿色发展两大战略融合成一个系统性工程，是丽水市沿着"八八战略"所指引的航向前进的创造性实践。在这一实践中，丽水坚持系统思维，创新"红绿"融合机制，大力推进红色资源系统性保护和创造性转化，率先在全国探索从组织架构、政策体系、法律规范、产业发展、重大平台着手构建红色资源价值转化的"四梁八柱"，统筹红色乡村、红色旅游、红色产业发展，为革命老区和经济不发达地区的经济社会发展、走绿色发展的可持续和共同富裕之路提供了"丽水样本"。

拯救老屋　唤醒古村

松阳县

实施背景

习近平同志在浙江工作期间到松阳调研时指出："古老就是财富，在建设新农村的同时，一定要保护好古建筑，体现特色。"松阳牢记谆谆嘱托，创新开展"拯救老屋行动"，系统性保护乡村优秀文化基因。

目标成效

2016年1月，松阳县被确定为全国唯一的"拯救老屋行动"项目整县推进试点县。"拯救老屋行动"成为文旅助力共同富裕的有效探索，先后被写入党中央、国务院联合发布的《乡村振兴战略规划（2018—2022年）》和2022年中央一号文件。松阳被列为全国传统村落保护发展示范县、中国传统村落保护利用试验区，入选2022年传统村落集中连片保护利用示范区。

主要做法

（一）以"保护修缮"为牵引，守护文化传承之根。编制全县域传统村落保护发展总体规划及详细规划，成立专家评审委员会，对乡村项目开展传统村落风貌审查，防止建设性破坏。利用本土、原生态、低碳环保材质和废弃建材实施传统民居改造。探索创新不出施工图、不公开招投标、不要求修缮资质、不需工程监理的工作机制，开发"拯救老屋"多跨场景应用，全县域推进"拯救老屋行动"，最大限度保护和恢复"天人合一"的村落形态。

（二）以"活化利用"为重点，激活文化发展之能。创新老屋"建管用"机制，有效拓宽生态产品价值实现路径。"云"上实现管老屋、护老屋、富老屋和游老屋。开展文艺赋能共富行动，聚力三大文化品牌建设，复活民俗节会和国家级非物质文化遗产。开发特色产品，实现文化的创造性转化和创新性发展。积极推动乡村振兴、文化发展的国际化交流，被评为"联合国人居署首个乡村发展示范县"。

（三）以"统筹联动"为支撑，拓宽产业富民之路。制定传统民居改造利用专项政策和民宿发展配套政策，确立"一带一路·一心五区"的民宿发展布局，聚力打造精品民宿。全县行政村超半数植入新兴业态，年营业收入近1.7亿元。地方政府、村集体、村民、工商资本共同参与，创新"农民入股＋保底收益＋按股分红"等利益联结机制，实现股金、租金、薪金、现金共生，成为丽水市首个国家全域旅游示范区。常住人口七普比六普净回流2万多人。

（四）以"铸魂赋能"为核心，厚植精神共富之基。开展垃圾分类，建设绿色建筑，运用绿色节能技术，营造简约质朴、生态低碳、亲近自然的乡村生活。依托修缮老屋建设公共文化设施，建成全县域"15分钟品质文化生活圈"。依托万亩茶园和良好的村落古道系统，开展高等级、高水准赛事活动。深入挖掘祠堂、老宅里的文化遗存，打造清廉建设品牌和红色研学基地。全域常态化开展"法助共富"活动，有效助力乡村"四治融合"。

创新亮点

（一）**集成探索了"拯救老屋"松阳模式**。创造性探索出了符合老屋修缮的"四不"工作机制，有效破解了乡村老屋修缮动员难、监理难、核价难等问题。出版《拯救老屋的松阳实践》，为全国第二批"拯救老屋行动"项目的开展提供了理论和实践经验示范。

（二）**全面增强了"文化自信"内在动力**。以老屋修缮这种群众看得见、摸得着的方式，延续了乡村文脉，增强了社会各界特别是山区群众对乡村的价值认同，吸引新乡人、返乡人，带动乡村培育民宿、文创等新业态。濒临消亡的传统工匠队伍也在不断壮大。

（三）**对外展现了"共同富裕"乡村图景**。乡村共富实践得到了社会各界的关注和认可，作为全国唯一的县级代表团参加了首届联合国人居大会，连续两届举办城乡联系国际论坛。展示了可信、可爱、可敬的中国形象，推动中华文化更好走向世界。

💡 启示

松阳县的"拯救老屋行动"是浙江省山区县践行"八八战略"、保护传统古村落、促进乡村振兴的一个优秀典型。面对发展瓶颈，松阳县大力争取社会资金的支持，同时，以拯救乡村古老建筑和民居为切入点，走出了一条既具松阳特色、又具推广价值的古村落保护的成功路径。

"千万工程"塑美万千乡村

浙江省农业农村厅

实施背景

"千万工程"是习近平同志在浙江工作期间亲自谋划、亲自部署、亲自推动的农村建设的基础工程、优化农村环境的生态工程、统筹城乡发展的龙头工程、造福农民群众的民心工程。

目标成效

全省上下按照习近平总书记的战略擘画,一以贯之、接续奋斗,立足加快让农民就地过上现代化生活,与时俱进推动"千万工程"内涵不断深化、外延不断拓展,从"千村示范、万村整治",到"千村精品、万村美丽",再到"千村未来、万村共富、全域和美",农村人居环境质量走在全国前列。习近平总书记先后三次对"千万工程"作出重要批示。中办、国办发文向全国推广浙江"千万工程"经验。2018年9月26日,"千万工程"获联合国最高环保荣誉——"地球卫士奖"。

主要做法

(一)"千万工程"引领高标覆盖,全域推进农村环境"三大革命"，推动乡村从"整洁美"迈向"生态美"。一是一以贯之抓"垃圾革命"。逐步建立起覆盖全域、运作规范、处理高效、保障有力的农村生活垃圾集中收集有效处理体系。二是一鼓作气抓"污水革命"。深入回应群众期盼，"五位一体"长效管护制度全面建立，乡村劣Ⅴ类小微水体基本消除。

（二）"千万工程"引领共富共美，打造全省域乡村大花园，推动乡村从"局部美"迈向"全域美"。一是高规格召开现场会。每年召开一次"千万工程"现场会。二是高标准构建政策体系。在全国率先制定美丽乡村建设标准，提出高水平建设新时代美丽乡村的实施意见、建设新时代美丽乡村"十四五"行动计划等方案。

（三）"千万工程"引领迭代升维，探索创建未来乡村，推动乡村从"环境美"迈向"生活美"。一是统筹谋划"四梁八柱"。围绕"一统三化九场景"制定指导意见、建设引导、评价办法，建立未来乡村指标体系、工作体系、政策体系和评价体系。二是率先建设数字乡村。创新统建全省贯通的"乡村大脑"＋"浙农"应用体系，打造智慧互联、整体智治的未来乡村图景。

（四）"千万工程"引领文化铸魂，让文明乡风浸润家家户户，推动乡村从"风景美"迈向"风尚美"。一是保护历史文化村落。以等不起的紧迫感、慢不得的危机感、坐不住的责任感，推进历史文化（传统）村落保护利用。二是保护重要农业文化遗产。开展省级重要农业文化遗产普查认定。

创新亮点

（一）率先制定《新时代美丽乡村建设规范》，引领农村人居环境整治向标准化升维。在全国率先开展新时代美丽乡村标准化建设，共制定细化可操作指标 100 项，其中基础性指标 60 项、发展性指标 30 项、否决性指标 10 项。

（二）率先开展历史文化村落保护利用，古村落成为农村人居环境的耀眼明珠和乡愁记忆的重要承载地。一批破旧损毁的古建筑得到抢救性修复，一批濒临失传的历史文化遗产得到挽救，一批损毁严重的历史文化村落重新焕发了生机和活力。

（三）创新打造新时代美丽乡村示范带，在农村人居环境提升行动中推进农民农村共富共美。推广美丽乡村片区化、组团式建设的经验模式，把点状美丽乡村串珠成链为连片风景，打造最美景观带、产业兴旺带、文化传承带、城乡融合带。

启示

　　20 年来，全省上下按照总书记的战略擘画，与时俱进推动"千万工程"内涵不断深化、外延不断拓展，从"千村示范、万村整治"，到"千村精品、万村美丽"，再到"千村未来、万村共富、全域和美"，不断开启美丽乡村、美丽中国建设和乡村振兴的新征程，浙江成为全国美丽乡村建设和乡村振兴的榜样。

巾帼共富工坊

浙江省妇联

实施背景

习近平总书记强调，妇联要把联系和服务妇女作为工作生命线。浙江省妇联坚持以人民为中心理念，将助推"扩中""提低"改革和城乡协调发展作为忠实践行"八八战略"，奋力打造重要窗口，助力浙江省"两个先行"的关键所在。

目标成效

省妇联以"共同富裕巾帼在行动"为主线，深入实施乡村振兴巾帼行动，牵头推进党建引领来料加工式"共富工坊"建设，联合省农业农村厅出台浙江省高质量发展妇女来料加工实施意见并召开现场推进会，探索破解来料加工高质量发展中的痛点难点问题。该做法得到了全国妇联领导的批示肯定。

主要做法

（一）**数字赋能，破题"接单难"**。针对来料加工供需信息不畅、数字化水平低的问题，探索创新来料加工"数字＋工坊"模式，联动省农业农村厅打造"巾帼共富工坊"应用在"浙里家·连心桥"上线并推广使用，打通来料加工供需渠道和数据壁垒，帮助6.1万名妇女灵活就业。全省已建县级以上"巾帼共富工坊"634个，使农村妇女在家门口有活干、有钱赚。

（二）**品牌培育，破题"价值低"。**针对来料加工产品附加值较低等问题，聚力品牌培育，提升价值，指导推动区域联动、山海协作，鼓励经纪人创品牌、创特色，促进妇女来料加工品牌化、产业化发展。依托各地优势资源和特色产业，推动来料加工走"一县一品""一地一特色"发展之路。举办短视频大赛，有效推进山区26县"妈妈的手作"宣传销售。

（三）**队伍建设，破题"本领弱"。**针对来料加工从业人员的技能提升问题，着力建好女经纪人和从业妇女两支队伍，依托"巾帼共富工坊"实施分类培训，引导树立创富带富、勤劳致富理念，提升营销能力和实操技能。在全省组织开展百场"巾帼共富工坊"比学晾晒活动，培育百名优秀来料加工经纪人，注重培育乡村振兴巾帼"领头雁"，多形式提升工坊的影响力、带动力、致富力。

（四）**资源整合，破题"怎么帮"。**针对来料加工政策扶持问题，充分发挥"联"字优势，主动对接农业农村部门，在政策扶持上，对"巾帼共富工坊"吸纳低收入农户就业的，给予低收入农户、来料加工经营主体等适当补助，对带动重点帮促村集体经济发展和低收入农户增收的来料加工场所，给予场地建设和场租费的适当补助。

创新亮点

（一）**数字应用"一键直达"，供需对接越来越准。**全省五级妇联联动推广使用"巾帼共富工坊"数字化应用，有效解决从业人员找活接单难、经纪人接单发单难、货源企业找加工点难等来料加工产业发展痛点堵点问题。

（二）妇女群众"一学就会"，内生动力越来越足。各级妇联因地制宜整合各类培训资源，推动"巾帼共富工坊"常态化举办来料加工技能培训，实现来料加工简单、易学、无门槛。

（三）赋能增收"一站服务"，共富路子越走越宽。各级妇联充分发挥"巾帼共富工坊"展示销售、供需对接、技能培训、创业孵化、政策咨询、公共服务等功能，助推来料加工技能提升、品牌提升、渠道提升，实现一站服务群众增收、企业增效、集体增富。

💡 启示

　　以高质量发展妇女来料加工这一"小切口"服务"大民生"的"巾帼共富工坊"，不仅有效促进妇女群众家门口增收致富，而且推动了"扩中""提低"改革和城乡协调发展，是忠实践行"八八战略"，奋力打造"重要窗口"，奋力推进"两个先行"的创新性探索与生动实践。

国土资源空间"一张图"

浙江省自然资源厅

实施背景

2003年，习近平同志谋划、部署"千村示范、万村整治"工程，要求大力整治农村环境，并运用土地整理政策，把村庄集聚与土地资源的节约利用有机结合起来。浙江省自然资源部门积极探索国土空间综合整治，以空间重构助推生态重生、产业重构、城乡重塑。

目标成效

（一）**盘活土地资源，实现了土地利用提质增效**。实施减量和盘活联动，提升节约集约用地水平，产生城乡建设用地增减挂钩指标6.5万亩，盘活存量建设用地3.6万亩，有力有效促进了土地要素在城乡之间合理流动和高效配置。

（二）**自然生态修复，城乡环境改善**。推进"山水林田湖草"系统治理，推动生态产品价值实现打开"两山"转换通道，促进生态增值。全省已实施各类生态系统整治修复工程面积20万亩，新增清洁田园面积6万亩，极大地改善了城乡人居和生态环境。

主要做法

（一）**统筹谋划，突出全域全要素治理。**从单乡镇拓展到跨乡镇，从乡村空间拓展到城镇空间，从以农用地整治为主拓展到山水林田湖草一体化保护和系统治理，实现由土地整治向规划管控和空间治理转变，为构建新发展格局和高质量发展建设共同富裕示范区提供重要支撑。

（二）**精准施策，优化政策支持体系。**始终以解决基层"急难愁盼"为导向，通过不断探索创新，细化完善了"空间腾挪、永农调优、挂钩奖励、省内调剂、政企合作"等五大支持政策，将土地综合整治与"百千万"永久基本农田集中连片工程有机结合，同步实施，印发了零散林地布局调整、节余指标调剂管理、计划指标奖励等文件，优化了城乡建设用地增减挂钩政策，探索从财政资金、政府专项债、社会资本等多渠道统筹整合资金，激发基层干部群众内生动力。

（三）**强化保障，建立工作推进体系。**在横向上形成了发改、财政、自然资源、生态环境等多部门协同推进机制，纵向上形成了"省管统筹、市级协调、县为主导、乡镇实施"四级联动的工作格局，构建了"政府主导、农民主体、企业参与、部门协作"的工作推进机制，整合资源，集中发力，以钉钉子精神狠抓落实。

（四）**强化监管，坚持数字化改革引领。**因地制宜，算好"五本账"，科学把握好"五个关"，严守"三条红线"，打造更多的示范工程、精品工程。依托省域空间治理数字化2.0平台，打造土地综合整治应用场景，建立集"调查评价、分析研判、监测预警、绩效评估"于一体的应用体系。

创新亮点

经过多年实践，浙江省土地综合整治工作已经成为全国土地综合整治工作的重要样板。涌现出了西湖双浦、德清东衡、嘉善大云、温岭横峰等一批在全国范围有影响力的典型项目。其中，西湖双浦项目入选联合国生物多样性公约《中国生态修复典型案例》。自然资源部也推广浙江省的做法，在全国范围开展试点。2022年11月，省政府印发了《关于跨乡镇开展土地综合整治的意见》，充分体现"优化、盘活、修复、提升"四大整治功能，首批实施33个跨乡镇土地综合整治项目（根据初步方案，涉及总面积572万亩，计划总投资2197亿元，统筹安排子项目1754个），实行"清单制＋责任制＋时限制"管理，画好作战图，确保稳妥有序，早见成效。

💡 启示

面对有限国土空间资源和无限生产生活需要之间的矛盾，浙江人深入贯彻"八八战略"和"绿水青山就是金山银山"理念，在实践中勇于创新、积极探索，针对国土治理无序化、要素利用低效化和生态系统退行化等顽瘴痼疾，历经土地整理、土地整治到土地综合整治的迭代升级，走出了一条"人与自然和谐共生"的发展新路，同时也造就了一个国土资源小省崛起成长为经济发展大省的"奇迹"。

政府要有为有效

"八八战略"评估落实机制

中共浙江省委党校

实施背景

如何确保"八八战略"实施一以贯之、一贯到底？省十五次党代会明确提出，建立健全以年度评估为标志的"八八战略"抓落实机制。根据省委部署，省委党校承担"八八战略"年度评估任务。

目标成效

"八八战略"抓落实机制主要是由评估机制、年度重点工作抓落实机制、重要成果运用和转化机制构建而成。通过"八八战略"评估，推进工作部署，解决突出问题，完善平台抓手，鼓励争先创优。对评估指出的问题，纳入督查整改内容，以评促改、以改促优，更好地推动习近平总书记重要指示批示精神和党中央、国务院决策部署落地见效，使"八八战略"和习近平新时代中国特色社会主义思想在浙江的探索和实践中彰显磅礴的思想伟力和实践伟力。

主要做法

（一）坚持科学评估，强化集大成者。省委高度重视，统一共识、专班运作、压茬推进。一是构建系统指标体系。对照习近平同志在浙江工作期间提出的"八八战略"及相关工作要求等内容，科学设置评估参照系和指标体系。二是运用科学评估方法。综合运用各种研究资料和研究方法进行分析和研判，坚持定性评估和定量评估相结合，采取比较分析法、标杆管理法、关键绩效指标评估法等科学方法。三是凝聚各方协作合力。加强省直部门和市县协作，广泛征求、吸纳相关智库、部门等意见，确保评估经得起检验、有利于工作。

（二）坚持闭环管理，强化督查问效。构建年度重点工作抓落实机制，推动重点工作落实。一是跟踪督促制度化。对评估发现的重大问题，按程序纳入"七张问题清单"，持续跟踪督促整改，形成工作闭环、正向反馈。二是联席问诊常态化。开展常态化联席会议，针对问题定期协商解决，特别是对一些"三不管"等事项，牵头部门积极协调，形成重点问题整改落实闭环管控。三是举一反三长效化。坚持点上整改和面上整改相结合，通过整改建立健全体制机制，不断放大整改效果，推动工作全面落地见效。

（三）坚持理论建设，强化成果转化。全面系统梳理习近平同志在浙江工作时作出的一系列重大决策部署，以及习近平总书记重要指示、党中央重大部署等，深入实施"铸魂溯源走心"工程。一是加强理论研究。打造《八八战略》《伟大思想从何而来》等系列"八八战略"理论成果。推动"八八战略"形成"理论付诸实践、实践上升到理论、再付诸实践"的迭代深化和螺旋上升。二是加强宣传引导。建立健全评估报告发布机制。联动中央、省级主流媒体，省市县三级政务新媒体，打造立体发布体系，形成强大的正面效应。

创新亮点

（一）**建立健全"八八战略"深化落实机制。**通过构建完善体系化、集成化、规范化的评估机制，有效推动"八八战略"落地生根，开出更艳丽的理论之花，结出更丰硕的实践之果。

（二）**探索设立"八八战略"专门研究机构。**成立浙江省"八八战略"创新发展研究院新型专业智库，开展"八八战略"与习近平新时代中国特色社会主义思想研究、"八八战略"与"两个先行"研究，以及"八八战略"综合评估等研究。

（三）**有效推动"八八战略"实施深化提升。**通过以年度评估为标志的"八八战略"抓落实机制，深化认识、主动作为，深入实施"八八战略"强力推进创新深化改革攻坚开放提升，不断取得新突破。

启示

党的十八大以来，浙江省委着力健全深化"八八战略"实践的落实机制，年度评估机制就是其中关键性环节。实践证明，对贯彻落实"八八战略"情况及其绩效进行客观分析、评价，是推动"八八战略"实践迭代深化的有效抓手。评估机制建立的一整套科学评估、闭环管理的运行机制，为健全重大战略和政策的抓落实机制，提供了有益借鉴。

全域数字法院

浙江省高级人民法院

实施背景

习近平同志在浙江工作期间，擘画了数字法院的宏伟蓝图。这些年来，浙江法院忠实践行"八八战略"，秉承深化法治浙江、数字浙江建设的理念、思路和方法，持续推进"浙江全域数字法院"建设，推动打造更高水平的数字正义，努力构建信息时代互联网司法高地，为高质量建设平安浙江、法治浙江注入强大动能。

目标成效

浙江法院在全国率先建成以"浙江法院网＋移动微法院"为主要渠道的一站式现代化诉讼服务体系，以"平台＋智能"为重要特征的一体化办案办公平台，以全流程"电子卷宗的深度应用"为核心的数字办案新模式，以"互联网法院＋ODR"为主要范式的数字空间治理模式，形成了"线上线下深度融合、内网外网共享协同、有线无线互联互通"的"全域数字法院"。浙江省智慧法院建设综合评价连续3年（2019—2021年）居全国第一，移动微法院获评首届人民法院改革创新奖，"共享法庭"、司法公正在线、审判辅助事务集约改革、虚假诉

242

讼协同治理等多项成果引起较大社会反响。

主要做法

（一）**平台化整合，实现全场景的"一网通办"**。整合原有84个业务系统，建设全省法院一体化办案办公平台，实现全省106家法院、1.5万名干警共享平台办案办公，为150余个业务场景提供系统服务；整合律师服务平台、公开网、新闻网各项功能，建成一体化、多功能、智能化的"浙江法院网""移动微法院""智慧法院App"，为诉讼当事人提供触手可及的诉讼服务。

（二）**无纸化应用，实现全流程的"数字办案"**。在全国法院首开先河，探索开展庭审记录改革，并迭代升级为"无纸化办案"改革，实现了立案"不打烊"、审案"走云端"、执行"网上见"，被中央政法委作为"善于运用改革办法破解难题的典型范例"给予肯定。

（三）**智能化赋能，实现全方位的"智慧司法"**。打造"法院智慧大脑"，运用大数据、人工智能唤醒沉睡的123亿条司法数据资源，为各类业务场景提供精准的数据服务、知识服务和智能辅助，加快从"事"到"制"、从"治"到"智"的转变。打造"凤凰智审"系列应用，在AI法官助理"小智"的帮助下，裁判文书自动生成完整率95%以上，当庭宣判率超80%。

（四）**全面制度重塑，驱动全方位司法制度变革**。提炼数字法治理念，体系化推进5个方面119项制度实现改革突破，已形成重大理论成果、制度成果80余个，为形成新的实体规则和网络空间治理规则提供司法实践经验。在线诉讼、异步审理、区块链存证、电子送达等多项制度创新经验被最高法院《人民法院在线诉讼规则》吸收。

创新亮点

（一）推动形成**"互联网＋诉讼服务"**一站式体系。支持网上跨域立案、缴费、证据交换、庭审、送达和执行等全流程、全场景线上服务，构建群众最便捷的诉讼渠道。"移动微法院"迭代升级为全国法院在线诉讼服务统一入口，在疫情期间仍能保障诉讼服务需求，该做法受到法新社等多家外媒的广泛报道，成为浙江一张世界级司法新名片。

（二）推动构建**"平台＋智能"**司法运行新模式。建成全国首个超大规模司法知识图谱，打造形成智能诉服、智慧审判、智慧执行、智慧管理等系列应用。

（三）推动打造**"技术＋制度"**互联网司法高地。在杭州成立全球首家互联网法院，开创互联网司法先河。首创异步审理模式，有效解决"时间差""异地难"带来的诉讼不便。

启示

"全域数字法院"是忠实践行"八八战略"、加快建设高水平"法治浙江"的重要实践。浙江法院以数字化这个时代变量解决法院在传统司法实践中遇到的瓶颈和障碍，推动了业务流程再造、审判执行制度创新、法院工作架构调和业务管理模式重塑，有效破解了当前困扰审判和执行工作中的诸多"堵点"。"全域数字法院"的建设蕴含着数字技术与司法体制机制改革的交互迭变，为数字时代的司法实践提供了全新的、更高效的可行方案，引领打造了极具前瞻性的新时代法院图景，创造了更高水平的公平正义实现机制。

以"三治融合"筑平安根基

嘉兴市

实施背景

2013年，为破解基层社会矛盾多发、政府公信不足、治理质效不高等问题，在桐乡高桥先行先试的基础上，自治、法治、德治相结合的基层治理模式应运而生。2017年，"三治融合"写入了党的十九大报告，十九届四中、五中全会和国家"十四五"规划进一步作出强调，"三治融合"成为推动基层治理体系和治理能力现代化的重要路径。

目标成效

十年来，嘉兴各地坚持"大事一起干、好坏大家判、事事有人管"，推动"为民做主"向"由民做主"转变，有效激发多元主体参与基层治理的热情，最大限度减少矛盾纠纷，整体扭转了"大闹大解决、不闹不解决""信访不信法""信上不信下"的被动局面，推动嘉兴市连续十七年获评省级"平安市"，率先夺取"一星平安金鼎"。

主要做法

（一）**突出党建引领，提升基层治理统领力。**始终把加强党的领导贯彻到基层治理的各方面全过程，深化基层党组织"堡垒指数"和党员"先锋指数"管理，推进基层党建全领域建强、全区域提升。建立新时代"网格连心、组团服务"机制，推动资源在网格集成、任务在网格落实、诉求在网格解决、感情在网格升华。

（二）**突出自治强基，提升基层治理内生力。**通过政府引导，扩大基层自治权力，培育基层自治力量，激发基层自治活力，促进民事民议、民事民办、民事民管。深入开展"三治融合"村（社区）创建，全面推进"易进入、可互动、能共享"的开放式社区"居民会客厅"建设，制定发布《嘉兴市自治、法治、德治"三治融合"建设规范》和《城乡社区"居民会客厅"建设和服务规范》地方标准，强化基层议事协商规范化。

（三）**突出法治保障，提升基层治理执行力。**用足用好市级地方立法权，近年来在建筑垃圾管理、物业管理、南湖保护、文明促进等多个领域制定地方性法规，破解了一系列长期未能破解的社会治理难题。持续开展村（社区）"法治带头人""法律明白人""学法守法示范户"培育工程。

（四）**突出德治教化，提升基层治理软实力。**注重以文养德，运用培训讲座、文艺演出、知识竞赛等多种形式，提升居民的整体文化品位和道德修养。实施农村文化礼堂提质升级工程，扎实推进新时代文明实践中心建设，广泛开展"星级文明户"创建活动。倡导以评树德，充分发挥乡贤、"道德模范"等的引领力，促进化解矛盾纠纷。

创新亮点

（一）**丰富了新时代党的群众路线的基层实践形式。**寓管理于服务，走访连心全覆盖、社情民意全收集、工作资源全下沉、分级分类全处理、服务过程全评价的网格工作体系。

（二）**创新了全过程人民民主保障社会安全的机制。**深化"协商治理"，健全基层治理民意集成、决策沟通、贯彻执行、监督评价的全链机制，保障人民当家作主的权利，有效缓解社会矛盾、增强决策支撑、凝聚社会共识，丰富了"众人的事由众人商量"的制度化实践。

（三）**探索了以数字化加快"共同体"建设的路径。**以线上版"三治融合"——"嘉兴众治"为主阵地，按照共建共治共享的要求，以积分制为牵引，整合政府资源，推动市场主体自觉履行社会责任，加快全民主动参与，实现社会治理"人人都是网格员、个个都是主人翁"。

启示

坚持"三治融合"，是新时代"枫桥经验"的精髓，也是新时期基层社会治理创新的发展方向。经过不断实践探索，"三治融合"已经成为组织动员群众参与社会治理的新机制、预防化解社会矛盾的新手段和推进社会治理现代化的新途径。

"浙"里掌上办事

浙江省政府办公厅

实施背景

习近平同志在浙江工作期间高度重视机关效能建设、强化为民服务宗旨。浙江一以贯之落实总书记系列重要指示批示精神，充分依托全国一体化在线政务服务平台，以数字化改革为总抓手，高质量推进政务服务改革，率先建设"掌上办事之省"。

目标成效

"浙里办"作为群众、企业办事的总入口，综合集成全省政务服务事项与便民惠企服务，从疫情防控到日常生活，从民生小事到家企大事，均可"掌上办、网上办、一站办"。截至目前，"浙里办"实名注册用户数突破1亿，日均活跃用户数300万，汇聚"城乡居民基本养老保险参保登记"等3638项依申请政务服务事项、"健康码"等1800项便民惠企应用、"企业开办"等40件多部门联办"一件事"，推出驾驶证、行驶证、健康医保卡、婚姻登记证等290余本高频电子证照，群众、企业获得感、认同感持续提升。

主要做法

（一）**强化顶层设计，构建全省一体化政务服务体系。**一是建设电子政务"一朵云"。按照全省"统一规划、统一建设、统一运营"指导思想，建设省市两级架构、分域管理、安全可靠的政务云平台。二是打造数据共享"一中心"。建设省市县三级联动的一体化智能化公共数据平台，为各地各部门优化服务流程、实现业务协同提供数据共享支撑。三是构建政务服务"一张网"。建设覆盖省市县乡村五级的一体化在线政务服务平台（"浙里办"），打造全省统一、全国首创的政务服务中台，实现群众、企业办事只进"一张网"。

（二）**坚持体验导向，持续推进政务服务"好办易办"。**一是全面推动省域"一网通办"。推动政务服务事项标准化、结构化和数字化，变"找地域""找部门""找系统"为"找政府"。二是不断推进简表单减材料。按照"应共享尽共享"原则，持续推动业务流程再优化、表单材料再精简、数据共享再提升，稳步提升办事体验。三是全面推进多部门联办"一件事"。聚焦多部门联办"一件事"，支持多部门高效协同，提升群众、企业的办事体验。四是创新政银社合作服务机制。充分发挥政务服务"一网通办"优势，依托农商行基层服务网络，贯通基层政务服务"最后一公里"。

（三）**突出示范引领，积极推动政务服务应用创新。**一是推行"领跑者"模式。充分激发基层改革创新活力，推动基层"领跑者"标准作为全省统一标准，实现"一地创新、全省共享"。二是推进服务综合集成。推出"浙里亲清"等46个主题服务专区，汇聚跨部门、跨层级的政务服务事项与便民惠企应用，支持群众、企业"掌上办、网上办、一站办"。三是全面推进电子证照应用推广。形成"酒店入住"等

148个电子证照场景清单，全面推动电子证照向营商环境优化、移动执法等场景延伸扩面。四是加快推进政务服务跨省通办。聚焦群众、企业跨省办事需求，特别是与人口流动密切相关、受益面广的政务服务事项，加快推进政务服务跨省通办。

创新亮点

中央党校（国家行政学院）发布的《省级政府和重点城市一体化政务服务能力（政务服务"好差评"）调查评估报告》中，浙江省连续多年名列前茅（2020年、2021年并列第一；2022年名列总体指数"非常高"省份）。全国首创、全省共建的政务服务中台在乌镇世界互联网大会上正式发布。在复旦大学发布的中国"掌上好办"指数和《中国省级移动政务服务报告》中，浙江省与上海并列全国第一；在中国软件评测中心发布的《省级移动政务服务能力调查评估报告》中，浙江省和广东综合能力并列全国第一。

同时，注重总结经验做法、升华理论制度成果。先后在中国信息协会、中央党校、国务院办公厅电子政务办公室、新华社、《浙江日报》等国家和地方主要平台刊发宣传推广《浙江省深化政银合作　贯通偏远山区海岛政务服务"最后一公里"》等多篇理论文章；积极制定制度规范，协同国办完成6项国家标准编制，牵头制定《浙江省政务服务"一网通办"管理办法》等9项制度规范。

启示

坚持以人民为中心发展思想，必须高度关注公共服务高效供给。加强"掌上办事之省"建设，需要不断推进省域"一网通办"、简表单减材料、服务综合集成、多部门联办"一件事"、应用推广电子证照、跨省通办等，持续提升对人民群众需求的回应。实现政务服务"一张网"，必须重视电子政务"一朵云"、数据共享"一中心"建设。以数字化改革为索引，奋力打造"掌上办事之省"，是新时代推进政府治理现代化的必然要求。

"城市大脑"让城市更聪明

杭州市

实施背景

2020年3月31日，习近平总书记在杭州城市大脑运营指挥中心考察时作出重要指示："运用大数据、云计算、区块链、人工智能等前沿技术推动城市管理模式、管理手段、管理理念创新，从数字化到智能化再到智慧化，让城市更聪明一些、更智慧一些，是推动城市治理体系和治理能力现代化的必由之路，前景广阔。"杭州牢记总书记的殷殷嘱托，大力推进城市大脑建设，在城市治理上取得明显成效。

目标成效

《中国大数据发展报告（2021）》显示杭州大数据发展指数位居全国第一。清华大学互联网治理研究中心发布的《中国城市资源数字化配置指数研究报告（2022）》显示杭州位列全国第一。杭州一体化智能化公共数据平台被国际大数据公司（IDC）评为2021年度亚太地区优秀应用案例。依托城市大脑推进法治政府数字化转型被中央全面依法治国委员会办公室评为全国法治政府建设示范项目。首席数据官制度被国务院肯定，"杭州城市大脑"荣获2022年浙江省数字化改革

"最强大脑"。2020年,杭州健康码专班被党中央、国务院、中央军委授予"全国抗击新冠肺炎疫情先进集体"称号。杭州市城市大脑运营指挥中心被列入浙江省习近平新时代中国特色社会主义思想研究中心首批调研基地。

主要做法

（一）实现从"数字防疫""数字治堵"等局部探索到"一网统管"综合应用。杭州首创的健康码在国内外广泛推广应用,使用并不断优化浙江省疫情防控精密智控综合集成应用。初步建成战时应急指挥平台,综合集成"防汛防台""数智林水""应急救援处突"等城市应急指挥数字化应用33个,实现突发事件接报后30分钟内现场可视化。聚焦特大城市出行、住房、养老、育幼等领域痛点难点问题系统破解,体系化推进"智慧交通""数智宜居""一老一小"等重大应用场景建设取得阶段性成果。

（二）数字化助力大赛保障和区域协作取得新突破。构建"亚运在线"指挥保障服务综合集成应用,为亚运赛事不同用户群体提供一站式便捷服务。推出"工程在线",实现亚运重点工程项目临期提醒、逾期预警功能,保证了工期节点有序控制。落实总书记唱好杭甬"双城记"的指示,杭甬旅游公园卡实现互通、亚运在线实现共建共享。长三角"一网通办"实现44项对企事项、54项个人事项、6项诉讼事项的跨区域办理。G60科创走廊"一网通办"实现信息共享。

（三）"一网通办"、便民利企等政务服务水平有了新提升。从"一件事"联办入手,推出75个"一件事",再将其中的出生、入学、就业、生活、救助、养老等人的全生命周期中50个最高频的"关键小事"集成为一个应用,实现服务"省心办、无感办、快速办"。实现

93 项医学检验、180 项医学影像检查结果院际互认，现已覆盖全市 250 家医疗机构，累计开展互认 99 万项次。开发上线"民生直达"，惠及特殊困难 171 万人，累计智能秒达助困资金 76.8 亿元。

（四）数据底座不断夯实，数字经济产业取得新发展。 数据全量全要素归集快速推进，全域物联感知网基本形成，智能要素沉淀初显成效。推动成立杭州国际数字交易有限公司，举办国际数字服务与数字产品论坛，成立数字交易联盟、数字交易专家委员会、数据协同创新未来实验中心，推动数据要素市场合规有序发展。

创新亮点

（一）以城市大脑为载体和特色标识，集成大数据、云计算、区块链、人工智能等前沿技术提高城市治理能力。 杭州始终牢记总书记的要求，立足城市是个有机体理念，首创城市大脑，坚持"平台＋大脑"体系，统领数字化改革，有序推进政社银企等数字技术发展，建立城市数字化发展的构架，打造了具有杭州标识度的数字化改革成果。

（二）完善数字化改革领导体系与制度体系，确保改革有力有序推进。 成立市主要领导牵头的数字化改革领导小组，试点首席数据官制度，在全市 115 家市直部门、市属国有企业设立首席数据官、数字专员，出台制度规范，确定专岗专责，为各职能部门的数据资产化、城市大脑建设等提供人才体系专业支撑。注重理论总结和制度建设，跟进梳理相关制度成果和理论成果，强化示范带动作用。

💡 启示

　　城市大脑在推动数字防疫、数字治堵及一网通办、一网统管中具有强大力量，它能够精确掌握不同区域、不同群体甚至不同个体的治理需求及其动态变化，进而指导供给端的服务流程再造和公共资源配置，更加准确地回应差异化、个性化的治理需求，实现城市治理智能化。数字化改革的进阶则是让数字技术本身从单纯治理工具转变为治理主体之一，让数据驱动公共治理，在一些理性程度要求较高的领域和层面，替代传统的治理主体，重塑城市治理的组织形态和机制过程，实现城市治理智慧化。

新时代"枫桥经验"

诸暨市

实施背景

2003年，习近平同志指出，"要充分珍惜、大力推广、不断创新'枫桥经验'"。2013年，习近平总书记又作出重要批示，要求把"枫桥经验"坚持好、发展好，把党的群众路线坚持好、贯彻好。作为"枫桥经验"发源地，诸暨市始终把坚持好、传承好、发展好"枫桥经验"作为重大政治任务，进一步推动新时代"枫桥经验"向全市域延伸、在各领域创新。

目标成效

诸暨市坚定扛起"枫桥经验"发源地担当，着力推进治理机制革新、理念更新、模式创新，新时代"枫桥经验"坚持发展制度更加完善。"枫桥经验"先后被写入党的十九届四中全会《决定》、五中全会《建议》、六中全会《决议》和党的二十大报告，标志着新时代"枫桥经验"成为推进国家治理体系和治理能力现代化的有机组成部分，也成为中国式现代化的重要组成部分。2021年来，诸暨市先后创成平安中国建设示范县、全国首批信访工作示范县和全国法治政府建设示范市，获评全国公安机关执法示范单位，实现政法领域国家级最高荣誉"大满贯"。

主要做法

（一）**强化"一个统领"，把党的领导贯穿始终**。党的领导是坚持发展新时代"枫桥经验"的根本保证和最大优势。以"党建引领乡村治理"试点建设为引领，深入实施"红色根脉强基工程"，大力推广"党建＋"模式，创新推行"支部建在小区上""支部建在网格上"，进一步拓宽政治引领、思想引领、组织引领、能力引领、机制引领的渠道，推动党组织的服务管理触角延伸到社会治理每个末梢。

（二）**紧扣"一个主体"，把群众路线贯穿始终**。习近平总书记指出，"始终坚持把实现、维护和发展人民群众的根本利益作为学习推广'枫桥经验'的出发点和归宿点"。诸暨市坚持把以人民为中心的发展思想落实到基层治理全过程，健全优化"发动群众、组织群众、依靠群众"体制，创新落实为民办实事长效机制，深化落实驻村指导员、民情日记等工作，真正让人民群众成为社会治理的直接参与者、最大受益者和坚定支持者。

（三）**聚焦"三治融合"，把系统方法贯穿始终**。诸暨市充分发挥自治强基、法治保障、德治教化作用，进一步优化社会治理体系，着力提升社会治理社会化、法治化、智能化、专业化水平。坚持基层事务靠自治，全面推广"三上三下"民主议决事制度，推行村级重大事项民主治村制度。坚持社会秩序用法治，高水平推进严格执法、公正司法、全民守法，加快打造"枫桥式"执法智治系统和"枫桥式"公安派出所、司法所创建。坚持乡风文明重德治，大力推进"浙江有礼、'枫'尚诸暨"文明新实践行动，柔性治理效能持续凸显。

创新亮点

（一）**治理方式由传统向数智迭代。**聚焦数字化改革和现代化治理"双向融合"，健全完善"需求采集—功能分析—场景开发—实战检验"机制，全面深化数字"枫桥经验"建设，迭代升级"枫桥式"治理大脑，加快打造一批"枫桥经验"集成创新示范场景。

（二）**治理重点由末端向源头聚力。**深化运用"枫桥经验"抓早抓小的核心内涵，坚持前置防线、前瞻治理、前期处置、前端控制，健全重大事项社会稳定风险评估"五步"工作法，大力推进全国"智慧安居"试点建设，真正把矛盾消解于未然、将风险化解于无形。

（三）**治理平台由分散向集成转变。**建成运行市级社会治理中心，用足用好"基层治理四平台"和全科网格，推动"党建网"与"治理网"双网合一，实现"部门集合、服务集成、数据集中、治理集效"，真正做到老百姓"只进一扇门、能办所有事"。

启示

传承、弘扬"枫桥经验"是落实"八八战略"，建设"平安浙江"的有机组成部分和有力举措之一。坚持好、发展好"枫桥经验"，需要不断丰富和发展"枫桥经验"的内涵和处延，始终坚持党的领导和党建引领社会治理，坚持把以人民为中心、党的群众路线贯彻于社会治理全过程，坚持系统思维系统方法，把"三治融合"有机地结合为一个整体，把现代科技引入基层社会治理，不断完善基层社会治理工作方法。

"民呼我为"让民众更温暖

浙江省信访局

实施背景

2003年，习近平同志赴杭州市翠苑一区调研保持共产党员先进性教育工作，并教导社区干部"民有所呼，我有所应；民有所求，我有所为"，为打造民呼我为工作体系提供了基本遵循。多年来，浙江省始终沿着习近平总书记指引的方向，全面践行以人民为中心的发展理念，全力做好"了解民情、集中民智、维护民利、凝聚民心"的群众工作。

目标成效

2021年9月，在浙江省统一政务咨询投诉举报平台的基础上，浙江迭代建设民呼我为统一平台。2021年12月17日，浙江省召开历史上第一次省委信访工作会议，提出打造民呼我为工作体系，由省委办公厅牵头，省信访局负责，以数字赋能和机制创新为动力，精准靶向破解传统信访工作中民呼渠道分散、业务模块孤立、系统治理困难、分析研判滞后等问题，奋力打造浙江省信访工作金字招牌。

主要做法

（一）**打造民意全归集的民呼端。**民呼端设置"浙里呼""浙智汇""浙里听"三个场景，为群众打造一键通达、高效便捷的集成服务端。目前，各类民意渠道197个，归集数据5300多万条，同时与省委宣传部、网信办、公安多部门就微信、抖音等多跨应用互融互通，构建全媒体民意矩阵。着力构建全过程人民民主参与体系，推动群众"金点子"转化为全省经济社会发展的"金钥匙"。

（二）**打造流程全闭环的办理端。**将民意需求根据履职主体不同，重塑分类体系，在办理端设置"信访事项一件事""基层事项一件事""社会事项一件事"三个场景，对"一件事"实行全生命周期管理。"信访事项一件事"，构建了受理、转送、交办、督办、答复、评价、回访、复查复核闭环体系，做到由内而外的多跨集成。"基层事项一件事"，融入"141"体系，联通基层智治综合应用。

（三）**打造责任全链条的治理端。**治理端以"双向规范""双向追责"为主线，设置"责任溯源""依法规制"两大场景，有效破解合理诉求解决难、不合理诉求规制难。"责任溯源"场景对合理信访诉求实行"双查三建议"，既要查源头引发问题的原因，又要查过程责任落实情况。

（四）**打造感知全智能的决策辅助端。**决策辅助端设置"质效监测""重大信访问题清单""一图一指数""三项建议权行使""预测预警预防和分析研判""数字档案"六个场景，助力整体智治。通过汇聚民呼我为大数据资源，辅助党委政府决策，推动工作考核、预测预警、态势分析、工作改进、案例剖析等功能一屏呈现，实现实时监测、实时考核、实时分析三大功能。

创新亮点

浙江省创新贯彻落实《信访工作条例》，在全国率先建成了信、访、网、电"四位一体"的民呼我为统一平台，构建了畅通便捷、务实高效、规范有序、权威管用的民意办理主渠道，打造了接受人民群众监督、为人民群众服务的主平台，形成了民意即时感知、办理透明规范、问题高效化解、风险精准预测、党群政民良性互动的社会治理新局面。民呼我为统一平台坚持改革和应用一体推进，形成了"4端15场景65模块"的总体架构，为信访工作插上数字化的翅膀。国家信访局评价：浙江省民呼我为统一平台建设，做成了国家信访局想做又没有做成的大事，在全国树立了标杆，引领了信访改革未来。

💡 启示

民呼我为统一平台的建设和发展，生动践行了以人民为中心、政府即平台的理念。新时代贯彻落实习近平总书记"民有所呼，我有所应；民有所求，我有所为"的要求。需要持续迭代升级民呼我为统一平台，强化民意即时感知、风险精准预测等功能，提升群众获得感和满意度。在系统建设层面提高跨层级、跨部门、跨主体的开源性，在民意回应层面充分融入并激发社会力量，在优化运行层面推进数字技术与传统治理机制的竞争与融合，是下一步工作的可能方向。

数字政府　整体智治

浙江省政府办公厅

实施背景

2003 年 7 月，习近平同志在浙江省委十一届四次全会上提出"八八战略"。浙江坚定不移沿着"八八战略"指引的路子走下去，从机关效能建设开始，先后推进"四张清单一张网""最多跑一次"、政府数字化转型、数字政府建设，打造"整体智治、高效协同"的现代政府。

目标成效

坚持以习近平新时代中国特色社会主义思想为指导，深刻领会习近平总书记"以数字化改革助力政府职能转变"的重要论述，以"技术融合、业务融合、数据融合，跨层级、跨地域、跨系统、跨部门、跨业务"为推进路径，以政务应用系统"集约建设、互联互通、协同联动"推进"放管服"核心业务系统重塑，推动公共服务普惠便利化、政府管理透明公平化、政府治理精准高效化、政府决策科学智能化。

主要做法

（一）**泛在可及，智能速办，构建普惠便利的公共服务体系。**一是大力推进政务服务"一网通办"。以"浙里办"为企业和群众办事服务总入口，创新"网上一站办、大厅就近办、基层帮你办、全省统一办、无感智能办"模式。二是持续优化数字营商环境。打造"全景式、全链条、数字化"数字营商治理模式。三是着力抓好民生"关键小事"。围绕出生、入学、就业、生活、救助、养老等全生命周期，梳理高频、高权重公共服务关键"小事"共70件。

（二）**规范精准，服管融合，构建公平公正的执法监管体系。**一是深化"互联网＋监管"一体监管改革。依托全国一体化在线监管平台，健全守信激励和失信惩戒机制，推行"综合查一次"组团执法。二是推进"大综合一体化"行政执法改革。打造"大综合一体化"执法监管数字应用，集成39个部门行业信用评价系统、32个风险预警监测系统、11个非现场监管系统，推出43件"监管一件事"、241项监管事项，实现部门与部门之间、审批与监管之间、乡镇与部门之间的多跨业务协同。三是加强"重点新兴领域"智治监管改革。聚焦平台经济、网络餐饮安全、电动车安全、药品安全等新兴领域，创新运用新型监管手段，实现行业智治，推动算法向善体系的形成。

（三）**全域智慧，创新模式，构建贯通一体的协同治理体系。**一是聚焦稳进提质，深化经济调节治理。打造经济调节 e 本账、产业链"一链通"、关键核心技术攻关等一批重大应用。二是聚焦碳达峰碳中和，深化生态保护领域治理。上线浙里生态价值转化、浙里无废城市、浙里"九龙联动治水"等一批重大应用。三是聚焦除险保安，深化基层风险治理。不断创新以数据资源为基础、多方参与的社会治理模式，在防疫、应急处置、安全生产等社会风险集中的领域，推出一批基层治理"一件事"集成改革项目，打造一批"大脑"型应用。

创新亮点

（一）**理念创新**。数字政府运用数字理念、数字思维、数字技术，融入政府服务和治理的各领域全过程，以数据流整合提升决策流、执行流、业务流。

（二）**流程创新**。以技术和制度的双轮驱动，推动政府核心业务流程再造、制度重塑、系统变革，不断提升政府治理体系和治理能力现代化水平，让企业和群众随时随地享受优质政务服务，是打造"整体智治、高效协同"现代政府的时代路径选择。

💡 启示

从机关效能建设、"四张清单一张网"、"最多跑一次"、政府数字化转型到数字政府建设，浙江不断迭代政府管理与创新，生动体现出政府不仅是运用数字技术的大型组织，更是调节数字时代经济社会发展的关键主体。以2022年国务院发布《关于加强数字政府建设的指导意见》为标志，中国数字政府建设进入全新阶段，浙江要立足自身实际，继续迭代升级数字政府的组织、制度和流程，为中国数字政府建设贡献更多浙江元素和经验。

数字检察　监督更强

浙江省人民检察院

实施背景

浙江省检察机关牢记习近平同志在浙江工作期间对检察机关"敢于监督、善于监督、勇于开展自我监督"的殷切嘱托，在全力推进数字化改革、政法领域全面深化改革中以"数字检察"赋能社会治理能力现代化。

目标成效

浙江省检察机关深入推进"数字赋能监督、监督促进治理"的法律监督模式变革，探索"个案办理—类案监督—系统治理"的数字检察路径，有效破解法律监督线索发现难、监督工作碎片化、社会治理难落地等问题。2022年，"推进法律监督模式数字化变革"被列入省委"牵一发动全身重大改革项目"；最高人民检察院检察长张军高度评价指出数字检察"无异于执法司法领域一场深刻的数字革命"。

主要做法

（一）打通数据渠道，激发数据要素动能，确定"敢于监督"的根本立场。一方面，深挖内部数据资源。全省检察机关通过开发、整合检察业务、控告申诉等数据，运用到分析研判中，为法律监督提供大量线索。另一方面，打通外部数据渠道。围绕"以刑事案件为突破口，以电子卷宗为核心，梳理数据流、业务流、决策流、资产资金流，打通政法各单位办案平台，通过业务协同、数据共享和流程再造，克服机制梗阻。

（二）数据赋能监督，搭建精准监督平台，发挥"善于监督"的数字能力。以"两端三中心"为架构，"两端"指业务端和治理端，业务端基于检察职能，治理端聚焦监督治理的领域。"三中心"作为数字办案的主场地，一是"数管中心"，检察官根据监督需求，在该中心完成各类数据申请，当前已纳入四大类共2.4亿余条数据。二是"建模中心"，将数据输入、输出和常用分析算法封装成"算子"，检察官将个案中发现的规则，通过"算子"拖拉拽创建监督模型，从数据中筛选出类案线索。三是"场景中心"，下设监督办案指引、监督模型和监督应用三个子中心，分别实现文档、模型和应用层面的"一地突破、全省共享"。

（三）监督推动治理，夯实基层治理体系，锚定"勇于开展自我监督"的目标要求。数字检察将监督类案深化为治理场景，促进法律监督与社会治理的深入融合。如台州市检察机关通过数字化手段办理了违规领取政府补（救）助资金案件共计60余件，并积极推动社会治理，推动在台州首创跨区域、跨层级的政府补（救）助资金闭环监管，进而促发省级、国家部委出台《关于做好监狱在押罪犯信息共享和社会保险待遇问题核查处理工作通知》。

创新亮点

（一）重塑法律监督的功能价值。数字检察颠覆创新法律监督手段，最大限度激发"数据"对法律监督工作的放大、叠加、倍增作用，为检察机关依法能动履职带来了全新的赋能手段；重新定义法律监督功能，把以往追求个案正义提升到实现类案监督、促进系统治理的更高要求上，全面提升、放大法律监督在社会治理现代化中的功能价值。

（二）形塑法律监督的技术机制。探索搭建大数据法律监督应用、协同共治应用、政法一体化办案应用平台，为"个案办理—类案监督—系统治理"大数据法律监督路径提供支撑，通过个案要素梳理、数字碰撞来突破类案，再从类案背后存在的深层次问题入手，促进系统治理。

启示

　　把数字革命作为检察工作创新发展的"新引擎"，是检察机关聚焦新时代检察事业发展的重要使命职责。以"数字检察"赋能新时代法律监督高质量发展，能够为新时代检察工作适应数字文明提供重要实践路径，有助于推动法律监督模式重塑变革。以数字驱动检察工作创新发展，是检察机关融入新时代科技革命、实现法律监督高质效、促进社会治理现代化的一项重大改革，不仅有助于在实践层面展开新探索，也有助于在理论层面为检察制度理论体系注入新的时代内涵、开启新的时代命题。

矛盾纠纷"终点站"

湖州市

实施背景

2005年8月15日，习近平同志来湖州德清接访人民群众，作出"来访群众是考官，信访案件是考题，群众满意是答案"的"两考一答"深切嘱托。湖州以此为遵循，打造形成全国首创的标准化矛盾纠纷调处化解综合体。

目标成效

矛调综合体以"小切口、大治理"模式，成为市域社会治理现代化的"牛鼻子"。一是矛盾化解率更高。自运行以来，共化解矛盾纠纷11.3万余件，成功率提升32%，工作效率提升122%。二是群众安全感更足。2021年平安考核全省第一，群众安全感满意度始终保持全省前列。三是示范引领性更强。多位中央和省部级领导实地调研县级矛调中心并给予高度肯定，这两年省内外来湖考察矛调中心人员达796余批10300余人次。

主要做法

（一）**坚持系统思维，打造"一站式"解纷体系。**一是体系设计。成立市矛盾纠纷调处化解中心建设指导小组，形成县、乡、村三级"136"比例分级化解的上下联动工作格局。二是功能融合。整合社会治理综合信息指挥中心、人民来访接待中心等九大功能中心和诉调、警调等八大专调委于"一中心"，设置"一站式"接待大厅、领导接访室、综合指挥室等功能室以及20余个专业窗口。三是标准建设。在全省率先推进三级矛调中心（站）标准化建设，推动矛盾调解标准化工作机制和要求持续向基层延伸。

（二）**突出法治理念，生成"终点站"示范样本。**一是完善法规"架梁柱"。2020年8月，发布全省首部《县级社会矛盾纠纷调处化解中心运行与管理规范》市级地方标准。2021年7月，颁布实施全省首部《湖州市预防和化解矛盾纠纷条例》地方性法规。二是规范流程"铸闭环"。进一步健全"矛盾纠纷调处—司法确认—诉讼引调—代理诉讼"的全链条机制。三是深度宣传"强内核"。以矛调中心为主阵地，抓好党政机关、乡镇工作人员、一线执法人员的普法教育培训。以政法融媒体为主平台，开展普法宣传、以案说法。

（三）**聚焦群众满意，创新"多样化"服务模式。**一是数字赋能"有效"。聚焦群众"急难愁盼"问题，开发了一批具有本地特色的应用场景。如安"薪"云应用场景。二是多元联调"有感"。五年来，化解群众关切的物业邻里、劳动工资、经济金融、房屋租赁等矛盾纠纷3.4万余起，群众满意率达98%以上。三是集成解忧"有质"。实现"三官一律师"进村全覆盖，矛盾纠纷化解响应率达100%、成功率达99%以上、满意度达99.5%。

创新亮点

矛调综合体为新时代"枫桥经验"创造了新形式，为共建共治共享社会治理共同体注入了新内涵，创新形成"五个一"成果：一个全新体系架构。市级成立专门机构，区县成立党委、政府直属的事业单位，三级矛调中心（站）全覆盖。一套综合信息系统。打造了一套全链条贯通的矛盾纠纷调处化解综合信息系统，矛盾纠纷调处从"最多跑一地"实现"线上跑掌上办"。一组闭环运行机制。打造了矛盾纠纷预警、监测、识别、受理、处置、反馈的全流程闭环管理机制。一批优秀专业队伍。打造全国唯一最全系矛调方阵。一套条例法规标准。颁布实施全省首部法规，出台全省首部标准及系列配套文件，为矛调工作开展提供了法律依据和规范指引。

💡 启示

持续加强"平安浙江"建设，需要创新发展"枫桥经验"并赋予新的时代内容，通过建立运行有效的体系架构、反应灵敏的信息系统、管理规范的运行机制、阵容齐全的专业队伍，用法治思维和法治方式来增进和谐、化解纠纷，不断提升基层治理效能。要充分发挥党委政府部门的统领性、专业性和人民群众的积极性，依靠群众、发动群众，把矛盾化解在基层、把问题处理在家门口，强化矛盾纠纷的源头治理，不断提高人民群众的安全感与满意度，构筑共建共治共享的社会治理新格局。

党建统领＋数字智治

衢州市

实施背景

2006年8月，习近平同志在衢州调研基层基础工作时提出，要"抓好以党组织为核心的基层组织建设和干部队伍建设，形成全方位覆盖基层的工作网络"。近年来，衢州市突出党建统领基层治理工作主线，以数字化改革为牵引，形成了"党建统领＋数字智治"新模式，推动基层治理效能实现整体跃升。

目标成效

衢州市按照省委关于构建"县乡一体、条抓块统"基层治理模式的决策部署，坚持党建统领、强化数字赋能，持续深化"县乡一体、条抓块统"改革，扎实推进基层智治系统建设。2022年，在办件量上升34.6%的前提下，月均处置时长下降了19.3%。在数字化改革综合评价中，衢州市基层智治系统建设连续四次位列全省第一档，连续两年荣获浙江省改革突破奖金奖，相关改革做法被省委肯定为基层治理现代化的"衢州经验"。

主要做法

（一）**坚持党建统领，推进基层治理机制全面强化。**一是强化责任体系建设。坚持书记抓、抓书记，市委主要领导示范引领。二是加强党对基层治理的全面领导。发挥各级党委在基层治理中总揽全局、协调各方作用，努力把基层党组织的政治优势、组织优势转化为治理效能。三是构建一呼百应的集成服务体系。探索开发"邻礼通·三民工程"应用，实现精准聚焦、定向服务。

（二）**坚持扁平一体，推进基层组织体系优化重构。**一是镇街差异化管理。将全市103个镇街分成中心镇、生态型、复合型、城区型和城郊型5大类，以差异化政策资源调配机制和工作目标考核机制。二是平台模块化运行。标准化设置党建统领、经济生态、平安法治、公共服务4个平台，形成"1个镇街综合信息指挥室加4个平台"的运行架构。三是干部岗位化管理。将行政事业、部门派驻、编外人员全部纳入岗位管理，按需设岗、定责定岗。

（三）**坚持"141"迭代，推进综合指挥枢纽高效运行。**一是建强社会治理中心。将县级矛调中心迭代升级为社会治理中心，打造县域治理综合体。二是重组综合信息指挥室。加强镇街综合信息指挥室规范化建设，建立健全事项的受理、分析、流转、处置、督办反馈、考核等闭环管理机制。三是夯实基层网格。构建全科网格责任共同体，推行"网格＋"融合治理模式。

（四）**坚持实战实效，推进"162""141"两大体系衔接贯通。**一是推动应用贯通。梳理编制延伸到镇街及以下层面的应用清单、事项清单。二是优化平台贯通。健全县乡两级综合指挥体系，构建市级事件中枢，归集任务事件，推动数据资源下穿，实现"162"与"141"

系统双向贯通。三是深化机制贯通。建立健全贯通事项的准入审核、动态管理和退出机制，做好重大应用的增量开发、迭代升级，为基层减负赋能。

创新亮点

（一）**创新突破体制机制障碍**。以基层治理"一件事"为突破口，通过权责重构、资源重配和体系重整，破解县乡断层、条块分割的体制障碍。通过数字赋能，打造干部"四维考评"等一批特色鲜明的改革成果，开发了"邻礼通"等一批可学习、可借鉴的基层治理现代化应用场景，推动改革从盆景到风景到全景。

（二）**探索建立整体智治格局**。线上线下联动迭代"一中心四平台一网格"，基层智治综合应用、基层智治大脑全面运行推广，有效承接"162"体系向县、乡、村微观落地，形成横向联动、纵向贯通、整体推进的治理格局。全面融入共同富裕示范区建设，以县乡权责重塑、流程再造、制度重构来牵引打造共建共治共享的基层治理共同体。

💡 启示

　　基层治理创新要牢牢把握党建统领基层治理的工作主线，坚持系统思维、整体思维和创新思维，以治理理念创新推动基层治理效能整体跃升。坚持和发展构建和谐社会的重心在基层的理念，以数字化改革为牵引，推动"县乡一体、条抓块统"的基层治理模式迭代升级，有助于破解长期以来基层治理存在的人、事、职、责、权不统一、不匹配的弊端，形成整体化的协同改革创新方案。

文化是根和魂

"衢州有礼"诗画风光带

衢州市

实施背景

习近平同志在浙江工作期间，曾对衢州提出了"生态是衢州最大的比较优势，最响亮的品牌""要努力把生态优势转化为特色产业优势，依靠'绿水青山'求得'金山银山'"等重要指示。多年来，衢州始终遵循总书记指引的方向，不断探索拓宽"两山"转向新路径，建设"衢州有礼"诗画风光带就是其中的重要实践。

目标成效

衢州以"园区化理念、平台化方式"谋划建设"衢州有礼"诗画风光带，打造乡村振兴示范带、未来社区先行地、幸福产业大平台和改革创新试验区。目前，沿江公路和绿道全线贯通，未来农业园区、"龙之梦·六春湖"等一大批美丽经济幸福产业纷纷落地，实现村集体经济经营性收入30万元行政村全覆盖，农民人均可支配收入年均增长10%以上。2020年10月，"衢州有礼"诗画风光带被评为全省"乡村振兴十大模式"之首。

主要做法

（一）"一张蓝图"谋定诗画风光带。一是摸清资源底数，充分发挥诗画风光带沿线自然生态、历史人文、土地资源丰富的优势。二是明确发展定位。按照省委、省政府对衢州提出的"大花园核心区"定位要求，一张蓝图绘到底，努力把诗画风光带打造为长三角一流滨水休闲游目的地和自驾游首选地。三是强化规划统筹。按照"1＋6＋1"的体系抓好顶层设计，高标准、高质量编制诗画风光带概念性规划与产业发展规划。

（二）"一套机制"开发诗画风光带。一是明确"五个率先"，成立由市委、市政府主要领导任双组长的高规格开发建设领导小组。二是按照"领导小组＋工作专班＋大花园集团"工作机制，建立市县联动工作推进体系。三是建立财政资金统筹机制，保障诗画风光带资金与项目用地需求。

（三）"一批项目"支撑诗画风光带。一是坚持错位发展、彰显特色、市县联动、示范推进原则，高标准推进"1＋5"示范段建设。二是聚焦"3＋X"农业主导产业，高质量开展未来农业园区创建。三是按照"一统三化九场景"的要求，高品质打造未来乡村连片发展实验区。

（四）"一组改革"激活诗画风光带。一是以强村造血为目标，开展集体经济市场化改革。二是开展农村土地制度改革，加快推进土地集中连片流转，创新村集体代耕代种、确权不确地等做法。三是开展"两山合作社"改革，建立市县乡一体的农村产权交易中心，强化平台市场配置、招商引资和溢价作用。

创新亮点

（一）**打破行政界限，构建了市县一体的工作推动新格局。**打破县（市、区）行政界限，规划了一条串联全市域6个县（市、区）、47个乡镇和377个行政村的空间带，市县一体打造推进乡村振兴、共同富裕的大平台。

（二）**注重统分结合，充分激发了各区块的工作积极性。**在坚持市县一体的基础上，明确提出"四个统筹"工作要求，"统"好规划、项目、要素、开发、品牌，"分"出特色、重点、时序、优劣，形成市县之间、条块之间、政府和市场之间的化学反应。

（三）**创新运营模式，确保风光带建设取得实效。**发挥市大花园集团国企优势，做好绿道、水面、田园、驿站、停车场等资源一体化运营；在村级点上，通过"国企＋村集体＋企业""企业＋村集体""第三方有偿运营"等模式开展村庄运营。

启示

以文化的理念提升乡村品位是新时代推动乡村振兴战略实施的有效路径。提升乡村振兴的整体品位，可以通过打造乡村振兴示范带、未来社区先行地、幸福产业大平台和改革创新试验区等，深入挖掘乡村优秀传统文化内涵与文化价值，推动乡村精神文明建设和实现精神富有，推动乡村文化旅游的全面发展，将城市文化品牌辐射到乡村，使乡风文明达到新境界。

盛世浙学　文润浙江

浙江省社科联

实施背景

2005年9月，在习近平同志的倡导和部署下，浙江省擘画实施"浙江文化研究工程"，这也是全国哲学社会科学领域首个特大型省级学术研究项目。17年来，浙江文化研究工程始终秉持"真""情""实""意"工作总要求，指引浙江文化建设由文化大省递进到文化强省，打造新时代文化高地，取得了丰硕成果。

目标成效

浙江文化研究工程按照习近平总书记亲自设计的"今、古、人、文"四大板块布局，认真梳理浙江当代发展实践历程，全面探究浙江历史文化肌理脉络，全面展示浙江深厚历史文化底蕴。经过17年努力，工程已累计设立重点课题1569项，形成2500余部社科学术专著，其中1500余部已经出版，其学术创新成果以"盛世浙学"名义成为杭州国家版本馆的重要展示内容。2020年9月在工程实施15周年座谈会上，省委主要领导指出，浙江文化研究工程是推进文化建设最具标志性的成果之一。

主要做法

（一）**三期迭代升级，接续推进文化研究**。2005年，《浙江文化研究工程（第一期）实施方案》确立了浙江历史文化和当代发展两条研究主线，并制订专项政策保证工程的顺利实施。2017年的第二期实施方案突出习近平同志在浙江工作期间提出的区域发展方略、党的十八大以来治国理政的新理念新思想新战略、浙江史前文明对中华早期文明的贡献等内容，推动工程的换挡增速、转型升级。2021年以来，形成的第三期实施方案（送审稿）突出习近平新时代中国特色社会主义思想在浙江的萌发与实践，突出系统整理未刊文献、地方文书、珍贵档案等浙江历史文献，突出建构"新时代浙学"的新目标。

（二）**四大板块嵌套，合力塑造文化品牌**。浙江文化研究工程涵盖"今、古、人、文"四大板块布局。"今"即浙江当代发展研究，重点关注浙江现象、总结浙江经验、提炼浙江特色。"古"即浙江历史文化专题研究，重点关注浙江文化的起源、发展、变迁及其历史地位和影响。"人"即浙江名人研究，重点研究在浙江历史上产生重大影响名人的生平、思想、业绩与贡献。"文"即浙江历史文献整理，重点收集、整理、研究浙江经济、政治、文化、社会等领域的重要史料文献。

（三）**内外统筹兼顾，联动打造文化高地**。在项目研究团队组建上，广泛延揽整合省内外、海内外的专家学者参与项目研究，确保科研团队整体实力能够堪当工程项目的研究任务。对于部分重大项目，适时组织召开项目论证会、开题会、协调会和推进会，坚持精品立世，科学合理规划，形成工作机制。

（四）**省市协同联动，深入挖掘文化底蕴**。2021年，浙江文化研究工程成立了省市文化研究工程协调小组，建立省市县联动机制，大力推进南孔文化、诗路文化、吴越文化等地方优秀传统文化研究，为推进文化浙江建设和打造新时代文化高地注入更多的源头活水。

创新亮点

（一）**发扬首创精神，创新构建哲学社会科学新载体。**浙江文化研究工程不仅是浙江省最大的社科专项研究工程，也是国内哲学社会科学领域首个省级特大型学术创新载体。

（二）**发扬钉钉子精神，一张蓝图绘到底。**17年来，历任省委主要领导直接担任工程指导委员会主任，多次就工程的规划实施作出重要指示，迄今为止，工程已取得了具有鲜明浙江辨识度、高水平的丰硕学术成果，不断书写新时代文化高地新篇章。

（三）**发扬实干精神，打造新时代浙江学术品牌。**工程始终坚持精品立世的学术定位，获得了良好的学术效益和社会效益。2022年"中国历代绘画大系"成果展在中国国家博物馆举办，杭州国家版本馆也开设专门展厅，传播展示浙江文化研究工程重大学术成果，其成果多次受到主流媒体的专版报道。

💡 启示

深入贯彻实施"八八战略"关于"加快建设文化大省"的重大战略部署，要坚持做深做实"浙江文化研究工程"等重大品牌项目。"浙江文化研究工程"需要始终秉持"真""情""实""意"的工作总要求，培养一支拥有高水平学科带头人的学术梯队，总结提炼浙江文化的历史内核与当代价值，展现中国气派和浙江特色，推动浙江文化建设由文化大省递进到文化强省。

10分钟品质文化生活圈

嘉兴市

实施背景

习近平同志在浙江工作期间多次强调："努力建立健全公益性文化事业服务体系，提高公共文化服务能力，把为人民服务、为社会主义服务真正落到实处。"嘉兴市紧紧围绕"具有嘉兴特色、东部地区示范、全国领先的现代公共文化服务体系"的总目标，以"10分钟品质文化生活圈"建设为抓手，持续推进现代公共文化服务体系建设，着力破解公共文化发展不平衡不充分问题。

目标成效

2016年，嘉兴市以优异成绩成功创建国家公共文化服务体系示范区，并已连续9年在浙江省地市基层公共文化服务评估指标排名中位居第一，实现"九连冠"。在文化和旅游部组织的第一、二批国家公共文化示范区创新发展复核中，嘉兴在全国东部一、二批18个示范区城市总排名中位居东部地区榜首，城乡公共文化服务创新发展成效得到文化和旅游部通报表扬。

主要做法

（一）**以"两个文化"为内核，提升文化生活圈精神引领力。**建设重大文化设施。成功创建南湖革命纪念馆为国家一级博物馆。先后完成南湖湖滨区块、子城遗址公园、马家浜文化博物馆等文化新地标建设。开展重大文化活动。立足中国革命红船起航地站位，高质量办好系列重大庆祝活动。特别是在庆祝建党百年的重要节点，圆满完成中央和省级重大活动25项、群众性文化活动1000多项。创作重大文艺作品。原创音乐剧《五姑娘》获第十一届中国文化艺术节政府奖"文华大奖"与中宣部第十届精神文明建设"五个一工程"奖。民族歌剧《红船》获中宣部第十六届精神文明建设"五个一工程"奖。

（二）**以总分馆制为机制，打造文化生活圈城乡一体服务模式。**2005年起，在全国率先启动图书馆总分馆制建设，形成了覆盖城乡的图书馆"中心馆—总分馆"服务体系，统筹了农家书屋与公共图书馆融合发展，以"四智"理念推进智慧书房建设，打造功能综合的礼堂书屋文化空间。2020年以来，文化馆总分馆制延伸到企业，破解了文化馆服务长期存在的体系内循环现象，统筹了城乡文化资源和社会文化资源。嘉兴创新制定的图书馆总分馆、文化馆总分馆建设管理和服务规范，均已上升为浙江省级地方标准。

（三）**以需求为导向，推进文化生活圈精准供给。**做大"文化有约"服务品牌。常态化开展"互联网＋"公共文化服务，以数字化改革为契机，实现"文化有约"迭代升级。丰富公共文化服务多元供给。精准对接未成年人、老年人、残疾人、农民、工人等各类群体的文化需求，进一步打响嘉兴端午民俗文化节、嘉兴国际漫画双年展、乌镇戏剧节等特色品牌。激发公共文化队伍内生动力。全面实施基层公共文化队伍"两员"制度，全市所有镇（街道）组建省定标准的"三团三社"，提升文化生活圈服务品质。

创新亮点

（一）**整合了城乡各类公共文化资源。**全市公共文化设施成网、资源共享、人员互通、服务联动，"10分钟品质文化生活圈"为城乡居民提供优质、规范、均等的文化艺术服务。

（二）**创造了公共文化服务高质量均衡发展新路径。**制定形成了"10分钟品质文化生活圈"建设服务规范，线上线下相结合，有效弥补了公共文化高质量发展的短板，提升了嘉兴公共文化服务的品质化发展水平。

（三）**找到了公共文化促进精神共富密码。**近两年来，嘉兴公共文化创新发展经验被中央及省级以上媒体报道30余次。2018年以来，被中央广播电视总台、《人民日报》《光明日报》等中央级媒体报道14次，在《中国文化报》《浙江日报》等省部级媒体上报道18次。

启示

文化建设的根本出发点和最终的归结点是要坚持以人为本的核心理念，通过积极构建公共文化服务体系，充分保障人民群众的文化权益，满足人民群众的精神需求。新时代忠实践践行"八八战略"，需要持续推动文化建设创新实践，充分彰显党和政府执政为民的宗旨，最大限度满足人民群众对美好生活的追求，既要物质富裕，又要精神富裕。

中国历代绘画大系

浙江大学

实施背景

2005年7月，习近平同志批准启动《宋画全集》编纂工作。此后经过多次扩编，拓展成为今天的"中国历代绘画大系"项目。这些年来，项目组广泛联系海内外文博机构，对流散各地、深藏罕现的中国历代绘画图像进行全面系统的搜集整理，编纂出版中国历代绘画全集，实现了绘画图像的抢救性保护和数字化保存，为绘画图像的保护、利用和研究奠定良好基础。

目标成效

"大系"目前共收录海内外263家文博机构的纸、绢（含帛、绫）、麻等材质的中国绘画藏品12405件（套），涵盖了绝大部分传世的"国宝"级绘画珍品。编纂出版《先秦汉唐画全集》《宋画全集》《元画全集》《明画全集》《清画全集》共计60卷226册，是迄今为止同类出版物中精品佳作收录最全、出版规模最大的中国绘画图像文献。项目被列为"浙江文化研究工程"项目、国家出版基金项目、国家社科基金重大委托项目，并被列入中共中央办公厅、国务院办公厅相关文化传承发展规划。

主要做法

项目横跨 4 个五年计划阶段，主要包括：

（一）《宋画全集》编纂出版阶段（**2005—2010 年**）。2005 年 7 月，项目组首次在世界范围大规模搜集相关图像资源。2007 年，"宋画全集整理"项目纳入浙江文化研究工程。2010 年 9 月，《宋画全集》基本编纂完成，收录海内外 102 家文博机构的宋代绘画作品 827 件（套），填补了我国宋画整理汇编的历史空白，开创中国绘画大型断代集成先河。

（二）"大系"项目启动阶段（**2011—2015 年**）。"大系"项目组开启第二轮世界范围的中国历代绘画高精度图像资源采集工作，联系海内外文博机构 200 余家，入编历代绘画作品规模扩大到约 7200 件（套）。2014 年 11 月，《元画全集》编纂、出版工作基本完成。

（三）"大系"项目拓展延伸阶段（**2016—2020 年**）。2015 年 5 月，在习近平总书记的关怀下，"大系"项目正式拓展延伸，第三次在世界范围搜集相关图像资源。联系海内外文博机构 260 余家，出版规模扩充到 220 余册，入编历代绘画作品扩大到 12000 余件（套）。

（四）"大系"宣传推广阶段（**2021 年至今**）。2022 年 7 月，"大系"图书在国家版本馆中央总馆展出；同时，"大系"成果展亮相杭州国家版本馆。同年 9 月 29 日，中宣部、国家新闻出版署和浙江省委省政府共同主办的"盛世修典——'中国历代绘画大系'成果展"在中国国家博物馆开幕，展出"大系"高清调色打样稿 1700 余幅。2020 年 9 月相关视频入驻"学习强国"平台，至今已制作播出 820 余集，总点播量超 2.25 亿次。

创新亮点

（一）**以高品质的珍贵图像资源拓展中国艺术史、文化史研究的独特视角和重要领域。**"大系"作为系统、保真、高清的中国历代绘画图像文献集成，为推动跨学科研究、创新研究范式提供了基础性资源。

（二）**为中华优秀传统文化的创造性转化和创新性发展提供了生动丰富的新空间。**项目运用数字化技术，实现对中国历代绘画图像的永久性保护与数字化汇聚再现，并充分运用新媒体、数字化等科技手段，并注重实现对成果的社会化传播和多样化利用展现魅力。

（三）**在推动两岸文化合作交流、世界文明交流互鉴上发挥了积极作用。**17年来，项目组数十次赴台，积极推动两岸文化交流和互动。同时，在编纂出版过程中构筑起广泛的国际化合作网络，通过出版合作、学术交流、学者互访、赠书活动等，有力促进了中国绘画艺术乃至中华优秀传统文化的全球化传播、共享与深度交流。

💡 启示

传承和弘扬中华文化需要深入挖掘中国历史文化的深厚积淀，《中国历代绘画大系》描绘了古代中国生活世界，记录农耕文化演进历程，有利于弘扬中华美学精神，塑造民族文化精神。推动浙江文化大省建设，可以从引领海外艺术资源回归、传承优秀传统文化、形塑文化价值共识、提升民族文化自信等方面着手，激活历史文化的生命力。赓续传承中华优秀传统文化，需要积极推进当代文化创新，通过开展多种形式的社会美育活动，培育大众审美能力，畅通中外文化交流，提升中华文化的国际影响力。

千年宋韵"流动"起来

杭州市上城区

实施背景

作为宋韵文化的重要承载地和南宋文化的发祥地，杭州市上城区积极响应省委纵深推进新时代文化高地建设号召，紧扣"研究、传播、转化"三张牌，探索传承千年文脉展示和创新转化路径，奋力打造宋韵文化新高地。

目标成效

一是宋韵文化辨识度"日日新"。2022年11月，南宋德寿宫遗址博物馆正式对外开放。清河坊文化街区获评首批国家级夜间文旅消费集聚区和旅游休闲特色街区，宋韵文化标识区建设成为全省示范。二是人民群众满意度"节节高"。公共文化服务和非遗保护两项指数均进入全省前十。三是精神共富体验度"年年丰"。持续八年的宋韵文化节入选全省55个节庆品牌，金牌导游大赛、宋韵非遗日、皋亭山观桃节等品牌活动深入人心。

主要做法

（一）布局"宋韵＋规划"，找准理论研究新定位。以规划编制为宋韵文化建设提供保障。以南宋皇城遗址综保工程建设为总抓手，以宋韵文化研究传承中心为依托，以专项规划和行动计划为保障，架起宋韵文化传承发展的四梁八柱，举全区之力打造串珠成链、古今辉映的"宋韵文化高地"。以基因解码深挖宋韵文化丰富内涵。推进文化基因解码工程，以757个基本文化元素数据库为基础，统筹海内外文化智库力量，确定重点IP转化元素，系统提炼宋韵文化核心内涵与经典表达。以专家智库推动宋韵文化研究升级。全面启动宋韵文化八大形态课题研究，"宋韵社会生活丛书"等15个课题入选浙江文化研究工程。编纂出版《宋风物语》《宋风流韵》等110余部著作。

（二）做强"宋韵＋产业"，释放文旅消费新动能。加速创作文艺精品。发挥辖区影视产业集聚优势，大力推进国家（杭州）短视频基地、凤凰山南影视基地建设，聚焦宋代人文风貌、历史典故，开展文艺精品创作。逐步壮大文创产业。引导鼓励辖区企业从宋韵文化中汲取灵感，实现创造性转化，通过政企合作、政策扶持、活动推广，加快把"文气"转化为"财气"。全面提升消费能级。充分利用"三圈三街"的辐射效应，做好"宋韵＋"文章，实现宋韵文化全方位助力经济发展。

（三）点亮"宋韵＋生活"，绘就精神共富新图景。打造"传世精品"工程。高标准推动德寿宫遗址保护展示工程以及以其为核心的11平方千米的宋韵风貌集中展示区建设，打造最具辨识度的宋韵文化新地标。构建"标志品牌"项目。连续举办宋韵文化节、杭州国际工艺周、吴山庙会等品牌活动25项，开展"宋韵大秀场""清河坊奇妙夜"等群众性宋韵主题文化活动累计15000余场，生动再现宋韵风雅。优化"群众共享"体验。与中国美术学院校地携手打造"精神共富"范例，将"琴棋书画词酒茶"等宋韵元素融入城市标识场景，将宋韵美学成果应用到老旧小区改造、幸福邻里坊建设。

创新亮点

（一）**工作思维创新**。将数字化思维和系统性思维运用到工作全过程，打造数字文化应用，不断提升工作的系统性、专业性、有效性。

（二）**呈现形式创新**。构建线上线下融合的展示模式，打造以南宋德寿宫遗址博物馆为代表的传世地标，培育以宋韵文化节为代表的群众性品牌活动，开展形式多样的线上科普与融媒宣传。

（三）**合作模式创新**。加深跨界融合，打通政、企、校、社合作通道，将宋韵元素作为旅游推介、产业振兴、城市更新的重要抓手，开拓出一条多元赋能、多方共赢的宽阔道路。

启示

传承和发展宋韵文化，需要充分尊重和发挥专家学者的作用，深入挖掘宋韵文化历史资源，准确把握文化传承规律，积极探索当代传承机制。从多层次多维度构建宋韵文化立体传承网络角度出发，需要高度重视艺术原创，发挥文化产业集聚优势，聚焦"宋潮"IP转化，积极寻求"文化资源"向"文化资本"的转化应用，更要紧密贴合普通民众文化需求，推出融于日常生活的各种活动，形成群众喜闻乐见的品牌和精品。

文化产业绘就"浙"里好图景

中共浙江省委宣传部

实施背景

2003年7月18日，习近平同志主持召开文化体制改革和文化大省建设座谈会，明确了浙江省文化体制改革工作的总体要求，作出了"促进文化事业繁荣和文化产业发展，推进文化大省建设"的重要决策部署。在习近平同志的推动下，2003年浙江被中央确定为文化体制改革综合试点省，2005年7月，省委十一届八次全会作出实施文化大省建设"八项工程"的重大决定，文化产业促进工程成为其中重要一项。

目标成效

近年来，浙江持续深化迭代文化产业促进工程，推动文化产业发展提质增效。全省文化及相关产业增加值从2004年的442亿元，提高到2020年的4494亿元，规模总量居全国各省（区、市）第三；文化及相关产业增加值占地区生产总值的比重从2004年的3.8%提高到2020年的6.95%，居全国各省（区、市）第二，已成为浙江省重要支柱性产业。历年入选"全国文化企业30强"及提名企业数量居全国前列。

中国文化产业指数，浙江综合指数2018—2020年连续3年位列全国第二，2021年居第三，仅次于北京、广东。

主要做法

（一）**抓好政策实施，营造产业发展良好氛围**。把文化产业列入全省"八大万亿级产业"，摆在全省全局重要位置。相继召开全省文化产业发展大会、省委文化工作会议，出台一系列促进文化产业发展的指导意见，扩大省级文化产业专项资金规模至2亿元，重点扶持20个县（市、区），以三年为一周期，每年给予1000万元资金支持，为文化产业高质量发展提供政策保障。

（二）**抓好内容创作生产，推动文化精品硕果累累**。建立以绩效结果为导向的文艺基金管理机制，目前每年投入1.3亿元，资助项目651个，有力引导企业聚焦内容创作生产，丰富主旋律作品的艺术表现形式，促进新的历史条件下主流价值观的生动传播。多部文学作品、影视剧作品获全国精神文明建设"五个一工程"奖、鲁迅文学奖、飞天奖、金鹰奖等国内外奖项，打响了浙江品牌。

（三）**抓好市场主体培育，文化企业实力日增**。先后开展国有文化企业公司制股份制改造，省属文化集团薪酬制度改革和绩效考核，浙数文化股权激励试点、文艺院团改革等，建立健全省国有文化资产管委会运行机制和"四管"相统一管理体制，推动浙版传媒主板上市、省文投集团挂牌成立、省演艺集团成立。落实扶持措施和优惠政策，上线"浙文创"数字化改革应用，为市场主体提供全方位扶持和全生命周期数字化服务。2021年，规模以上民营文化企业营业收入5879亿元，同比增长24%，龙头企业及成长型企业加快培育，多家企业获评"全国文化企业30强"或提名。

（四）**抓好功能平台建设，文化产业集聚发展态势明显。**持续做强之江产业带、横店影视产业集聚区、宁波象山影视城，广泛吸引文化产业基地、创新基地落户。打造"影视文化在线"数字化改革应用，为影视企业提供全流程服务。落实文化企业入驻园区优待政策，160余家产业园区、创意街区、特色小镇持续做强。精心组织各类文化会展活动，显著提升品牌影响力。2021年，之江文化产业带实现产业增加值1060亿元，同比增长14.8%，超预期目标1.3倍；横店影视文化产业集聚区入驻影视企业近2000家，规上企业营收80亿元，增长48%。

创新亮点

（一）**文化和旅游融合多元发展。**深入推进文旅融合综合体项目建设，加快实施杭州大运河国家文化公园、浙东运河博物馆等国家级重大项目建设，创建"中国唐诗之城"、慈城古县城景区等核心景区，"文旅＋休闲""文旅＋体育"等融合模式创新发展，多元旅游业态蓬勃兴起，实现数量扩张向质量跃升迈进。

（二）**文化和科技融合蓬勃发展。**获评国家文化和科技融合示范基地9家，位居全国各省第二。认定文化领域高新技术企业近千家，支持建设省级公共创新平台与载体4个、重点实验室及工程技术中心2家。全省数字文化企业营收占规上文化企业营收比重达55%左右，涌现出一批数字文化示范企业。

（三）**对外文化贸易稳步提升。**入选国家文化出口基地2家，加快培育一批国家级和省级文化出口重点企业，多部电视剧在海内外播出，覆盖人口20多亿。影视企业年出口创汇6000多万美元。2021年，全省文化服务贸易进出口总额实现157.06亿元。

（四）**文化和金融合作掀开新篇章。**实施文化企业上市行动，推动创建国家文化与金融合作示范区、省级文化金融改革试验区，拓宽抵质押物范围，在全国率先开展知识产权质押登记线上办理试点，开发专属金融产品。推动推出文化产业相关保险产品20余款。

启示

深入实施"文化产业促进工程"，有利于推动文化繁荣兴盛，更好满足人民群众的文化需求，为提升国家文化软实力，弘扬社会主义先进文化、革命文化和中华优秀传统文化贡献了浙江力量。"文化产业促进工程"实施过程中要始终秉持创新发展、融合发展的要求，不断促进文化产业结构调整和转型升级，发展壮大文化产业规模，推动文化产业的整体实力和水平持续提升。

扎根乡土那抹"美育"红

中国美术学院

实施背景

2006年2月23日，习近平同志主持召开省委常委会专题研究中国美术学院发展，明确提出全力支持中国美术学院"加快建设成为体现中国文化艺术研究和教学最高水平的世界一流美术学院"。中国美术学院牢记习近平总书记提出的希望和嘱托，忠实践行"八八战略"，以创建"世界一流大学"为目标，扎根乡土最深处、奔赴社会最前线，走出了一条中国艺术教育自主发展之路。

目标成效

中国美术学院每年有8000余名师生奔赴全国60多个教学实践点，把中国大地作为艺术人才培养和艺术家自我实现的现场，围绕"八八战略"，开启"最前线"艺术创作实践品牌，创造与人民血肉相连、感同身受的艺术，构建社会主义核心价值观视觉表达，为时代创造大写的艺术、培养大写的人，在探索扎根中国大地办教育路径的过程中形成了独具特色的"国美模式"。

主要做法

（一）**以乡土文化为核心，拓展艺术教学和实践路径。**一是开展回归乡土文化活动。引导学生回归乡土文化现场，观察、触摸乡土实物、聆听乡土故事，唤醒乡土记忆、构建乡土意象。二是开展深入红色根脉文化采风活动。在每年下乡采风课程中，围绕地缘文化、红色文化、器物文化、风土文化等内容开设系列采风考察活动。

（二）**以创新创作为导向，铸造艺术创作与教育高地。**一是关注社会现实。让学生深入生活、表现生活，用艺术唤起观者感同身受的体验和共情，通过作品改善和创造更美好的生活。二是开展艺术美育的艺术嘉年华活动。2019年起，中国美术学院的毕业展示以"之江国际青年艺术周"的形式，通过线上线下相结合的方式同步展出他们的毕业作品，形成全城共享的艺术节展。《泰晤士报》整版刊文报道中国美院毕业展，称"中国美术学院在展品中传承中国文化遗产，并用新颖的艺术表现形式探索和定义当代社会图景"。

（三）**以"美美与共"为目标，助力美丽中国建设。**一是开展艺术乡建，助力共同富裕。共有百余支师生团队深度参与各类特色小镇和美丽乡村建设服务项目，在改变村容村貌、改善生态环境、弘扬乡土文化、活跃乡村文艺氛围、提高村民审美水平、带动地方旅游、发展乡村经济新业态等方面成效显著。二是布局乡土学院网络，夯实服务根基。10多年来，学校整合提升了全国各地的优秀文化传承基地、下乡采风教学基地、校外实习实践基地、教育扶贫点百余家，构建起一个遍布28个省区城乡市镇的乡土学院网络，形成了一批有代表性的特色"乡土学院"。

创新亮点

（一）**聚焦三美理想，打造立德树人大体系。**以"乡土学院网络"为抓手，以新时代鲜活的新场景和新经验，深化"实践教学、思政育人、社会服务"三位一体的育人机制。筹建高水平产教融合基地和联合培养基地，不断提升学生的创新创业能力和社会服务能力。

（二）**聚焦美丽中国，创新社会服务联合体。**对接国家战略，抓住契机组建跨学科创新团队，打造"艺术智库、公共美学、社会创新"三位一体的研究服务创新平台。深化校企改革，优化学校经营性资产布局，推进产教融合。

（三）**聚焦艺术共享，掀起全民美育新高潮。**中国美术学院以"毕业展示周"的全新形式，全面展示教学创作成果，向社会推荐优秀人才。

💡 启示

新时代推动美术学院发展，要聚焦美丽中国建设，扎根大地，深入生活，全方位创新教书育人、艺术创作等多重路径，推动艺术教育与国家发展、艺术创作与全民美育、艺术思维与哲理思辨的同频共振。推动中国艺术教育发展，需要不断增强世界眼光、人文情怀、担当意识、共享理念和实践能力，扎根中国大地兴办艺术学院、培养艺术人才，使艺术介入社会，融入美好生活，打造特色鲜明、令人瞩目的"国美模式"。

在新横盘落好南孔文化一"子"

衢州市

实施背景

习近平同志在浙江工作期间，多次对衢州南孔文化作出重要指示，他强调，"衢州历史悠久，是南孔圣地，孔子文化值得很好挖掘、大力弘扬，这一'子'要重重地落下去"。衢州始终牢记并不断践行总书记的嘱托，采取一系列举措推动南孔文化在新时代焕发生机。

目标成效

举全市之力推动南孔文化创造性转化、创新性发展。南孔文化被写进省第十五次党代会报告，成功入选首批"浙江文化标识"培育项目，南孔祭典成功列入第三批国家级非物质文化遗产名录，"南孔圣地·衢州有礼"城市品牌位列2021年城市综合影响力第35位，高位创成全国文明城市，南孔圣地文化旅游区创AAAAA景区、儒学文化产业园创国家级文化产业示范园区有序推进，南孔文化在新时代焕发出新的生机和活力。

主要做法

（一）**推动南孔文化保护性传承，厚植精神根脉**。一是大手笔保护南孔遗存。成立孔氏南宗家庙管理委员会和南孔文化发展中心，统筹推进全市南孔文化保护利用各项工作。二是穿透性研究南孔文化。与国际儒联合作开展"南孔文化穿透性与传承力"课题研究，举办高水平儒学研讨活动。三是全方位传播南孔文化。打造南孔文化品牌，举办系列文化活动。开设运营海外社交平台账号，开发建设线上祭孔小程序。四是全力推动南孔北孔文化交流。与尼山世界儒学中心、山东曲阜在多领域开展孔子文化交流合作。

（二）**加快南孔文化创造性转化，放大现实价值**。一是打造"南孔古城"。实施生态修复、城市修补、文化修成"古城三修"工程，推进南孔古城复兴，提升城市能级。二是打响"有礼"城市品牌。从南孔文化核心思想中，提炼形成城市品牌，建立完整的城市品牌 VIS 系统，放大了品牌集聚效应。三是培育"有礼"文化产业。注册"南孔圣地·衢州有礼"城市品牌商标，统领现有品牌资源，扶持关联产业和企业发展，形成资源共享、产业集成的"衢州有礼"品牌体系。

（三）**促进南孔文化创新性发展，赋予持久活力**。一是赋能文明城市创建。创新推出《衢州市"有礼指数"CI测评体系》，不断提高城市精细化管理水平。二是深入推进文明实践活动。依托南孔文化，总结提炼并大力弘扬新时代衢州人文精神。依托全国首个"有礼"馆，构建新时代文明实践志愿服务"12345"体系。探索和构建了培育、选树、弘扬、践行、关爱"最美"五大宣传实践机制。三是融入基层治理体系。出台条例和行动方案，完成全市行政村（社区）村规民约议事修订，实现"礼""法"的有机融合。

创新亮点

（一）**具象化呈现，让南孔文化看得见、摸得着、可感受**。通过提炼、培育、弘扬新时代衢州人文精神，融入城市文化景观建设，创作卡通形象，全市域推广建设"南孔书屋"，开展"八个一"有礼系列行动等举措，把南孔元素全面融入群众衣食住行，让全社会能够更加直观感受到南孔文化的深厚内涵和时代价值。

（二）**品牌化推广，让南孔文化产生更大的传播力、影响力**。把南孔文化作为城市品牌的鲜明标识，提炼形成并大力推广"南孔圣地·衢州有礼"城市品牌，通过聘请城市形象代言人、冠名航班高铁、赴各大城市举行品牌推介会，让南孔文化走出衢州为更多人所熟悉和关注。

（三）**产业化发展，让南孔文化更具生命力**。做好"文化＋产业"的文章，通过注册品牌商标、发展文旅文创产业、建设文创园等多种方式，以实实在在的项目载体，有力推动南孔文化的创造性转化、创新性发展。

启示

忠实践行"八八战略"，进一步发挥浙江的人文优势，需要传承和发扬具有地方特色的文化根脉。南孔在中国儒学发展史上具有重要地位与作用，推动了儒学从农耕文明走向工商文明，拓展了儒学在江南的传播与发展。新时代进一步扩大儒学的影响力，可以通过加强精神文化建设、历史文化传承、城市品牌打造、文化产业发展、乡村振兴赋能等全方位推动南孔文化创造性转化、创新性发展，使南孔文化在新时代焕发出新的生机和活力。

"四个一"唤醒千年古城

绍兴市越城区

实施背景

2003年1月，习近平同志在绍兴考察时指出，"希望绍兴把历史文化名城这篇文章做好，为名城保护和旧城改造作出有益的探索"。越城区作为古城保护利用主阵地，牢记习近平总书记的嘱托，不断深化"八八战略"文化实践，构建"一部法规、一个机构、一项基金、一张清单"的"四个一"古城保护利用传承体系。

目标成效

近年来，越城区以"申遗"标准重塑古城，累计投资215.9亿元建成绍兴名人馆、徐渭艺术馆等标志性项目，举办"徐渭诞辰500周年""鲁迅诞辰140周年"等系列活动，定期举办绍兴黄酒节等民俗节会，推动绍兴古城"文化实践"走在全省甚至全国前列。自2019年以来，绍兴（古城）已累计接待游客3914.8万人次，实现旅游总收入467.9亿元。

主要做法

（一）强化规划引领，厘清古城之"脉"。一是推进前瞻性布局。

制定保护规划，确立古城保护总体框架，明确打造历史文化传承地、年轻时尚集聚地、宜居环境生活地。二是构建一体化保护。成立专门的保护机构，出台古城保护利用工作机制和保护整治标准，有序开展规划研究。三是建立专家型智库，开展"越文化"系列课题研究，《非古城功能疏解方案的实施对策与建议》《传统民居形制导则与图集》等为古城保护利用提供战略性依据。

（二）强化文脉传承，延续古城之"根"。一是摸清资源底数。通过古城基础信息普查精细化建档，古城全域矢量化建模，构建高精度全息数字档案。二是搭建古城大脑。构建"1＋N"数字孪生古城，实现古城资源多元展示、信息融合分析、规划决策辅助、实时监督管控等功能。三是加强全民守护。组建志愿者队伍，开展互动式传播，围绕古城风貌保护、市容环境、文化传承等建议意见，建立"巡查、提交、推送、处置"工作闭环。

（三）强化项目建设，恢复古城之"形"。一是坚持整体协调。按照"留改拆"并举、保留保护原则，谋划生成"古城有机更新项目群"。二是坚持渐进更新。创新实施名人故居激活三年行动计划，利用闲置资产改造建成重要文化设施，启动八大历史街区与两个历史地段提档升级。三是坚持活化利用。依托古城内世界文化遗产点进行建设，凸显水城原生态风貌。依托"老字号"布局非遗形象门店，营造沉浸式非遗体验。

（四）强化市场参与，拓宽古城之"路"。一是落实资金保障。首创古城保护专项基金，引导、鼓励社会力量和资本参与古城建设运营。二是盘活闲置资源。调整外迁工厂，腾空搬迁行政事业单位办公用房，加大配套扶持力度。三是推动文旅融合。实施景区、历史文化街区一体化、集成化管理。打造高品质特色街区。开发"绍兴古城"

App并上架"浙里办",建成古城数字馆,提供线上线下服务。

创新亮点

(一)**体制机制突破谋长远**。打破体制机制壁垒,建立"四个一"工作体系,从政策、法律、机构、资金、运作等层面给予古城全方位保障,创新古城保护融资模式,实现古城更高质量、更有效率、更可持续、更为安全的发展。

(二)**专家民智共享激活力**。充分发挥专家委员会"智囊参谋"作用,开展越文化和绍兴古城综合研究,首创古城守护官机制,构建古城保护"你发现我解决"群众参与新路径。锚定数字文化系统建设,以数字化赋能增效千年古城新活力。

(三)**多跨协同智治提质效**。发挥"古城大脑"资源共建共享共治优势,利用"141"体系"基层治理四平台"及基层网格治理,形成名城办、区属街道、基层执法人员组成的三级执法体系,建立绍兴古城保护公益诉讼检察创新实践基地,深入推进从司法、行政、社会三个层面对古城进行多元化综合保护。

💡 启示

　　历史文化名城的保护和振兴是文化遗产保护的重点和难题,也是实施"八八战略"、建设文化大省的一个重要课题。文化遗产保护的重点是其所承载的厚重文化积淀,对此,要保持高度的文化建设自觉性。文化遗产保护的难点是在城市化工业化现代化浪潮的冲击下,历史文化古城的保护、传承和利用往往面临着诸多困难和瓶颈,这是一个世界性的难题。

全国文明典范城市新"甬"现

宁波市

实施背景

习近平同志在浙江工作期间曾先后三次到宁波调研文化工作，称赞"宁波人亦文亦武，文是院士，武是商家，文武相济，大事必成"，明确要求"宁波要突出港口城市的特色，以'百里三江文化长廊'为重点，加快文化设施建设，进一步繁荣港城文化，展现现代化大都市的新形象"。

目标成效

宁波坚定不移沿着"八八战略"指引的道路前行，全力以赴创建全国文明典范城市，努力打造文化赋能城市发展、精神力量支撑现代化建设的宁波样本。通过10多年的文明城市创建工作，城市文明程度和市民文明素质明显提升，"最干净城市""最美上学路""席地而坐"等创建品牌更加丰富，"在宁波，看见文明中国"城市形象品牌更加凸显。

主要做法

（一）打造"崇学之城""筑梦之城"。完善党员领导干部理论宣讲体系，建立党政领导班子党的创新理论学习考核机制。用好用活宣讲平台，做大做强"8090"青年宣讲团队。完善公共阅读服务设施，分级制定全民阅读促进工作规划和年度工作计划，打造"全国学习型城市"宁波模式。完善中小学生德育发展指导体系，开展主题教育实践活动，推动志愿服务与社会实践活动有机融合，推进中小学生社会实践大课堂和研学基地建设。

（二）打造"厚德之城""信用之城"。弘扬践行社会主义核心价值观，推动社会主义核心价值观入规入法。落实《宁波市新时代公民道德建设实施意见》，持续模范选树活动，健全道德典型礼遇关爱制度。拓展新时代文明实践中心建设工作，推动新时代文明实践中心、新时代文明实践站规范化建设实现全域覆盖，深化文明好习惯养成工程。加快信用体系建设，持续深化诚信缺失突出问题专项治理行动。完善守信联合激励和失信联合惩戒联动机制，通过主题宣传教育活动营造讲诚信、重信用的社会氛围。

（三）打造"品质之城""文明智治之城"。创新推进"精品线路""特色街区""亮点工程"建设，成为展示现代化滨海大都市靓丽形象的重要窗口。统筹推进电力、通信、自来水等市政设施建设，推进"净空"改造、海绵城市建设等工程解决"马路拉链""空中蜘蛛网""城市内涝"问题。推进老旧小区、背街小巷、城乡接合部等微改造项目，实现"推窗见绿、出门赏景"。建设"浙里甬文明"文明典范城市创建应用，建成运行宁波创建全国文明典范城市指挥应用和架构体系，实现全时全员全域推进文明典范城市创建工作。

（四）打造"爱心之城""全域文明之城"。健全新时代志愿服务工作组织体系和工作格局，拓展志愿服务阵地，迭代升级宁波 We 志愿服务平台，构建"15 分钟志愿服务圈"。搭建交流展示平台，挖掘和支持创新性、专业性、可持续性的志愿服务项目。全域实施新时代美丽乡村达标创建行动，开展农村环境卫生整治活动，持续改善农村人居环境。深化移风易俗活动，探索开展乡风文明建设情况综合评价，推动乡风文明建设常态长效。深入开展家庭文明建设活动。

创新亮点

（一）**全国文明典范城市建设机制更加完善。**宁波被确定为首批 12 个全国文明典范城市创建试点城市之一，在全国率先制定实施《宁波市建设全国文明典范城市三年行动计划》《宁波市创建全国文明典范城市工作标准》。

（二）**全国文明典范城市创建成果更加丰硕。**多个先进典型的入选、获评数量均为全省第一；中央重点媒体集中报道宁波建设文明城市亮点成效，《瞭望东方周刊》推出宁波精神文明创建工作专刊，宁波精神文明创建工作受到各级领导和社会关注。

（三）**市民文明素养和城市文明程度更加彰显。**开展"上门入户访民情办实事"实践活动，各类问题解决率为 97.3%，群众满意度为 96.3%。"七个周边"交通、经营、环境秩序大幅提升，打造 67 个"席地而坐"示范区，创成 1 家省五星级农贸市场、67 家"五化"农贸市场。

💡 启示

　　坚持不懈地深化和推进精神文明建设，需要全面系统地推进文明实践，重视诚信建设，完善城市治理，注重立德树人，倡导志愿服务，构筑乡风文明，全方位提升精神文明境界。深入贯彻落实习近平同志在浙江工作期间对精神文明建设和思想道德建设的重要论述，需要不断创新精神文明建设的实践形式，打造浙江精神文明建设的样板。

"中国好莱坞"的光影梦

东阳市

实施背景

"打造成中国的'好莱坞'","希望横店大力发展影视文化产业，积极为创建文化大省作贡献"是习近平同志在浙江工作期间对东阳市横店镇影视文化产业发展提出的要求。20年来，东阳市充分发挥政策、专业、集聚方面优势，不断抓服务、抓产业、抓精品，努力在打造新时代文化高地中当好先锋。

目标成效

东阳市横店镇拥有全球规模最大的影视实景拍摄基地、全国最密集的影视产业集群，20年间，影视文化产业营业收入增长700倍，累计实现营收近2000亿元，占全国影视剧拍摄市场份额70%，先后获得"国家影视产业实验区""国家级文化和科技融合示范基地""浙江省文化产业示范基地"等殊荣，成功入选第一批国家级夜间文化和旅游消费集聚区。2021年横店入选浙江省打造精神文明高地领域首批省级试点，被赋予打造"国际影视文化创新中心"的历史重任。

主要做法

（一）政府"励""服"共行，形成企业最欢迎的平台优势。一方面，强化政策支持。2004年国家广电总局批准横店成立首个国家级影视产业实验区以来，据不完全统计，省、市、县出台的各类支持政策达30余项。另一方面，不断优化服务。横店镇根据产业发展和企业需求，持续加大投融资、财政补贴扶持力度，并实行"一企一策"，为企业破除发展藩篱。

（二）产业链"强""补"并重，建立业态最完整的专业优势。一方面，围绕强链，加大科技创新投入。另一方面，围绕补链，大力招引重大项目。目前，横店镇实现了从造景卖景的拍摄基地向产业链齐全的产业基地转变，实现了立项审片、拍摄制作、产权交易、产业孵化、人才培养的全体系支撑。

（三）影旅"和""合"同行，建立融合最全面的集群优势。一方面，大力发展"影视＋旅游"产业集群，打造国家AAAAA级旅游景区，同时壮大影视拍摄、后期制作等影视产业集群。另一方面，辐射带动周边区域发展，通过分区域布局影视基地植入产业、支持村集体建设多处物业等形式，实现不同村域的均衡发展，区域性集群优势愈发明显。

（四）作品"量""质"齐升，建立传播最强音的输出优势。一方面，健全完善优秀作品奖励激励机制，引导影视企业坚守中华文化立场，增强精品剧目持续供给能力。另一方面，建立优秀文化对外输出机制。依托横店省级文化出口基地平台，积极引导影视企业参与"一带一路"，搭建国外推广和销售渠道，提升中华文化的海外影响力。

创新亮点

（一）**政府靠前强担当，做好服务员**。政府既为产业发展做顶层设计、指明方向，也服务企业发展、解除机制束缚，创新构建了政府、行业、企业共同体，实现了"有为政府"和"有效市场"有机统一、有效互补。

（二）**企业增强变革力，做强产业链**。推动企业自我革新，立足需求，通过数字化、智能化、网络化开展技改，催生企业发展新动能，以企业各环节提质增效，增强产业链整体韧性。

（三）**影旅融合互借力，铺就共富路**。通过影视旅游双向赋能，以影视带动旅游发展，以旅游延展影视生命周期，在融合发展中带动影视衍生产业发展，实现物质、精神共富。

💡 启示

东阳市横店镇影视文化产业集聚区的建设，创造了一个"无中生有"的奇迹，而背后支撑的精神力量，正是"八八战略"所倡导的浙江的人文优势，这种优势不仅体现在民营企业家身上，同样也体现在各级党和政府身上。横店镇文化产业平台的成功打造，为全国文化产业的高质量发展提供了可资借鉴的示范和样本：民营企业家的顽强拼搏、创新开拓；党和政府的执政为民、政策扶持。

万年"稻"文章溯源中华文明起点

浦江县

实施背景

以上山遗址为代表的"上山文化"既是"万年浙江"之源，亦是人类文明起步阶段的重要例证。2006年11月，习近平同志作出批示："要加强对'上山文化'的研究和宣传。"这些年来，浦江县作为"上山文化"最早的发现地和命名地，始终认真贯彻落实习近平总书记的重要批示精神，倾力打造世界稻作起源地鲜明地标。

目标成效

截至目前，浦江县共开展各类考古研究100余次，举办国际学术研讨会2次，完成文物整理1000余件。"推进上山、河姆渡、良渚等文明之源大遗址群保护利用"写入省第十五次党代会报告，"推进上山文化申遗"写入《浙江高质量发展建设共同富裕示范区实施方案（2021—2025年）》。2021年10月，"浙江浦江上山遗址"成功入选全国"百年百大考古发现"名单。2022年5月，上山文化遗址群申遗工作正式启动。2022年9月21日，浙江省第十七届运动会圣火在金华浦江县上山考古遗址公园点燃。

主要做法

（一）**强化顶层设计，科学规划，实现遗址保护和开发利用共建共赢**。融入全省"努力打造新时代文化高地"布局，统筹遗址保护与开发利用，使文化成果更多惠及人民群众。一是加强项目规划。成立上山遗址管委会（上山文化研究中心），每年至少安排专项资金2000万元，用于相关建设、宣传工作，重大建设项目另予立项。二是完善设施配套。建设集遗址保护、文物展示、休闲度假等于一体的上山文旅综合体，再现上山先民生活场景。三是加强监管保护。划定保护范围，由专职人员和文物保护志愿者进行看护管理，严密监控上山遗址控制范围内基建、深耕深种等破坏行为。

（二）**突出国际影响，拓展交流，实现考古研究和价值展示融合互动**。聚焦文明探源，大力开展各类国际交流活动，向世界展示中国历史、中华文明。一是国际合作深入推进。多次组织美日韩、北大、中科院等国内外考古专家，组成多学科科研力量深入研究，上山文化遗址群发掘取得新进展。二是国际专家高度评价。积极筹划"名人走进上山"系列活动，先后召开"中国第四届环境考古学大会暨上山遗址学术研讨会""稻作农业起源暨上山文化命名十周年国际学术研讨会"等高规格研讨会。三是国际影响日益扩大。央视等主流媒体及"探索与发现""走进科学"等栏目，多次报道上山文化遗址发掘和研究过程中的新发现、新成果。

（三）**筑牢文化基因，打造标识，实现申遗工作和文化传承同频互动**。围绕申遗工作目标，全力将"上山文化"打造成展示"万年浙江"的重要文化标识。一是凝聚合力推进申遗。成立"上山文化遗址联盟"，最大限度凝聚全省范围内上山遗址关联主体的工作合力。二是教育传承文化内涵。开发稻作农业实践课程，编写《走近上山》地方德育教材，创作主题歌曲、戏曲，推动"上山文化"创新传承。三是文旅融合激发活力。以"融入社会、链接市场、亲和大众"为准则，通过遗址公园与生态田园、现代农业与观光休闲的有机结合，加快上山遗址公园及周边配套建设。

创新亮点

上山遗址是世界稻作农业最早的起源地，出土了世界上最早的彩陶，成功将中国稻作文化从河姆渡遗址的7000年向前推进到了1万年，对证明"中国是世界稻作起源地"这一重要论断具有里程碑式的意义，是一项具有中国特色、中国风格、中国气派的考古学标志性成果。一是为万年中华文化史提供了有力佐证。"上山文化"遗址是直接提升我国文化自信、彰显浙江文化魅力的重要文化遗址。二是为讲好中华文明发展史提供了重要题材。"上山文化"遗址拥有我国最早的农业定居迹象遗迹，是稻作文明的开端，也是具有较高知名度、鲜明辨识度的浙江文化标识。三是为构建人类命运共同体提供了历史先例。以"上山文化"为代表的水稻驯化、稻作农业发展模式，直接推进了早期中国的文明化进程，推动了整个亚洲乃至全世界人类文明向前发展。

💡 启示

打造浙江重要文化标识，需要科学规划统筹遗址保护与开发利用，多角度、立体化地开展基于考古资源的当代文化建设。在重要历史文化保护方面，需要积极有序地开展文物保护、学术研讨、世遗申报、群众文保意识提升等系列工作。在开发利用方面，需要准确定位，开放理念，实施集遗址保护、文物展示、休闲度假等于一体的文旅综合体建设，推动遗址从单一考古功能向兼具文明传承、教育培训、生态旅游等复合功能的文旅产业转变，激发历史资源惠及当代、造福后人的文化活力。

良渚古城实证五千年中华文明

杭州市余杭区

实施背景

习近平同志在浙江工作期间高度重视良渚古城遗址保护研究传承利用，曾两次实地调研、多次作出重要指示批示。2016年7月13日，习近平总书记针对"良渚遗址申报世界文化遗产、标示中华五千年文明的建议"作出重要批示："要加强古代遗址的有效保护，有重点地进行系统考古发掘，不断加深对中华文明悠久历史和宝贵价值的认识。"

目标成效

习近平总书记的重要指示在余杭大地深入扎根实践。日前，良渚古城遗址成功列入《世界遗产名录》，成为展示全面真实的古代中国与现代中国的"重要窗口"。良渚遗址成为全国首批国家考古遗址公园，入选"百年百大考古发现"和考古遗址保护展示优秀项目（全国仅5项），良渚文化密集亮相《人民日报》、《光明日报》、央视《新闻联播》等国家级权威媒体。良渚遗址不仅成为实证中华五千年文明史最为直接和典型的例证，还为提出判断文明标准的中国方案提供了有力支撑。

主要做法

落实"保护第一、加强管理、挖掘价值、有效利用、让文物活起来"的新时代文物工作方针，瞄准"世界遗产、文明圣地"定位，精心守护中华文明圣地，全力打造世界遗产保护典范。

（一）**遗产保护提档升级**。把法的思维、法的精神贯穿大遗址保护始终，实现全域规划管控。坚守文物安全底线，全面提升保护能级。围绕文物"发掘—保护—研究—利用"全生命周期，构建良渚遗址文物智慧治理体系。与敦煌研究院合作成立国家古代壁画与土遗址保护工程技术研究中心东南分中心，实施古城墙保护工程，潮湿环境土遗址保护的世界性难题取得新突破。

（二）**学术研究持续深挖**。突出考古先导，与省文物考古研究所联合组建良渚遗址考古与保护中心，出版《中国早期文明丛书》等著作，积极参与中华文明探源工程。以"良渚讲堂"等良渚系列学术品牌为载体，承办世界考古论坛等国际活动，邀请学界大咖交流互鉴。举办重温习近平总书记关于良渚遗址重要批示精神理论研讨会等，加大良渚文化阐释解读力度。

（三）**展示方式不断创新**。在全国率先建立"专职机构＋法律法规＋政策制度"的大遗址保护"特区"模式，构建起"1＋3"（良渚博物院加良渚古城、瑶山、老虎岭三大遗址公园）完整价值展示体系拓展良渚文化展示内容。加快文物资源数字转化，初步建成"良渚文化玉器数据库""良渚博物院数字图书馆"，上线"鸟迹虫文：良渚文化刻画符号虚拟体验展"。

（四）**活态利用蓬勃发展**。常态化举办"杭州良渚日"暨良渚文化周活动，推动良渚文化元素进入奥运会、亚运会，持续打响良渚文化品牌。举办三大世界遗产主题文创集市，精心策划推出考古公益研学营、传统音乐演奏和公众体验等活动，不断优化公园业态。成立"良渚MEI"生活美学联盟，累计开发文创产品500余款。

创新亮点

作为中华文明探源工程之一，良渚遗址要让更多文物和文化遗产活起来，生动展现5000多年前的古代中国自信从容，始终在大遗址的保护、利用、传承之路上探索创新。

（一）开创了大遗址保护管理的"文物特区"新模式。成立杭州良渚遗址管理区管委会，率先在全国开创了大遗址保护管理的"文物特区"模式。出台全国首个大遗址保护地方性专项法规。探索实践"以奖代补"的大遗址保护补偿机制、"群众自愿、政府引导、规划调控"的农户外迁鼓励政策。积极推动遗址保护制度创新，以浙江先行探索为全国探路。

（二）构建了数字化提升赋能的"文物智治"新体系。建立大遗址保护监测系统，逐步实现"一屏展示、一屏分析、一屏联动、一屏闭环、一屏透视"功能，推进遗产数字化建设。通过"整体智治"建立大遗址保护标准体系，形成可复制可推广的大遗址保护利用新经验。

（三）探索了文旅融合的"共同富裕"新路径。全面实施完成遗产区环境风貌修复、遗址现场保护展示、良渚博物院陈列改造等项目，串珠成链打造良渚文化艺术走廊。先后建成开放三大遗址公园，形成包括城址、祭坛、水利工程在内的良渚古城整体展示窗口体系，成为全国一流的文化旅游目的地，带动周边群众增收致富。

💡 启示

　　新时代加强和推进良渚文化建设，需要立足良渚遗址保护的核心，完善大遗址保护管理的"文物特区"模式，并借助现代信息技术，推进遗产数字化建设，通过"整体智治"构建数字化提升赋能的"文物智治"新体系。结合良渚文化特色，串珠成链打造良渚文化艺术走廊，探索文旅融合的"共同富裕"新路径。通过跨学科、跨领域的集成式团队协同研究，构筑运用优质资源开展文明史研究的良好基础，为世界文明研究作出原创性贡献。

文化礼堂塑造农村精神家园

中共浙江省委宣传部

实施背景

"八八战略"实施以来，省委、省政府高度重视文化建设，2005年7月省委十一届八次全会提出文化建设"八大工程"，其中就包括文化阵地工程。省委宣传部围绕"八八战略"中"发挥浙江人文优势"，立足"文化礼堂、精神家园"目标定位，2013年起大力推进农村文化礼堂建设，将文化礼堂作为文化阵地工程的重要抓手，助力实现农民精神富有。

目标成效

十年来，浙江累计建成20511家文化礼堂，实现全省500人以上行政村全覆盖。创新推出"我们的村晚""我们的村运会"等品牌，开展社区教育、健康素养等惠民服务，年均举办近20万场次有组织的群众性文化活动。创建1811家五星级文化礼堂、189家特色文化礼堂、63个示范县（市、区）和361个示范乡镇（街道），培育169名"最美文化礼堂人"。农村文化礼堂在全国打响了浙江农村阵地品牌，2019年中央一号文件写入"支持文化礼堂建设"，2022年中央一号文件推广浙江经验，提出支持开展村歌、"村晚"、农民运动会等活动。

主要做法

（一）**着力打造农村意识形态主阵地，建设农村15分钟品质文化生活圈。**农村文化礼堂将意识形态工作做到群众家门口，夯实意识形态工作的农村堡垒。依托文化礼堂整合理论宣讲、微型党课等资源，引导农民学习习近平新时代中国特色社会主义思想，鲜明生动、理直气壮开展主流意识形态教育，推动先进理论和惠民政策"飞入寻常百姓家"。农村文化礼堂承接市县图书馆、博物馆、展览馆、美术馆等优势资源，打造"乡村博物馆""农家书屋"等公共文化空间。依托文化礼堂，构建起农民优质文化服务圈，形成健康向上、阳光积极的农村新风尚。

（二）**着力打造农村优秀传统文化传承地，建设农村优质文化服务站。**通过农村文化礼堂，深入挖掘村庄历史文化资源、非物质文化遗产等民俗文化，采用展览展示、抢修抢救、传承人培育等方式，让物质的、活态的乡土文化传下去，促进农民群众精神物质双丰收。文化礼堂始终坚持服务农民群众的功能定位，聚焦农民群众文化享受、健康素养、社区教育、体育健身等日常需求，有效整合综治中心、文体中心、农家书屋、老年活动中心、青年之家、妇女之家等各类农村阵地资源，为农民提供便利的综合服务。

（三）**着力打造农村基层治理议事堂，建设农村文明实践新平台。**农村文化礼堂是打通联系服务群众"最后一公里"、开展乡村治理的有效载体，为村民提供参与讨论重大事项、监督村务公开阳光运行、参加村级组织换届选举的平台。2022年，农村文化礼堂建设被纳入全省基层治理系统工作，探索以"礼堂家"平台助力完善"四治融合"的城乡基层治理体系。坚持大力弘扬社会主义核心价值观，让农民群众在文化礼堂各项文明实践活动中得到教育、受到熏陶，培育农村"最美"风尚和文明风尚。在农村文化礼堂积极开展优良家规家训展示、"好家风评选"和乡风评议，推进家风乡风建设和乡村移风易俗。

创新亮点

"八八战略"实施以来，浙江逐渐探索出一条可推广可复制的农村基层文化阵地建设路径。农村文化礼堂对于推进现代化先行中助力农业农村现代化先行，共同富裕先行中助力农民精神富有先行具有重大意义。

（一）创新"四大体系"建设模式。确立聚焦群众需求的目标体系、聚焦效能提升的工作体系、聚焦保障到位的政策体系、聚焦考核有效的评价体系等四大体系，有效推动基层宣传文化阵地建设积厚成势、全面铺开。

（二）创新多元主体共建共享机制。纵向打通省市县相关系统条线建设体系，统筹保障资金、土地、建设等要素，横向协同浙江大学等单位优势资源，推动文化礼堂成为资源下沉农村的平台。

（三）创新基层阵地管理运行体系。出台"礼堂十条"，构建县乡村三级管理体系，健全星级礼堂管理、示范县（市、区）示范乡镇（街道）创建和互学互比赛马、重大项目揭榜挂帅等机制，不断提升文化礼堂管理运行效能。

💡 启示

　　农村文化礼堂有助于推动先进理论和惠民政策"飞入寻常百姓家",打造农村意识形态工作的堡垒和主阵地。构建起农民群众优质文化服务圈,就要充分挖掘、展示村庄历史文化资源,有效整合综治中心、文体中心、农家书屋、老年活动中心、青年之家、妇女之家、基层治理议事堂等各类资源和平台,构筑农村文化综合服务站。农村文化礼堂是弘扬文明健康向上新风尚的精神文明实践新平台,对于推进共同富裕先行中农民精神富有先行、省域现代化先行中农村文化先行,具有重大意义。

发现"最美" 追求"最美"

中共浙江省委宣传部 杭州市

实施背景

　　杭州是"最美现象"的发源地，借"最美现象"的东风，杭州市以习近平新时代中国特色社会主义思想为指导，积极培育和践行社会主义核心价值观，坚持"发现美""倡导美""培育美"，守正笃实，久久为功，使"最美现象"从"盆景"发展成为亮丽的"风景"，转化为社会的良好"风尚"，市民思想道德素质和城市文明程度有力提升。

目标成效

　　作为"最美"发源地，截至2022年9月，杭州先后涌现出了1位"时代楷模"、全国"诚信之星"1名、全国道德模范7名、浙江省道德模范22名、杭州市道德模范170余名、"中国好人"35例、"浙江好人"270例，全市各级各类"最美"人物2.8万余名，先进典型数量位居全省第一，实现了全国文明城市"四连冠"。

主要做法

　　（一）出台政策法规，凝聚"最美"共识，推动政策保障与道德教育长效化。2012年以来，先后出台了《杭州市公民道德建设纲要》等40多个规范性文件，把"最美现象"的考核评价纳入全市精神文明建设、思想道德建设的指标测评体系中，形成"党和政府倡导弘扬、体制机制配套促进、各行各业齐抓共管"的工作格局。开展"我们的价值观"主题实践活动，引导党员干部争做"最美公务员""担当作为好干部""优秀党员"，引导青少年争做"美德少年""最美学生"。持续推进农村文化礼堂、社区家园、企业文化中心"三位一体"思想道德教育平台建设，让农村、社区、企业的美德教育有场地、有内容、有活动。

（二）搭建有效平台，营造舆论氛围，推动典型选树与舆论宣传长效化。常态化组织开展"发现'最美'争做'最美'"宣传活动，做好"最美"人物挖掘培育等基础工作；持续深化"最美"系列人物选树，建立了市、区县、街道乡镇、社区/村四级，市级部门和市级媒体"三合力"选树机制，丰富"最美"群像。注重"最美"新闻宣传，通过专题联动、原创报道、网络视频、网络访谈、微博微信互动等方式，弘扬"最美现象"正能量。注重"最美"社会宣传，形成"最美"公益广告常态化宣传机制。注重"最美现象"理论研究，为打造"最美现象"精神文化品牌提供理论支撑。

（三）提供精神食粮，构筑道德高地，推动文化熏陶与实践活动长效化。持续抓好"满城书香"工程、"最美"文艺精品工程和"最美"展示工程。深入开展"礼让斑马线"等群众性文明创建品牌活动。以窗口行业"双美"（最美办事员/最美窗口）争创活动为抓手，有效提升了文明服务水平，增强了群众的获得感和满意度；以"最美"带动实践养成，抓好融入贯穿工作，坚持把社会主义核心价值观融入市民公约、乡规民约、家训家风、学生守则等行为准则中。大力推进志愿服务制度化，通过"文明帮帮码"对志愿服务实行数字化管理。

创新亮点

（一）**以"最美"为抓手，在价值引领上求深化**。"最美"美在平凡、美在善良、美在奉献、美在瞬间，"最美"来自群众、来自日常生活中普通人的闪光，是社会主义核心价值观的具体践行。

（二）**放大传播效应，在宣传弘扬上求深化**。打造杭州"最美"品牌，集聚各类宣传资源，整合各种宣传平台，扩大"最美"人物的社会影响力和认知度，充分发挥先进典型的榜样示范作用，使"最美"成为市民群众的共同追求。

（三）**强化结合融入，在实践涵养上求深化**。通过数字赋能，实现"最美杭州人"发现挖掘、培育选树、宣传传播、上报推荐、评价激励、总结提炼等全链条闭环管理，以"最美"带动实践养成，引导人们在实践中形成追随"最美"的自觉行动。

启示

　　"最美"来自群众、来自普通人的闪光，人人可学、处处可为，使人们在实践中感知它、领悟它，使"最美"成为市民群众的共同追求，是落细落实社会主义核心价值观的具体践行。"最美现象"从"盆景"到"风景"到"风尚"的创新实践，有助于推动社会主义核心价值观融入社会生活，转化为社会的良好"风尚"，有力提升市民思想道德素质和城市文明程度。

老百姓的"10分钟健身圈"

浙江省体育局

实施背景

"百姓健身房"是省体育局坚持以人民为中心，深入贯彻落实习近平总书记关于体育的重要论述，忠实践行"八八战略"，深入实施全民健身国家战略的重要举措，为构建覆盖城乡、更高水平的全民健身公共服务体系发挥了重要作用。

目标成效

群众身边的优质健身场地设施供给不足，已成为制约高水平全民健身公共服务体系建设的短板和痛点。以浙江为例，室内体育场地设施仅占全部体育设施的6%，无法满足人民群众就近健身需求。全省实现数据实时采集的467家城市百姓健身房健身人流量达552万人次，平均每家"百姓健身房"年接待人次"破万"。"百姓健身房"这一探索创新实践，已写入中办、国办印发的《关于构建更高水平的全民健身公共服务体系的指导意见》，向全国全面复制推广。

主要做法

（一）**科学规划布局**。坚持便民利民原则，科学选址。城市一般按照服务半径不大于1.5公里或服务常住人口不少于2000人的标准进行统筹规划、合理布局，一般位于一楼临街、人口集中、交通便利、环境相对安静、市政配套设施条件良好的区域。农村一般以服务常住人口不少于1500人为标准，一般设置在文化礼堂、村"两委"办公楼等村民活动较为集中的场所。

（二）**明确建设标准**。以标准化推进"百姓健身房"建设，做到创新成果易复制、可推广。出台《浙江省百姓健身房建设指导标准（试行）》，内容涵盖场地建设指导标准、装修指导标准、器材配置指导标准、管理运营指导标准、安全保障指导标准等方面，加强"百姓健身房"的建设运营制度保障。鼓励各地采取公建公营、公建民营、公私合建或购买服务等多种方式建设百姓健身房。

（三）**加强运营管理**。指导各地制订《百姓健身房管理办法》，明确管理主体和管理职责，落实最低开放时长，做到常态化全天候开放。明确"百姓健身房"以周边居民为主要服务对象，每天开放时间须不少于6小时，且晚上开放时间不少于2小时。落实保险"托底"，"百姓健身房"均须购买公共责任险、人身意外险等，降低安全风险。

（四）**打造服务平台**。组织基层体育委员、社会体育指导员指导健身人群科学锻炼，降低运动损伤发生率，将"百姓健身房"打造成为公益体育志愿服务的重要平台。从全省体育社会组织中遴选出健身健美协会、排舞广场舞协会、体育舞蹈协会等100家体育协会进驻"百姓健身房"，提供免费课程1万余节，服务健身群众超30万人次。

创新亮点

（一）**方便"家门口"健身。**全国各地的体育健身设施建设绝大部分以健身步道、篮球场、足球场等室外健身设施为主，社区就近便捷的室内健身设施建设不足。我省"百姓健身房"建在群众身边，定位"小而精"，方便群众在家门口享受低免、便捷、优质的室内健身服务。

（二）**引进多元化运营。**遵循"政府主导、社会参与、群众受益"原则，探索实行体育社团与社区结对共建机制，以群众点单、体育社团认领的方式，组织开展量身定制的体育教学配送服务。

（三）**实施智慧化管理。**依托"浙里健身"场景应用，推进"百姓健身房"100%纳入全民健身地图，100%提供导航、查询功能，城市社区百姓健身房和有条件的农村百姓健身房实现线上预约支付，提升群众健身便捷性和体验感。

启示

"百姓健身房"有助于解决群众身边优质健身场地设施供给不足的难题，破除制约高水平全民健身公共服务体系建设的痛点，补足了城市社区和农村公共体育设施短板，更好满足人民群众就近健身、室内健身、低价健身的需求。深入贯彻落实习近平总书记"把全民健身作为基础工程""把发展群众体育作为整个体育工作的重中之重"的要求，需要积极构建覆盖城乡、更高水平的全民健身公共服务体系，以打造共建共管共享公共体育服务模式，提升人民健康水平。

打铁必须自身硬

"浙"里善治　在"浙"协商

浙江省政协机关办公厅

实施背景

　　浙江是全过程人民民主理念的重要萌发地和先行实践地。近年来省政协忠实践行"八八战略"，增进政协协商民主开放度、活跃度、融合度，构建以"四全三度"为特色的政协协商民主体系，为书写中国式现代化浙江精彩篇章广泛凝聚力量。

目标成效

　　创新构建政协协商民主体系，创新理念方式、完善平台矩阵、规范工作流程、健全制度机制，加强专门协商机构制度化、规范化、程序化等功能建设，推动浙江省政协协商民主建设始终走在前列。在践行全过程人民民主上形成更多具有辨识度和影响力的标志性成果，更好以高水平协商助推高质量民主。省政协完善政协协商机制获浙江省改革突破金奖，由中办、国办联合刊发的《党政机关电子政务工作动态》专门刊登以"四全三度"政协协商体系践行全过程人民民主做法经验。

主要做法

（一）**全流程贯通，凸显全过程人民民主完整性。**省政协坚持以系统思维规范工作流程，协助省委研究制定关于推进人民政协协商民主体系建设、加快打造全过程人民民主实践高地的意见，持续完善以协商聚共识、协商于民协商为民、数字赋能协商等十大机制，建立健全以协商制度为主干、覆盖专门协商机构党的建设、履职工作、组织管理等制度体系，促进政协履职各环节相互连接，形成工作闭环，进一步提高政协协商制度化、规范化、程序化水平。

（二）**全方位推进，凸显全过程人民民主真实性。**省政协把找到全社会意愿和要求的最大公约数作为推进协商民主体系的重要落脚点，整合政协协商模式、委员履职方式和群众参与形式，协商内容涵盖经济、政治、文化、社会、生态文明等各个方面，囊括改革发展大事、社会治理难事和百姓关键小事，形成了覆盖界别群众的常态化、网格化工作格局，有效保障各党派、各团体、各民族、各阶层、各界人士共商国是。

（三）**全系统联动，凸显全过程人民民主广泛性。**省政协坚持和完善全体会议、专题议政性常委会会议等既有协商形式，探索创设专家协商会、政企协商会；在市县层面推动实现请你来协商平台全覆盖；在乡镇层面推进民生议事堂、委员工作室、社情民意信息联系点"三位一体"建设全覆盖；同时推动委员会客厅在市县实现全覆盖，推进委员工作室扩面提质增效，从而高效联接政协各层级、各平台、各系统，把政协整体优势结合起来、广大委员力量整合起来，进一步形成常态化、多层次、各方面有序参与的协商议政格局，实现政协协商资源一体联动和不断优化。

（四）**全媒体展示，凸显全过程人民民主丰富性。**省政协探索构建报网端微屏一体推进的"同心传播矩阵"，推进政协网站改版优化升级，在《浙江日报》首次开设"团结与民主"专栏，创设委员讲堂、重大专项工作委员宣讲等机制，推进政协协商全媒体展示、全过程公开、全社会关注。

创新亮点

（一）**扩大开放度，搭建全天候政协履职新平台。**以"协商在线"强化数字赋能，开创人民议政新机制。2022年开展1138次协商活动，累计访问量122.8万人次，委员和公众建言总数累计13.2万条。数字政协建设成果获浙江省数字化改革"最系列"成果评选3项大奖。

（二）**提升活跃度，拓展委员联系服务界别群众的新空间。**创设"我有事议""我有事问""我有事说"系列品牌。全省1389个民生议事堂、委员工作室、社情民意信息联系点"三位一体"集中开展"助力共同富裕示范区建设专题协商议事月"活动，共组织活动2700多场，提出意见建议1.6万多条，被吸收采纳1.1万多条。

（三）**增进融合度，推动新时代政协工作呈现新气象。**政协协商民主体系融通党委政府、贯通三级政协、联通社会各界、打通履职环节。如全省三级政协聚焦科技自立自强等5000多项重点履职议题协商建言，许多意见建议被党委政府采纳，形成了一批理论、实践、制度成果。

💡 启示

　　人民政协是协商民主重要渠道和专门协商机构，充分发挥政协协商民主体系的优势作用，需要进一步丰富协商内容，创新协商方式，提高协商实效，完善相应的制度、程序和机制，建言资政、凝聚共识，把党的主张转化为社会各界的共识。充分挖掘专门协商机构的独特价值，需要大力推进协商民主广泛多层制度化发展，进一步彰显我国社会主义民主政治的特点和优势。

人大代表票决立法为民生实事

浙江省人大常委会办公厅

实施背景

民生实事项目人大代表票决制（以下简称票决制）发端于习近平同志在浙江工作时提出的"为民办实事"长效机制。为使政府实事工程更加贴近群众需求，2022年10月1日，全国首部票决制领域的地方性法规——《浙江省民生实事项目人大代表票决制规定》正式施行。

目标成效

票决制全面实施以来，在幼有所育、学有所教、劳有所得、病有所医、老有所养、住有所居、弱有所扶上持续用力，不断增进民生福祉。据统计，近年来全省共确定了5万余件民生实事项目，推动解决了一大批群众所需、所盼、所忧之事。票决制规定的出台，进一步完善了党委决策、人大决定、政府执行、代表和群众参与的运行机制，使民生实事项目征集提出、审议票决、实施监督等各个环节都能听到来自群众的声音。

主要做法

（一）**广泛发动、科学筛选，确保候选项目反映民意。**在征集提出阶段，各级人大依托线上线下代表联络站等多渠道收集民情民意，切实将民生实事项目纳入遴选范围。2021年，市县乡三级人大共组织代表8万余人次参与候选项目征集工作，征集意见建议13000余条。同时，一并做好资金预算安排、落地政策处理等沟通衔接工作，形成系统、完整的候选项目建议方案，按程序提请人大常委会审议。人大代表按照"急需先立、成熟先立、好中选优"的原则提出审议票决候选项目，凝聚民意"最大公约数"。

（二）**科学民主、依法决策，确保票决结果汇聚民智。**在审议票决阶段，政府提前将候选项目材料送交人大代表，使代表提前了解项目情况。人代会期间，政府详细介绍候选项目的确定过程、要素保障情况等内容，人大代表从项目的必要性、可行性等方面进行充分审议，政府根据审议意见对有关内容进行修改完善，再按照大会通过的票决办法进行表决，确定正式实施项目。一些地方引入候选项目"民意指数"、直播公开票决过程等创新举措，确保决策过程的民主性。

（三）**扎实推进、全程监督，确保项目实施惠及民生。**在实施监督阶段，各级政府及时制订项目实施计划，明确每个项目的牵头领导、责任单位等。各级人大制定民生实事项目监督方案，建立专业化监督小组，采用听取报告、现场视察、调研督办等形式，全方位跟踪监督项目进展情况、施工质量等内容。据统计，2022年市县乡三级人大共组织代表12万余人次开展了约1万次的监督活动，各级人大听取、审议民生实事项目年度完成情况报告和监督工作报告，并对实施情况进行满意度测评。

创新亮点

（一）**票决工作覆盖广泛，民主参与持续深入。**票决制工作覆盖全省市县乡（镇）。票决环节包含民主选举、民主协商、民主决策等全链条，票决产生的实事项目覆盖所有人群、内容涉及民生全域。

（二）**票决项目来自群众，民主过程真实可感。**票决前充分收集群众最关切的民生实事，票决期间组织人大代表充分审议，票决后人大代表开展全过程监督、全方位评价，使民生实事项目从原先的"政府部门自己定自己办"转变为"群众提、代表决、政府办、人大评"。

（三）**票决实践务实管用，民主成果推进共富。**票决制聚焦老旧小区住宅加装电梯等群众最关心的"生活难事"和"关键小事"，坚持"把好事办好、把实事办好"，群众的获得感、幸福感、安全感更加充实、更有保障、更可持续，助推了"两个先行"的实践。

启示

　　为民生实事项目人大代表票决制立法是对"建立健全为民办实事长效机制"的再深化，有助于让票决制的全流程、各环节更加规范科学，使票决制迈上了法治化、规范化的轨道，切实践行以人民为中心的理念。为民生实事项目人大代表票决制立法，要注重实现群众、人大、政府部门在基层民主实践中的互动和联通，打造为民办实事的省域典范。

"后陈经验"推陈出新

武义县

实施背景

2004年6月18日，武义县后陈村成立了全国首家"村务监督委员会"，以独立于村党支部、村委会的第三方监督机构，监督村务管理制度的实施和村务管理的运作，开启了村务民主管理实践探索的序幕。2005年6月17日习近平同志到后陈村调研，明确指出"这是农村基层民主政治建设的有益探索"，并将其命名为"后陈经验"。这些年来，金华市县两级持续深化"后陈经验"，为推进全省乃至全国基层治理现代化提供了鲜活样本。

目标成效

"后陈经验"从金华走向全国，从民主管理、民主监督走向全过程人民民主，从"治村之计"上升为"治国之策"，写入《中华人民共和国村民委员会组织法》《中国共产党农村基层组织工作条例》《中国共产党农村工作条例》，金华市深化新时代"后陈经验"的有关做法也在中央《党建研究》《党建要报》刊发。

主要做法

（一）突出"党建统领"这一核心，旗帜鲜明加强党的全面领导。金华市委牢牢把握村务监督的发展方向、基本原则、重大政策，全力打造村党组织领导、村民代表会议决策、村民委员会执行、村务监督委员会监督的闭环体系，着力构建农村现代治理新格局。

（二）把牢"规范用权"这一主线，从源头上遏制不正之风和腐败问题。金华市紧紧围绕规范用权这个重点，针对集体经济薄弱村、矛盾问题聚焦村、工程建设量大村等不同村特点，做好差异化精准监督文章。针对可能存在的监督缺位，通过建立"大监督"格局，把村务决策、村务公开、工程项目、强农惠农政策落实等都纳入监督范畴。

（三）践行"群众主体"这一根本，构建共治共享新格局。金华市有力推进"五个民主"创新举措：在民主选举上，创新"公推直选""两推一选""竞选承诺"等做法，让贤者能者居其位；在民主决策上，将村级日常工作机构"一揽子"合署成村务联席会议，确保各项决策公开公正；在民主协商上，通过村务通报、民情恳谈等多种形式，做到事事有商议；在民主管理上，吸纳"两代表一委员"、乡贤、优秀新居民代表等群体参与村务管理。

（四）聚焦"改革创新"这一引擎，推动制度优势转化为治理效能。如，针对"一肩挑"背景下如何更好地"看住村干部"，研究出台"五个一"举措：选派一批驻村包村"第一书记"、建立一套标准化村务决策流程、探索一组简洁管用公开办法、形成一个立体化监督体系、构建一套整体智治有效机制，真正做到"权力受约束、村务全公开、群众好监督、自我能纠偏"。

创新亮点

（一）"后陈经验"为基层规范权力运行提供了新方案。"后陈经验"通过制度创新，使村务监督实现从事后监督向全程监督、单项监督向全面监督、个体监督向组织监督的转变，解决了以往村级监督流于形式、缺位错位等问题，确保村级权力得到有效制约和监督。

（二）"后陈经验"开启了基层全过程人民民主的新探索。"后陈经验"通过村务监督委员会这一平台，积极推进"五个民主"一体建设，畅通了民意表达的渠道，充分保障人民的民主权益，为构建基层全过程人民民主闭环提供了重要支撑。

（三）"后陈经验"为推进治理体系和治理能力现代化树立了新样本。"后陈经验"在发展中不断适应城乡二元结构的调整、互联网时代的到来、"一肩挑"带来的农村权力结构变革等新形势，推动"能人治村"治理模式向自治、德治、法治、智治"四治融合"现代治理模式转变，为推进乡村整体智治作出有益探索。

💡 启示

"后陈经验"从"治村之计"上升为"治国之策"，是全过程人民民主实践进程中具有时代标志意义的成果，新时代发展"后陈经验"需要从完善村级组织架构，构建简洁高效运行机制，明确重大决策运行程序，优化监督途径等方面入手，形塑一套高效、科学、明晰的基层组织运行机制。在推进村级社会治理中不断完善深化"后陈经验"，要把源头治理理念拓展延伸到基层社会治理的各领域、全过程，规范公权力行使。

"民主恳谈"越谈越有味

温岭市

实施背景

2005年6月，习近平同志在视察温岭时指出，"实践证明，民主恳谈是巩固党的执政地位，加强基层民主政治建设的有效载体"，"民主恳谈完全符合中央精神，对这项工作要认真总结、深入探索、继续推进"。这些年来，温岭市深入践行习近平总书记的重要指示精神，加强探索创新，不断赋予"民主恳谈"新的内涵，努力打造中国式民主的"温岭经验"。

目标成效

温岭的"民主恳谈"是全过程人民民主的有效载体。2005年至今，已发展出对话型民主恳谈、决策型民主恳谈、党内民主恳谈、参与式预算、工资集体协商、"请你来协商"等基本类型。民主恳谈荣获"第二届中国地方政府创新奖""中国城市管理进步奖"；参与式预算荣获"第五届中国地方政府创新提名奖"，实践成果被写入新预算法；行业工资集体协商得到时任国务院总理的批示肯定；"党建统领网格治理"入选全国乡村治理体系建设首批试点。

主要做法

（一）**在民主决策上突出党的领导、群策群力。**坚持党组织全过程参与议题选择、恳谈组织、决策落实等每个环节，建立完善党委政府科学决策机制，形成了重大决策的事项预告制、联合调研制、专门会商制、风险评估制、联席会议制，保障重大决策落地见效。

（二）**在民主协商上突出解决问题、推动工作。**在全省率先推进人大基层单元建设，明确人大、"一府一委两院"下沉基层单元业务清单，健全意见超时预警、二次办理、"不满意"件跟踪督办等机制。深化民主恳谈在行业领域的运用，重点在工资协商、产业转型、安全生产等方面开展多形式行业协商。并瞄准"扩中提低"改革新方向，推陈出新建立技酬匹配"能级工资＋"模式，引导企业建立健全创新创造类成果奖励、技术技能类津贴等技工薪酬合理增长体系。

（三）**在民主管理上突出依靠群众、集思广益。**加强"民主恳谈"与村居社区管理有效衔接，探索确立"1＋7＋X"协商主体结构，深化"党建＋恳谈＋管理"微格治理模式，以平等参政、公开议政、公正行政引导村民自治。完善街道社区党组织领导下的社区居委会、业主委员会、物业服务企业议事协调机制，灵活开展民生圆桌会、文明评议会、环境群议会等多元恳谈模式，推动实现群众自治。

（四）**在民主监督上突出规范管用、依法有序。**2005 年温岭开全国之先河将民主恳谈与人大预算审查监督有机结合，广泛组织人大代表及人民群众参与预算协商、讨论、决策和监督全过程，形成了涵盖市镇两级、科学规范的预算审查监督制度体系。打造"参与式预算数智在线"应用，实现一般公共预算、政府性基金预算、社保基金预算、国有资本经营预算全口径预算"四本账"分本审批和表决，真正把财权关进人民代表大会制度的"笼子"里。

创新亮点

（一）**用民主方式解决"民本民生"问题。**通过民主参与的途径，找到全社会意愿和要求的最大公约数，在协商中增进共识、解决问题，实现"为民作主"向"让民作主"的转变。

（二）**用民主方式解决"基层治理"问题。**通过民主实践的形式，有效激发群众参与村居社区、社会组织、行业领域管理的积极性、主动性、创造性，让群众自己的事情自己商量着办，找到"最佳平衡点""最大公约数"，凝聚共建共治共享强大合力。

（三）**用民主方式解决"人民监督"问题。**通过民主监督的途径，使权力置于群众的监督之下，推动权力规范透明运行，起到"刚"性监督难以达到的作用，促进了干部清正、政府清廉、政治清明、文化清新。

💡 启示

全过程人民民主，是人民当家作主的生动实践和必由之路，有事好商量，体现的是让人民当家作主的精神、平等开放的态度、集思广益的过程，众人的事由众人商量，容易找到全社会意愿和要求的最大公约数。新时代不断深化、完善和发展"民主恳谈"，需要结合地方实际情况，不断探索村民说事、民主议事会等丰富多彩的基层民主创新载体，激发基层治理活力。

"8090＋"理论宣讲"声"入人心

衢州市

实施背景

习近平同志在浙江工作期间高度重视党的创新理论大众化和青年思想政治教育工作，并建立了延续至今的领导干部向大学生作形势政策报告制度和省领导联系高校制度。衢州创新"8090＋"新时代理论宣讲，既推动了党的创新理论"飞入寻常百姓家"，也更好地实现了让广大青年在习近平新时代中国特色社会主义思想引领下健康成长。

目标成效

衢州"8090＋"新时代理论宣讲的前身为8090新时代理论宣讲。2020年4月以来，衢州以打造"青年理论宣讲工作先行区、全域青年思政工作创新实践区、党的创新理论大众化示范区"为目标，全市域体系化推进8090新时代理论宣讲工作，随着大批"00后""10后"群体加入，于2022年10月迭代升级为"8090＋"新时代理论宣讲。截至2023年1月底，全市共有青年宣讲队伍100多支，注册宣讲员1.2万余名，开展宣讲5万余场，受众逾630万人次。宣讲工作先后获得省部级以上领导批示17次，2020年6月获得习近平总书记重要批示。

主要做法

（一）**优化设计、强化落实，增强工作推进合力。**高规格成立全市域体系化推进8090新时代理论宣讲工作领导小组，落实工作专班集中办公、实体运行，出台相关政策意见，建立优秀宣讲员列席市委、市政府重要会议机制，将8090新时代理论宣讲工作纳入意识形态工作责任制和大党建工作考核体系，纳入全市区块和部门综合工作考核，构建全国首个青年宣讲指数评估体系，运用"青年宣讲指数"开展专项检查，全面细化责任机制，形成全市域高质量推进8090新时代理论宣讲工作的整体格局。

（二）**多维练兵、学用相长，搭建青年进步平台。**编写出版全国首部青年理论宣讲辅导读本，定期举办宣讲骨干培训班，全面嵌入各类主体班次，按照"五个一"标准组建128个研习小组，实现理论学习和培训常态化制度化。广泛邀请省内外专家、名师授课，组织开展"相约8090"研学沙龙活动，创新打造全国首档青年理论宣讲电视大赛，积极开展对外交流、结对共建，提升青年理论宣讲水平。结合中心工作需要，先后开展系列主题宣讲活动，推动党的创新理论"飞入寻常百姓家"。同时，实施"育苗行动""提质计划""赛马行动"，组织宣讲员投身学习实践活动，在招商、项目、征迁等重点工作一线历练成长，目前已有200余名骨干宣讲员被提拔或转任重要岗位。

（三）**与时俱进、迭代提升，保障工作常态长效。**始终坚持问题导向，全面梳理短板问题及群众关切，研究出台"8090新时代理论宣讲提档升级16条"，打造理论宣讲迭代升级"路线图"。积极拓展宣讲队伍，先后成立青年企业家"创业先锋宣讲团"、青年村社书记"领头雁宣讲团"等特色团队，同时，着力发挥"乘数效应"，推动"8090

后"逐步向"00后""10后"延伸，做好"8090＋"文章。高度重视数字赋能，开发上线"8090＋"青年宣讲应用和网上研学平台，建立课程库、素材库、导师库三大数据资源库。"8090＋"应用成为全省数字文化优秀应用，入选"一地创新、全省共享""一本账"S0目录。

创新亮点

（一）**宣讲主体年轻化**。以往由社科理论界的专家学者或者是领导干部进行理论宣讲，适合面向党员干部，但面对群众特别是青年群体时并不讨巧。"8090＋"新时代理论宣讲通过"青年讲给青年、群众听"的方式，既更加有效地传播了党的创新理论，也让年轻人在学理论、讲理论的过程中接受了党的教育。

（二）**宣讲方式大众化**。"8090＋"新时代理论宣讲一般是6—8分钟的微宣讲，以小切口、小故事来讲大理论、大道理，更注重发挥年轻人朝气蓬勃、思想活络的优势，根据不同群体的喜好创新宣讲形式，让听众坐得住、听得进、记得牢。

（三）**技术手段数字化**。运用数字化方法管理服务宣讲工作，开发"8090＋"青年宣讲数字系统，构建宣讲指数评估体系，实现全市1.2万余名宣讲员特长、画像、课程、群众评价的数字化呈现，使得宣讲工作更加科学、方便、高效。

启示

以宣讲的形式把党的创新理论传播到百姓中去，是别的宣传方式所无法替代的。把党的创新理论传播到年轻人中间，需要结合时代特点创新理论宣讲形式，让"年轻人讲给年轻人听"，提高宣讲效果。广大党员干部要坚持把到基层宣讲作为一项重要的分内工作，通过主动参与、积极行动，传承和弘扬优良的理论宣讲传统。

大陈岛垦荒精神

台州市

实施背景

大陈岛垦荒精神脱胎于"建设新中国"的火热实践，是伟大建党精神在社会主义建设时期的具体体现。习近平总书记始终牵挂大陈岛，强调要继承和弘扬大陈岛垦荒精神。台州市牢记习近平总书记的嘱托，坚持大力传承和弘扬大陈岛垦荒精神，以垦荒精神砥砺初心使命，以垦荒精神浸润城市文明，推动垦荒精神在接续传承中不断彰显出新的时代光芒和实践价值。

目标成效

台州市从顺应时代潮流、着眼迅速变迁的社会现实的角度，深度发掘大陈岛垦荒精神的理论价值和现实意义，大力实施理论研究阐释、标志标识打造、专题宣讲展示、文艺精品创作、主题教育实践等一系列行动，推动大陈岛垦荒精神深度融入社会发展的各个方面，嵌入城市发展肌理，将大陈岛垦荒精神与构建城市文化、塑造城市品格相结合，构建具有辨识度的城市文化标识，通过不断地强化教育引导、实践养成，凝聚起全市向上向善向美的精神力量。

主要做法

（一）**牢记嘱托，大力推进大陈岛垦荒精神接力传承**。习近平总书记"一次登岛、两次回信"，赋予了大陈岛非比寻常的政治意义，也交付了台州传承和弘扬大陈岛垦荒精神的政治任务和历史使命。台州市通过深入挖掘大陈岛垦荒精神蕴含的丰富内涵和精神实质，深刻认识到大陈岛垦荒精神传承于伟大建党精神，推动大陈岛垦荒精神在理论阐释、培育践行、引领发展中进一步放大格局、迭代深化。擘画"三立三进三突围"的新时代发展路径，全面实施"垦荒精神立心"工程，系统开展"垦荒精神六进"活动，精心策划垦荒精神主题宣传弘扬，大力推进垦荒精神物化、具体化。

（二）**不断深化研究阐释，在更广的层面上实现理论走心**。围绕用好大陈岛垦荒精神这座精神富矿，持续做好研究、阐释、宣传的文章，丰富大陈岛垦荒精神的理论体系和讲好中国故事的话语体系。组织全国专家学者开展理论研究，为凝练新时代浙江经验提供理论源泉和实践范例。运用数字化、网络化、艺术化的形式弘扬传播大陈岛垦荒精神，制度化常态化推动大陈岛垦荒精神融入党组织生活、融入党校教育、融入思政课堂、融入主题宣传。

（三）**聚力结合发展实践，着力答好新征程新使命的时代命题**。台州始终将大陈岛垦荒精神的研究阐释与台州实践相结合，实现大陈岛垦荒精神与时代脉搏同频共振。聚焦上级决策部署落地见效，坚持以习近平总书记对台州"8个方面"重要指示精神为统揽，对标贯彻落实中央、省委重大决策部署。坚持将传承和弘扬大陈岛垦荒精神与解答时代课题相结合，全面融汇台州市域人文遗产、丰富市域价值取向、厚植城市红色基因，熔炼更具独特性的台州城市精神，为台州的现代化建设铸魂塑形赋能，走深走实台州特色的"九富"路径。

创新亮点

（一）**系统梳理了大陈岛垦荒精神的丰富内涵和时代价值**。以习近平同志为核心的党中央高度重视革命精神研究与红色基因的传承，强调"共和国是红色的，不能淡化这个颜色"。台州市围绕中国共产党伟大建党精神何以是大陈岛垦荒精神之源，作了大量有益探索。

（二）**推动了大陈岛垦荒精神在更广层面上的传承和弘扬**。2022年，台州大陈岛垦荒精神首次编入《习近平新时代中国特色社会主义思想学生读本》（2022版），有力推动了大陈岛垦荒精神纳入大中小幼一体化德育体系，推进垦荒精神进校园、进教材、进课堂。大陈岛先后获得全国百家红色景点、全国青少年教育基地等一系列国家级荣誉称号，成为广大党员干部开展红色教育的重要阵地。

💡 启示

大陈岛垦荒精神是几代垦荒人接续垦荒铸就的精神宝藏，是伟大建党精神在社会主义建设时期的具体体现。新时代继承和弘扬大陈岛垦荒精神，需要进一步强化理论研究，打造标志标识，强化主题教育和文化价值挖掘，推动大陈岛垦荒精神嵌入城市发展肌理、浸润城市文明。大陈岛垦荒精神的发展要深度融入社会发展的各个方面，凝聚积极向上向善向美的强大精神力量，全面彰显大陈岛垦荒精神新的时代光芒和实践价值。

从"信访大县"到"信任大县"

浦江县

实施背景

2003年9月18日，习近平同志把浦江作为领导干部下访接访的第一站，拉开了全省领导干部下访接访工作的序幕。浦江县牢记习近平总书记的谆谆教诲和殷殷嘱托，以"八八战略"为指引，坚持把领导干部下访接访作为联系群众的一项根本性制度，长期坚持并不断实践探索，形成新时代信访工作"浦江经验"升级版。

目标成效

浦江县年信访量从2002年的10307件（人）次下降到2022年的629件（人）次，实现了从全国"信访大县"向全国信访系统先进集体的蝶变。尤其是2017年来，该县平安建设考核成绩持续保持在省市前列，连续三年获评浙江省"无信访积案县（市、区）"，荣获浙江省平安建设"十六连冠"，接连获得"全国社会治安综合治理先进集体""全国法治县（市、区）创建活动先进单位""一星级平安金鼎"等荣誉。

主要做法

（一）**建章立制，一任接着一任干。**全面建立"县级领导开门接访、乡级领导随时接访、村级干部上门走访"的三级接访机制，推动矛盾排查化解常态管理。创新建立"简单信访马上办、一般信访快速办、疑难信访监督办"工作机制，推动每一个诉求"程序办理到位、实体解决到位、生活困难的帮扶救助到位、回访核实到位、无引发重信重访"。

（二）**领导带头，敢往矛盾窝里钻。**按照"一个案件、一个领导、一套班子、一个方案、一抓到底"的要求，由县领导包案化解391个国、省、市级交办积案，其中最难最复杂的10件分别由县委书记和县长领衔负责，目前已全部化解成功。县领导结合每月15日"下访接访日"，到联系乡镇（街道）协调化解县乡级信访积案，推动化解率达96%以上，成功创建全省"无信访积案县"。

（三）**靠前服务，逐级代办解民忧。**一方面，整合综治工作中心、人民来访（联合）接待中心等15个中心职能，"一个窗口"无差别受理群众提出的各类信访诉求。另一方面，组建联心服务团、民情民访代办员、驻企服务员三支队伍，充分发挥人头熟、地域熟、情况熟、政策熟的优势，靠前提供各类服务。

（四）**畅通渠道，云端秒办纾民困。**县级层面，整合浦江发布、8890便民服务、"诗画浦江"App等8个网络版块，建立统一集成的"民情暖哨"网络服务平台，实现民情民访数字化集成化。乡镇（街道）层面，自主开发微信小程序，收集群众上报信息，经流转后，由手机钉钉端即时审批、转办各类信访事项，为群众提供更加便捷高效的"秒办式"服务。

创新亮点

（一）**"浦江经验"体现了"以人民为中心"的核心价值。**信访制度是党委和政府联系群众的桥梁，健全完善信访制度是新时代社会治理的一项重要创新。

（二）**"浦江经验"作出了信访工作现代化的有益探索。**依托"一中心四平台一网格"，与村务监督的"后陈经验"、诉前调解的"龙山经验"有机结合，为推动信访工作规范化提供了经验探索。

（三）**"浦江经验"开创了县域基层治理的崭新局面。**"浦江经验"既有效强化了信访工作在新时代的创新发展，又促进了国家信访制度的改革完善，更推动了法治政府建设和法治社会建设，实现了基层治理体系和治理能力现代化。

启示

信访制度是党和政府贯彻群众路线、密切联系群众的一个重要环节和制度安排，新时代加强和改进信访工作，需要创新信访工作机制，变群众上访为领导下访，生成制度化的"开门接访、上门走访"的信访工作机制。在数字化转型的背景下，推进信访工作现代化需要借助现代化信息技术，实现民情民访数字化集成，提高信访工作标准化水平，实现服务与治理一体化的有机结合，打开县域治理现代化的新局面。

清廉浙江新画卷

浙江省纪委省监委

实施背景

习近平同志在浙江工作期间就把标本兼治、综合治理作为加强党风廉政建设和反腐败斗争的基本方针，强调党员干部要正确认识治标和治本的辩证关系，既从严治标，又着力治本，把治标和治本统一于党风廉政建设和反腐败斗争的全过程。

目标成效

2017年6月，省第十四次党代会作出了建设清廉浙江的重大决策。经过持续探索，清廉浙江建设从"设计图"转变为"实景图"，战略性、标志性成果不断显现，辐射面、影响力和美誉度日益增强，人民群众对浙江省党风廉政建设和反腐败工作的满意度持续提升，已成为浙江省全面从严治党的一张"金名片"。这项工作得到中央纪委充分肯定，十九届中央纪委五次全会部署在全国大力推进清廉建设，全国多个兄弟省市来浙考察学习，并借鉴浙江省相关做法。

主要做法

（一）**聚焦政治清明，持续净化优化政治生态。**制定出台省域层面政治监督指导性文件，开展项目化、具体化监督。坚决纠正表态多行动少、调门高落实差以及打折扣、做选择、搞变通等问题。把加强对"一把手"和领导班子监督作为重中之重，明确120项可操作的具体任务，构建照单实施、梯度落实、及时提醒、年度报告的监督链条，相关做法被中央纪委列为纪检监察体制改革工作典型案例。

（二）**聚焦政府清廉，监督推动公权力运行在正确的轨道上。**着力严密制度，紧盯重点领域和关键环节，针对性完善涉企资金补贴、政策兑现、项目审批等"三重一大"事项决策和监督机制，推动职能部门科学确权、有效限权、防止滥权，压缩公权力设租寻租空间。深化纪检监察体制改革，构建具有浙江辨识度的四项监督统筹衔接机制，主动监督和发现问题能力不断提升。

（三）**聚焦干部清正，深化"三不腐"一体推进。**坚持严的基调，以"不敢"打头巩固正风反腐高压态势。持之以恒纠治"四风"，既抓违规吃喝、违规送礼等面上普遍性问题，也抓违规借贷、违规房产交易等专项整治。严肃纠治落实党中央和省委重大决策部署悬空虚浮，维护群众利益不担当不作为，不顾基层实际乱加码、乱作为等形式主义、官僚主义问题。坚持以案促改、促建、促治，放大"查处一案、警示一片、治理一域"的综合效果。

（四）**聚焦社会清朗，着力营造崇廉尚廉的氛围。**在政商交往方面，出台制度规定，针对资本腐蚀"围猎"、近亲属及特定关系人充当"白手套"等问题，清单式提出"五个严禁"的行为规范，推动构建亲清政商关系。在基层治理方面，每年组织开展漠视侵害群众利益问题专项治理，扎实推进初次检举控告"清零"和多年、多层、多头信访件"清淤"工作，全面深化"打伞破网"等专项行动。

创新亮点

（一）**推动政治监督具体化精准化**。搭建省域层面政治监督基本框架，系统梳理党的十八大以来习近平总书记对浙江工作的重要指示批示，形成61项监督任务清单，精准开展项目化监督。

（二）**清廉单元建设取得显著成效**。聚焦机关、学校、国企等重点领域，打造了一批清廉建设标杆，总结提炼了一套可复制可推广的清廉单元建设标准范式，形成"示范带动、全面覆盖"的良好态势。

（三）**夯实基层监督体系**。在全国率先推进乡镇（街道）纪检监察工作规范化建设，推动基层监督力量显著增强、机制规范有序、能力有效提升，基层政治生态持续优化。

启示

推进清廉浙江建设是"八八战略"的内在要求，也是奋力谱写中国式现代化浙江篇章的重要保障。新时代不断加强清廉浙江建设，需要进一步拓展清廉单元建设，包括党政机关、企事业单位、社会团体、城市社区、农村村居等，通过持续推进政治清明、政府清廉、干部清正、社会清朗、文化清新等，探索以自我革命引领社会革命的省域新实践。持续加强清廉浙江建设是新时代推动浙江全面从严治党不断向更高水平、更深层次迈进的必由之路。

把"民情日记"写进群众心坎

嵊州市

实施背景

20世纪90年代，绍兴嵊州市雅璜乡创新开展"民情日记"活动，党员干部带着笔记本深入农户家里察民情、叙实情、办实事、解难题。2004年，习近平同志在嵊州调研考察时，就"民情日记"作出重要指示。此后20年来，嵊州市始终将落实"八八战略"与贯彻落实总书记的重要指示精神相结合，不断丰富拓展"民情日记"的内涵和外延，涵养鱼水情深的干群关系。

目标成效

嵊州市持续深化落实习近平同志关于"民情日记"作出的重要指示，与时俱进不断丰富"民情日记"的时代特征和精神内涵，进一步强化作风效能建设，提升为民为企服务水平，推动党员干部持续走好新时代党的群众路线，夯实"八八战略"走深走实的基层底座。经过多年实践探索，形成了以"串百家门、知百家情、解百家难、连百家心、办百家事、致百家富"的"六百精神"为主要内容的"民情日记"。

主要做法

（一）**突出党建核心引领，践行为民服务宗旨。**以强有力的组织力领导力抓好传承发展"民情日记"工作。一是科学系统构建工作体系。成立以市委书记为组长的新时代"民情日记"领导小组，打造从干部下沉到问题处置的全链条工作闭环。二是寻根溯源擦亮政治底色。在"民情日记"发源地石璜镇雅璜村建成"民情日记"实践中心，与省委党校合作成立干部教学基地。三是一线磨砺锤炼服务本领。围绕习近平总书记对"民情日记"的"18字"定义，将"民情日记"服务对象从农村拓展到企业、社区。

（二）**锤炼干部作风建设，密切党群干群关系。**坚持干部下沉一线开展走访服务。一是坚持访万家联万户。要求部门干部每月、乡镇干部每周下村开展1次走访服务，驻村指导员每月走访不少于20%农户，每年全覆盖走访不少于2次，做到既联村又联户。二是坚持群众事无小事。建立常态化问题收集办理机制，确定每周二召开民情议事会。三是坚持办实事求实效。建立问题"发现—交办—办理—反馈"闭环机制，按照难易程度分成"能现场解决、需协调解决、短期内难以解决"等3类，精准匹配办理层级和责任单位进行解决。

（三）**探索数字赋能路径，筑牢基层治理根基。**开发上线"浙里民情"场景应用，引领基层治理现代化。一是数字档案接驳"民情日记"。依托浙江省一体化智能化公共数据平台，打通政法委、公安、民政等24个部门数据，"一户一档"建立数字档案72.1万余份。二是"云上分析"赋能政策利民。依托后台全量数据分析梳理，自动抓取热点高频事项，及时发现提炼基层治理共性问题，为党委政府决策施政提供参谋。三是"三网融合"夯实智治底座。将"民情日记"融入基层治理体系，实现党建网、治理网、民情网相融合。

创新亮点

（一）"民情日记"是转变干部作风、推进机关效能建设的重要抓手。促使干部下沉一线走访、联系、服务群众，推动党员干部在倾听呼声、解决难题、促进发展中保持党和人民群众的血肉联系。同时，让党员干部在实践中增强为群众办实事、办好事的能力。

（二）"民情日记"是坚持党建引领、推动基层治理现代化的重要途径。发挥基层网格民情走访"探头"作用，妥善处理涉及群众利益的大事要事，推动基层治理体系和治理能力现代化，更好地实现基层党建与基层治理互动双赢。

（三）"民情日记"是加强数治赋能、激活协同高效处置路径的重要载体。依托"浙里民情"场景应用，将海量数据进行标签化，形成民情档案数据仓，通过自动提取分析高频词汇，实时分析有关风险点，为领导干部决策提供精准可靠依据。

💡 启示

"民情日记"蕴含着"人民至上"的价值旨趣和价值原则，是促进党群、干群关系融洽的"润滑剂"，是新时代满足人民日益增长的美好生活需要的"惠民策"。"民情日记"作为忠实践行"八八战略"的重要抓手和载体，日益展现出强劲的品牌成长力，是新时代党践行群众路线的生动实践。地方政府要结合实际不断赋予"民情日记"新的生命力，不断扩大民情工作的矩阵和领域，通过坚持和发展"民情日记"彰显"八八战略"以人民为中心的发展思想。

将基层公权力关进"笼子"

宁海县

实施背景

2006年9月14日，习近平同志到宁海县前童镇大郑村调研，指出"现在时代不同了，村干部肩上的担子更重了。但是不管什么时候、什么年代，你为老百姓踏踏实实做点好事，老百姓都会记得你"。宁海县深刻学习领会殷殷嘱托，在全国首创推行村级小微权力清单"36条"，通过科学确权、阳光晒权、规范用权、严格控权，从源头上将基层公权力关进"笼子"。

目标成效

围绕推动基层公权力在阳光下运行，2014—2018年，宁海县标本兼治推进乡村依法治理，探索构建乡村反腐新机制。相关经验被写入中央一号文件，入选《乡村治理标准化探索与实践》，获评首届"中国廉洁创新奖""首批全国乡村治理典型案例"。参与建设的"基层公权力大数据监督应用"获评浙江省改革突破奖（金奖），主导修订的《村务管理》3项国家标准于2022年3月正式颁布实施。目前，该模式已复制推广到广东、贵州、河南、四川等地。

主要做法

（一）**清单厘权，划定权力"边界线"**。致力于破解既往村级权力"干部不清楚、群众不明白"问题，梳理出台《宁海县村级小微权力清单36条》，涵盖重大事项决策、项目招投标管理、资产资源处置等19项村级公共权力事项和村民宅基地、困难补助申请等17项便民服务事项，基本厘清村级事务"可为"范畴和"不可为"边界。同时，通过建立清单动态调整机制，确保制度始终紧贴农村实际、跟上时代步伐。

（二）**精简示权，明晰办事"流程图"**。在明确权力边界基础上，围绕每项权力行使的关键节点，绘制权力行使流程图，重点明确事项名称、责任主体、来源依据、操作流程、公开公示、责任追究等6方面内容。除大中型工程招投标等重大事项外，大部分村级事务办理流程都控制在5个环节左右，实现权力运行轨迹"一图归纳""一目了然"。

（三）**智慧用权，确保运行"高效率"**。2021年建成省纪检监察基层监督数字化改革试点和全国"监督一点通"平台建设试点。推动小微权力清单智慧运行系统纵向贯通县镇村三级，横向联通纪委、组织、政法、农业农村、民政等7个部门，涵盖"重大决策、招标决策、三务公开"等36项协同业务，形成多跨协同、集成高效的基层智治新模式。

（四）**制度监权，强化落实"严保障"**。县级层面，建立农村干部"五险一金"廉政风险干预、重大事务民主决策等24项配套机制，颁布党员"六严禁""十八不准"和干部"五禁止""十八不得"负面清单，制定出台《宁海县农村党员和农村干部负面清单制度实施意见》等，在制度层面确保权力清单得到刚性落实。村级层面，将村级小微权力清单纳入村规民约，并对村监会履职实行流程再造，变村务办理事后监督为全过程监督。

创新亮点

（一）**成为村务管理领域的典型示范。**首创村级小微权力清单36条，并将县域基层经验提炼转化为标准，首次确定村务管理理论体系和方法体系，填补了全国相关领域的标准空白。

（二）**形成治权迭代升级的良性循环。**将全面深化村级小微权力36条制度作为"一把手"工程，构建"理论付诸实践、实践上升到理论、再付诸实践"的工作体系，推动村级小微权力清单不断革新。

（三）**开辟化解基层矛盾的有效路径。**做深做实36条智慧化建设，实现村级事项全程在线审批、全程公示公开，从源头上压缩权力暗箱操作空间，有效提升群众满意度和政府公信力。

启示

不断提升反腐倡廉能力是持续巩固党的执政能力的重要保证，要坚持把基层公权力关进制度的笼子，不断加强和改进乡村治理。建立清单化、规范化、制度化的权力运行机制，是规范村级权力运行的前提基础。借助数字化改革的契机，迭代升级监督制度与监督手段，实现基层公权力全方位、全周期、全天候的智慧化监管，是新时期推动基层治理体系和治理能力现代化的重要抓手。

与党同心的"青出于蓝"新浙商

中共浙江省委统战部

实施背景

民营经济是浙江发展的最大特色和优势所在，民营企业家是浙江最为宝贵的财富。习近平同志在浙江工作期间提出要使浙商群体真正成为具有现代化、市场化、国际化素质的企业家群体。党的十八大以来，习近平总书记多次强调要注重对年轻一代非公有制经济人士的教育培养，为此，浙江省委统战部实施"浙商青蓝接力工程"，加强新生代浙商培育，着力擦亮浙商"金字招牌"。

目标成效

近年来，统战部门将"浙商青蓝接力工程"作为浙江民营经济统战工作的重要内容，推动以省委办公厅、省政府办公厅名义印发《关于实施"浙商青蓝接力工程"加强新生代企业家教育培养工作的意见》，明确由省促进"两个健康"工作领导小组统筹新生代企业家教育培养工作，形成了省市县三级纵向联动、多部门横向协同的工作体系。聚焦思想政治引领、能力素质提升、队伍结构优化、创业创新扶持、成长环境打造，着力培育了一支政治上明方向、经营上强本领、责任上敢担当、精神上勇奋进的新生代企业家队伍。新生代浙商因此成为全国标志性群体，又打造出一张具有浙江辨识度的金名片。

主要做法

（一）**开展理想信念教育，推动政治传承**。加强世情国情党情教育，发挥民营经济人士理想信念教育基地、红色教育基地作用，全省组建百个"8090"新生代浙商青蓝宣讲团，形成"1＋11＋90"宣传矩阵，组织开展"新生代浙商永远跟党走"主题活动。加强对新生代企业家的政治培养和政治激励，推荐担任各级党代表、人大代表、政协委员、工商联执常委，明确在各级工商联企业家执委中新生代企业家比例原则上不少于30%。

（二）**加强支持服务，推动事业传承**。推进省内外新生代企业家融合发展。开展苏浙沪新生代企业家峰会等活动，引导省内外新生代企业家共同参与"浙货行天下工程"、境外经贸合作区建设、长三角企业家联盟等，在构建新发展格局中构筑国际合作和竞争新优势。加强要素资源支持。鼓励新生代企业家所在企业与高校、职业院校合作开展高技能人才培训，增强企业源头创新能力。

（三）**密切政企联动，推动责任传承**。把优秀新生代企业家纳入党政领导联系民营经济代表人士制度，更好地把新生代企业家团结凝聚在党和政府周围。组织优秀新生代企业家参加或列席地方党委经济工作会议、人大政协有关会议等重大会议和"亲清直通车·政企恳谈会""工商联界别议事厅""政企连心桥"等活动。引导新生代企业家积极参与"万企兴万村""光彩行"等公益慈善活动，助力乡村振兴。

（四）**创新培育方式，推动文化传承**。建立传承导师制。聘请具有创业经验和社会责任感的老一辈浙商担任新生代企业家导师，提高新生代企业家经营管理水平。丰富培育方式。组织开展"浙商青蓝接力成长计划""浙商文化传承讲习"和跨国文化学习交流等活动。弘扬新时代浙商精神。发挥新时代民营企业家讲习团作用，通过大众传媒、"两微一端"、浙商融媒体等平台引导新生代企业家传承"四千精神"、新时代浙商精神。

创新亮点

（一）**突出把握新时代民营经济代表人士队伍建设新要求**。坚持把习近平总书记关于新时代民营经济和民营经济统战工作的重要指示精神，贯彻到新生代企业家队伍建设工作之中。

（二）**突出全局性系统性整体性设计**。把新生代企业家培养作为我省经济社会发展的"大事""要事"，以省委办公厅、省政府办公厅名义印发了关于新生代企业家教育培养工作的专项文件，有力促进工作整体统筹和系统推进。

（三）**突出企业家健康成长与企业健康发展并重**。在工作中注重把思想政治引领与支持企业高质量发展相结合、与营造良好营商环境相结合、与构建亲清政商关系相结合、与发挥民营经济在推进"两个先行"中的积极作用相结合。

（四）**突出新生代企业家的获得感和认同感**。注重以新生代企业家需求为工作切入点，通过新生代企业家领衔重要活动等方式，不断激发新生代企业家的参与热情，着力形成资源共享、优势互补、工作联动的良好格局。

💡 启示

　　坚持和完善"两个毫不动摇"的基本经济制度，必须坚定不移地推动民营经济高质量发展。新时代进一步发挥浙江体制机制优势，必须"注重对年轻一代非公有制经济人士的教育培养"，有效解决浙江民营企业"二代接班"的现实问题。更好促进民营经济健康发展和民营经济人士健康成长，是推动浙江"两个先行"不可回避的重要议题。

非公企业党建"十八法"

台州市

实施背景

2008年，受国际金融危机等因素影响，非公企业经营面临诸多困难，为此台州市全面推行非公党建"十八法"，切实把党的政治优势转化为企业转型升级的发展优势。2010年1月，时任中央政治局常委、国家副主席习近平同志作出批示："浙江省台州市全面推行非公有制企业党建'十八法'，促进了企业转型升级和科学发展。各地都要善于总结和推广这方面的好做法、好经验，进一步探索非公有制企业党组织发挥作用的途径和方法。"2020年，以非公党建"十八法"重要批示十周年为契机，台州市与时俱进出台新时代民营企业党组织作用发挥"十二条"。

目标成效

党建"十八法"指"主题实践教育、宣讲政策解惑、参与决策议事、建言献策聚智、设岗定责攻坚、创业创新激励、引才留才兴企、提升素质强企、降本挖潜增效、联系协调解难、区域携手合作、转型升级助推、选树典型引导、企业文化感召、党内关爱暖心、权益维护保障、党群共建凝聚、企业形象提升"等十八种做法。自习近平同志作出批示以来，台州全市民营企业应建尽建党组织3234个，向2.1万家企业派驻党建工作指导员。广大民营企业向党而强。涌现出了吉利、华海、伟星等一批产业龙头企业，民营上市公司从23家增至69家，总数居全国地级市第四。台州先后入选国家创新型城市、首批民营经济示范城市、全国小微企业金融服务改革创新试验区。

主要做法

（一）**坚持和加强党的领导，健全体制机制，推动形成非公党建工作强大合力**。坚持把非公党建纳入全市党建工作总体部署，建立市县乡三级两新工委，实施两新工委委员年度述职评议、乡镇两新工委书记抽样会商等制度，落实工作、责任、服务"三张清单"，推进两新工委实质化运作。先后出台两个两新组织"双强争先"三年行动计划，坚持选派企业党建指导员、上市公司党建指导帮扶团等制度，定期召开专题现场推进会，推动非公党建由强化服务功能向强化政治、组织、服务整体功能转变。全省率先明确民企党组织经费补助标准。

（二）**聚焦党组织作用发挥，突出政治功能，推动企业"党建强、发展强"**。紧紧围绕党建工作与企业治理深度融合、一体发展，全面推行党员出资人讲党课、"双向进入、交叉任职"等制度，全市所有民营上市公司和10543家非公企业实现党建入章。深化"建言献策聚智""设岗定责攻坚""创业创新激励"等做法，推动党组织和党员在企业生产经营管理、兼并重组、转型升级和项目一线打头阵、当先锋。深化"党内关爱暖心""权益维护保障"等做法，全面推行党员联系职工、工资集体协商等制度，及时解决党员职工诉求。

（三）**注重织密建强组织体系，注重有形有效，推动非公企业党组**

织"两个覆盖"质量稳步提升。坚持"党的一切工作到支部",深化"提升素质强企"等做法,推行党组织星级评定制度及支部标准化规范化建设。深化"引才留才兴企""选树典型引导"等做法,编制全市规上企业党员发展三年计划,加大从管理层、重要核心岗位、生产骨干、高知群体中发展党员工作力度,党员党组织凝聚力和吸引力不断增强。聚焦打造非公党建品牌,深化"企业文化感召""企业形象提升"等做法,全面推行创意党组织生活。

创新亮点

(一)**始终保持战略定力,坚定不移沿着习近平总书记指引的方向阔步前进**。台州历届市委始终牢记"再创民营经济新辉煌"重要嘱托和非公党建"十八法"重要批示精神,一以贯之对民企非公党建大胆引导、大力扶持。

(二)**始终顺应时代脉搏,紧贴党的中心任务和企业健康发展不断实践创新**。台州各级党委始终坚持改革的精神,尊重实践、尊重基层党组织首创精神,在实践中摸索,在摸索中总结,在总结中深化,持续迭代非公党建工作。

(三)**始终注重实质作用,更好发挥民营企业党组织政治功能和组织功能**。台州各级党委坚持把党组织活动融入企业发展治理全过程、社会治理各方面,以"党建红"服务保障经济社会发展。

💡 启示

民营经济是推动中国经济高质量发展和中国式现代化建设的重要力量,民营企业的党建是民营企业高质量发展的重要政治保障。在民营企业发展过程中，搞好党建可以更好发挥基层党组织的政治功能，促进公司的治理结构的现代化，加强企业基层生产组织的建设和完善，对企业管理者和职工都能产生很好的激励作用。

国企的"根"与"魂"

浙江省国贸集团

实施背景

习近平同志在浙江工作期间指出，要围绕把党的政治优势转化为国有企业的核心竞争力，切实加强国有企业党建工作。省国贸集团着力增强党组织八种能力，努力将党建优势转化为企业发展胜势，探索走出了一条高质量党建引领高质量发展的新路子，推动集团从"整体性经营危机"跨越发展到"国企第一方阵"。

目标成效

2016年全国国有企业党建工作会议召开以后，集团以党建与经营发展深度融合为突破口，围绕服务全国全省重大战略，加快推动改革攻坚、创新驱动、产业塑型，从传统商贸"单一产业"转变为商贸流通、金融服务、生命健康"三大板块"协同发展格局，三大板块营收占比从2016年的87∶8∶5调整为2021年的34∶25∶41。"十三五"期间营收翻一番，利润总额相当于再造2个"国贸"；2022年营收975亿元、利润48.2亿元，实现"双十"增长目标，省属企业考核连续三年获评A类，党建考评连续两年第一。相关做法被国务院国资委推广。

主要做法

（一）充分发挥党委领导核心和政治核心作用，精准把握国企改革发展正确方向。着力增强政治领导力，坚持第一议题、重大决策前专题学习等制度，强化党委把关定向，布局未来产业。不断向改革创新要活力要效率，大力推进混合所有制改革，率先开展职业经理人选聘改革试点。健全完善中国特色现代企业制度，不断推进国有企业治理能力建设。增强风险驾驭力，筑牢企业经营发展的安全屏障。

（二）推进基层党组织"有形覆盖"到"有效覆盖"，不断强化党支部战斗堡垒作用。牢牢把握强基固本鲜明导向，系统谋划党建"七大工程"、国贸"红十条"制度，压茬推进"组织体系优化年""基层党建提质增效年""党建迭代升级年"，确保全企建强。探索产融协同、生命健康产业、金华区域、武林商圈"四个党建集群"，让党建链深度嵌入发展链。

（三）牢牢把握党管干部党管人才原则，全力打造高素质专业化的国企铁军。健全素质培养、知事识人、选拔任用、从严管理、正向激励"五大体系"，深入实施"1351"人才工程，探索市场化薪酬分配、股权激励等市场化机制。"十三五"期间引育各类人才超2600人，40岁以下领导干部占比从6.6%提高至20.6%。

（四）严格落实党要管党、从严治党责任制，不断推进"清廉国贸"建设。坚守"全面从严治党在国企没有特殊、没有例外"基本要求，从抓责任制建设"开始"、抓正风肃纪"严起"、抓监督体系"落脚"，构建"四责协同"机制，开展清廉国企建设"八大行动"，攻破三大历史遗留案件，集团被授予"全省纪检监察系统先进集体"称号。

创新亮点

（一）**坚持战略引领。**重新布局三大产业，推动商贸板块转型，传统商贸企业由15家重组至8家，集团列中国服务业500强第102位；推动金融板块发展，汇聚11块金融牌照，形成"东方金控＋浙商资产"双轮驱动模式；推动健康板块突破，形成"英特医药流通＋康恩贝工业生产"双上市公司布局。

（二）**强化改革创新，激发内生动力，中国特色现代企业有效成型。**对标世界一流，完善法人治理结构，数字赋能整体智治。探索混改样本建设，健全市场化机制。加大创新投入，重点制造类企业研发投入强度达4.46%。

（三）**优化政治生态，党建引领发展金名片持续擦亮。**明确"三抓三强"路径，其中首要即"抓党建、强队伍、提振精气神"；系统推进党建"七大工程"，构建党建统领发展机制，政治生态愈加清朗。

💡 启示

坚持党的全面领导和全面从严治党，是高质量发展国有企业的"根"和"魂"。充分发挥国有企业党建引领的独特优势，推动以公有制为主体、多种所有制经济共同发展，是"八八战略"的题中应有之义。以高质量党建引领国有企业发展，积极探索将党建优势转化为企业的创新优势、竞争优势和发展优势的有效路径，是新时代国企高质量发展的必由之路。

后 记

为总结各地各部门深入践行"八八战略"的好经验好做法，中共浙江省委宣传部和中共浙江省委党校面向全省征集了345个典型案例，经过评审筛选，最终确定109个案例并汇编出版。来颖杰、陈柳裕、徐明华等同志参加了本书的策划、调研、起草、组织、修改和统稿工作，盛世豪同志参加了本书前期策划工作。

史晋川、代玉启、刘亭、杨建新、何显明、沈满洪、陈野、陈立旭、郁建兴、胡坚、胡承槐、顾益康、徐明华、郭占恒、陶建钟、黄勇、黄祖辉、蒋泰维、蓝蔚青、潘毅刚（按姓氏笔画排序）等同志为本书提供了宝贵的点评和修改意见。省委宣传部理论处郑毅、陈培浩和省委党校科研处吴为民具体负责组织本书的编写、组织、修改和统稿等工作。

其他参与校稿、统稿的同志还有：马文娟、王宁、田晓晋、刘成凯、孙菊红、李岚、肖艳艳、邱楚涵、张翱、张则行、范森凯、范增钲、罗婵、赵时雨、唐京华（按姓氏笔画排序）等。本书在编写过程中，得到了省级有关部门、市县各单位负责同志以及专家学者的大力支持。由于时间仓促、水平有限，难免存在疏漏和不足，恳请批评指正。

本书编写组

2023年6月